Premiere Collection

モンゴル語の母音

実験音声学と借用語音韻論からのアプローチ

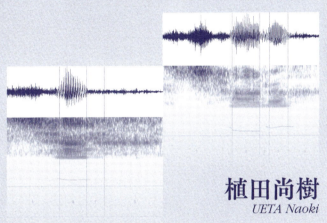

植田尚樹
UETA Naoki

Mongolian Vowels
Approaches from Experimental Phonetics
and Loanword Phonology

京都大学学術出版会

若い知性が拓く未来

　今西錦司が『生物の世界』を著して，すべての生物に社会があると宣言したのは，39歳のことでした。以来，ヒト以外の生物に社会などあるはずがないという欧米の古い世界観に見られた批判を乗り越えて，今西の生物観は，動物の行動や生態，特に霊長類の研究において，日本が世界をリードする礎になりました。

　若手研究者のポスト問題等，様々な課題を抱えつつも，大学院重点化によって多くの優秀な人材を学界に迎えたことで，学術研究は新しい活況を呈しています。これまで資料として注目されなかった非言語の事柄を扱うことで斬新な歴史的視点を拓く研究，あるいは語学的才能を駆使し多言語の資料を比較することで既存の社会観を覆そうとするものなど，これまでの研究には見られなかった溌剌とした視点や方法が，若い人々によってもたらされています。

　京都大学では，常にフロンティアに挑戦してきた百有余年の歴史の上に立ち，こうした若手研究者の優れた業績を世に出すための支援制度を設けています。プリミエ・コレクションの各巻は，いずれもこの制度のもとに刊行されるモノグラフです。「プリミエ」とは，初演を意味するフランス語「première」に由来した「初めて主役を演じる」を意味する英語ですが，本コレクションのタイトルには，初々しい若い知性のデビュー作という意味が込められています。

　地球規模の大きさ，あるいは生命史・人類史の長さを考慮して解決すべき問題に私たちが直面する今日，若き日の今西錦司が，それまでの自然科学と人文科学の強固な垣根を越えたように，本コレクションでデビューした研究が，我が国のみならず，国際的な学界において新しい学問の形を拓くことを願ってやみません。

第26代　京都大学総長　山極壽一

まえがき

「なぜモンゴル語の母音なのか？」

こう問われることがよくある。この本を手に取ってくださった方の中にも、そう思われる方がいらっしゃるだろう。

答え方はいろいろあるが（そしておそらく、本書の最後にはまた別の答え方をするだろうが）、モンゴル語の母音に関する研究をしようと思ったきっかけは「日本語と似ているようで全然違う」という所に面白さを感じたからである。

日本語とモンゴル語は、語順や文の構造などの文法的な面はかなり似ており、日本語の単語をそのままモンゴル語に置き換えれば、おおよそ適格なモンゴル語の文が出来上がる。しかし、もちろん両者で異なる点もある。その1つが「母音調和」である。

モンゴル語では、例えば「〜から」を表す接尾辞に -aas / -ɔɔs / -ees / -ɵɵs の4種類があり、同じ「〜から」でも接続する語の母音の種類によって、ax-aas《兄から》、egč-ees《姉から》のように使い分けなければならない。これが母音調和なのだが、初めてモンゴル語を習った時、恥ずかしながら筆者は母音調和というものを知らなかった。「同じ『〜から』なのに形がいろいろある！何だこれは！」と衝撃を受けたのである。そこから、モンゴル語の母音に関する研究は始まった。

研究を始めてみると、文字では書かれているにもかかわらずはっきり発音されない母音があったり、同じ母音が位置によって姿を変えたりするなど、日本語の母音には見られない特徴が結構あることに気づいた。「母音だけでも考えるべきことがいっぱいあるぞ」と思ったわけである。

ところで、モンゴル語の音韻論について、「もう何もやることがない」という意見と「やることがありすぎて扱う気にもならない」という意見の

両方を、筆者は耳にしたことがある。一見、相反する意見であるが、どちらも真実だろうと思う。本書が研究対象として扱うモンゴル語（ハルハ方言）は、モンゴル国の公用語に位置づけられ、話者数が300万人近い「大言語」であるうえに、モンゴルが日本から近い東アジアの国であることもあり、モンゴル研究は日本において古くから盛んに行われている。この点で、モンゴル語は「未知なる言語」などではなく、音韻論に関するものに限っても相当多くの研究が行われている。その点から見れば、一見もう何もやることがない。しかし一方で（だからこそと言うべきか）、1つの現象に対して様々な意見が乱立していて、収拾がつかなくなっているという側面もあり、これを整理するにはやることがありすぎるとも言える。

そういった状況の中で筆者は「モンゴル語の母音」に立ち向かっていったのだが、その時の方針が本書の副題にもなっている「実験音声学と借用語音韻論からのアプローチ」である。この研究では、先行研究の問題点を洗い出し、実験音声学的手法を用いて音声事実を丹念に観察し、そのデータに基づいて音韻論的分析を行う、という方法を採った。音声事実の記述を基盤とすることで、理論が「机上の空論」に陥ることなく、妥当性の高い音韻分析を提示することができる。この手法は当然のことながら、モンゴル語の母音の研究にのみ適用されるものではなく、様々な研究に広く応用できるものであろう。

一方の「借用語音韻論」も、本研究の重要な手段である。言語記述において、借用語は周辺的なものとして捨象されてしまうことも多い。しかし、借用語と正面から向き合うことによってこそ見えてくる現象もある。例えば、日本語のアクセントに潜む規則性は、借用語のデータを観察することによってこそ明らかになる。もちろん、借用語音韻論自体は筆者が考え出したものではなく多くの先行研究があるのだが、借用語音韻論を積極的に活用して1つの言語の音韻体系を明らかにしようという試みは、実はそれほど多くないと思われる。言語体系の記述において借用語のデータを積極的に用いる本書の姿勢は、研究手法の1つの提案につながるだろう。

本書で直接的に扱う現象は「モンゴル語の母音」に限られているかもし

れないが、実験音声学と借用語音韻論という手法が分析に大いに役立つということを示すことができれば、モンゴル語自体に興味がある方以外にも参考になる点があるのではないか。「実験音声学と借用語音韻論からのアプローチ」という副題にはそういう気持ちが込められている。

　研究を進めていく中で、筆者は実際に何度もモンゴル国を訪れ、多くのモンゴル語母語話者と触れ合ってきた。モンゴルでの体験は貴重な、面白い経験ばかりであったし、モンゴル人たちとの会話や触れ合いによって、研究対象であるモンゴル語についてはもちろん、自分の母語である日本語、そして言語とはどういうものか、ということについて「はっ」と気づかされることもたびたびあった。そのような、研究論文ではなかなか表すことのできない「生の言語実態」や、自分の目や耳や肌で感じた「筆者のモンゴル体験記」を、本文中のテーマに絡めつつ、気楽に読めるコラムの形で紹介しようと思う。筆者が感じた面白さを感じ取っていただければ幸いである。

Mongolian Vowels
Approaches from Experimental Phonetics
and Loanword Phonology

UETA Naoki

ABSTRACT

This study carries out phonological analyses of several phenomena on the vowels in Khalkha Mongolian (henceforth, Mongolian). More specifically, the systems of vowel phonemes, vowel harmony, and prosody in Mongolian are analyzed based on data obtained by various phonetic experiments.

The starting point of this study is a critical review of Svantesson et al.'s (2005) *"The Phonology of Mongolian."* Their study is highly worthwhile in that they analyze the phonology of Mongolian in systematic ways on the basis of experimental phonetic data. However, not all of their analyses are acceptable; they sometimes disregard or oversimplify the phonetic facts in order to maintain theoretical consistency, and their analyses are not always completely sufficient. Among these issues, I focus on the phenomena relevant to vowels and critically reexamine their analyses by illuminating some crucial data that they seem to have ignored.

There are three noticeable features of this study, as follows. First, this research is "comprehensive" in the sense that the phenomena on vowels are addressed exhaustively and observed from various angles. Not only do I describe each phenomenon thoroughly but I also consider the interactions among said phenomena. The vowel system in non-initial syllables, for example, is estimated on the basis of its behavior with vowel harmony. Here, the interactions between the vowel system and vowel harmony is considered.

Second, the perspective of "loanword phonology" is adopted in this study. In other words, a number of loanwords are utilized as the data to illuminate the phonological system. Though loanwords are often regarded as peripheral items when it comes to linguistic description, loanwords themselves, as opposed to native words, can reveal hidden facts in a language under the perspective of loanword phonology. For example, I claim in Chapter 6 that Mongolian pharyngeal vowels actively participate in vowel harmony, whereas non-pharyngeal vowels only participate in it passively, in that these vowels do not trigger suffix harmony. This fact could never be revealed by Mongolian native words because non-pharyngeal vowels in native words superficially conform to the principles of vowel harmony and non-pharyngeal vowels appear to trigger suffix harmony. In this way, I am able to analyze Mongolian phonology using the perspective of loanword phonology.

The third notable feature of this study is that it carries out phonological analyses based on experimental phonetics. It is true that theoretical consistency is important, but it is unacceptable to ignore phonetic facts simply to adhere to it. The purpose of this study is not just to pursue theoretical consistency, but to give valid analyses based on the phonetic facts obtained by extensive phonetic experiments, including the behavior of loanwords.

The structure of this book is as follows. Part I (Chapter 1) is an introduction; the purpose, directions, and organization of this study are described therein.

Part II (Chapters 2–5) examines the vowel system in Mongolian. Svantesson et al. (2005) have argued that there is no phonemic contrast between long and short vowels in non-initial syllables, and regarded the phonemic vowels in these positions as short ones. I discuss vowel length in non-initial syllables in Chapter 2, and claim that these vowels are essentially not short but long vowels; I do so by presenting five pieces of evidences that have been obtained through production and perception experiments. Based on these results, Chapter 3 addresses the vowel system in non-initial syllables. In this chapter, it is revealed that some short phonemic vowels can occur in this position other than long phonemic vowels, and that it is valid to acknowledge the phonemic contrast between long and short vowels in non-initial syllables, as well as in initial syllables.

The following two chapters discuss the phonetic and phonemic values of each vowel by formant analyses. In Chapter 4, the formant structure of short *e* is analyzed by comparing it to that of *i*, and it is shown that short /e/ is still present in Ulaanbaatar Mongolian, though some previous studies have argued that /i/ and /e/ have completely merged. Chapter 5 considers the phonetic and phonemic values of four back vowels (/u, ʊ, o, ɔ/), and shows that /o/ should be regarded not as a back but as a central vowel (/ɵ/). As a conclusion in Part II, the complete vowel system is presented.

Part III (Chapters 6–7) covers vowel harmony. It is already well known that the vowel /i/ is transparent with respect to vowel harmony in Mongolian. In Chapter 6, it is clarified that the vowel /e/ is also transparent in suffix harmony. This fact cannot be revealed without observing loanword data. I then point out that the transparency of /e/ is unexplainable by the traditional autosegmental theory, in which vowel harmony in Mongolian is treated as a spreading of the features [pharyngeal] and [round] from the initial vowel to the following vowels. I claim that it is necessary to distinguish stem harmony and suffix harmony in order to explain the transparency of /e/. Furthermore, it is argued that not only /e/ but also the other non-pharyngeal vowels, that is, /u, ɵ/, are likely to behave as transparent vowels in vowel harmony, and that pharyngeal and non-pharyngeal vowels show asymmetry in pharyngeal harmony.

Chapter 7 examines root harmony in loanwords. In this chapter, I show that some loanwords can follow the principle of vowel harmony, but the harmony applied to loanwords is not the same type as that to native words.

Part IV (Chapter 8) presents the analyses of prosody, especially focused on the pitch patterns of compound words and phrases, on which little research has been done so far. First, I analyze the pitch patterns of compound place names and general noun compounds, and show that the pitch patterns of compounds can be affected by the phonological structure of the first word in compounds; the basic pitch pattern is HL, but an LH pattern tends to be observed when the first word is a monosyllabic word with a short vowel and with a coda consonant whose sonority is low, such as a voiceless obstruent. Then, it is clarified that this pattern applies also to pitch patterns of phrases. Following these results, I focus on the relationship between the pitch patterns and syllable weight in Mongolian.

Part V (Chapter 9) summarizes the discussion in each chapter and reconsiders how the perspectives of "comprehensive research," "loanword phonology," and "experimental phonetics" have been utilized to analyze vowel phenomena in Mongolian.

目　次

まえがき ……………………………………………………………… i

ABSTRACT …………………………………………………………… v

目次 …………………………………………………………………… ix

第Ⅰ部　序　論

第1章　本書のねらい …………………………………………… 3

1.1　対象となる言語 ………………………………………… 3

1.2　本書の構成 ……………………………………………… 10

1.3　本書の特色 ……………………………………………… 12
　　1.3.1　総合的研究　12
　　1.3.2　実験音声学を基盤とした音韻論研究　13
　　1.3.3　借用語音韻論　14

第Ⅱ部　母音体系

第2章　第2音節以降の母音の長さ …… 19

2.1　問題の所在 …… 20
- 2.1.1　正書法による母音の扱い　20
- 2.1.2　音韻論的研究　21
- 2.1.3　第2音節以降の音素的母音を「短母音」とみなすことの問題点　27

2.2　3音節語における各母音の持続時間 …… 29
- 2.2.1　調査の背景と目的(調査 2-1)　29
- 2.2.2　調査内容(調査 2-1)　30
- 2.2.3　調査結果(調査 2-1)　32

2.3　接尾辞の移動実験 …… 33
- 2.3.1　調査の目的(調査 2-2)　33
- 2.3.2　調査内容(調査 2-2)　33
- 2.3.3　調査結果(調査 2-2)　36

2.4　発話速度と音素的母音の持続時間 …… 41
- 2.4.1　発話速度と母音の持続時間の関係　41
- 2.4.2　調査内容(調査 2-3)　43
- 2.4.3　調査結果(調査 2-3)　45

2.5　二重母音との比較 …… 52
- 2.5.1　二重母音の振る舞い　52
- 2.5.2　調査内容(調査 2-4)　55
- 2.5.3　調査結果(調査 2-4)　56

2.5.4　1モーラの二重母音を認める妥当性　*57*

2.5.5　二重母音と音素的母音の類似性　*59*

2.6　知覚実験 ……………………………………………………………… *60*

2.6.1　知覚実験の前提　*60*

2.6.2　実験内容(調査 2-5)　*61*

2.6.3　実験結果(調査 2-5)　*64*

2.6.4　知覚実験のまとめ　*69*

2.7　第 2 章のまとめ ……………………………………………………… *70*

第 3 章　第 2 音節以降における母音の長短の対立 ……………… *73*

3.1　問題の所在 …………………………………………………………… *73*

3.2　借用語の振る舞い …………………………………………………… *75*

3.2.1　Svantesson et al.(2005)による借用語の扱いとその問題点　*75*

3.2.2　調査内容(調査 3-1)　*78*

3.2.3　調査結果(調査 3-1)　*80*

3.2.4　借用語の振る舞いのまとめと考察　*82*

3.3　形動詞未来形 -x ……………………………………………………… *82*

3.3.1　問題の所在　*82*

3.3.2　調査内容(調査 3-2)　*87*

3.3.3　調査結果(調査 3-2)　*90*

3.3.4　考察　*97*

3.4　母音挿入規則に従わない語彙 ……………………………………… *100*

3.4.1　問題となる語彙　*100*

3.4.2　不規則語彙における弱化母音の音韻的扱い　*102*

3.5 第2音節以降に短母音を認めることの意義と問題点 ………… *103*

   3.5.1 第2音節以降に短母音を認める意義　*103*

   3.5.2 第2音節以降に短母音を認める問題点　*105*

   3.5.3 第2音節以降に短母音を認める意義と問題点のまとめ　*109*

3.6 第3章のまとめ ………………………………………………… *110*

第4章　短母音 e の音価 ……………………………………… *113*

4.1 先行研究 ………………………………………………………… *114*

   4.1.1 先行研究における記述　*114*

   4.1.2 問題の所在　*116*

4.2 [i] と [e] の音声的な区別 ……………………………………… *118*

   4.2.1 調査の前提　*118*

   4.2.2 調査内容(調査 4-1)　*118*

   4.2.3 調査結果(調査 4-1)　*120*

4.3 [i] と [e] が相補分布をなす可能性 …………………………… *123*

   4.3.1 頭子音と [i], [e] の分布との関係　*123*

   4.3.2 正書法における分布の制限　*125*

   4.3.3 歴史的な経緯　*126*

   4.3.4 正書法における分布の制限と音韻解釈との関係　*129*

4.4 [i] と [e] によるミニマルペアの有無 ………………………… *130*

   4.4.1 正書法上のミニマルペアの存在　*130*

   4.4.2 調査内容(調査 4-2)　*131*

   4.4.3 調査結果(調査 4-2)　*134*

   4.4.4 考察　*142*

4.5 第4章のまとめ ……………………………………………………… *143*

第5章　後舌母音の音価 …………………………………………… *145*

5.1 後舌母音に関する先行研究 …………………………………… *146*
- 5.1.1 後舌母音の歴史的由来　*146*
- 5.1.2 後舌母音の音声に関する先行研究　*147*
- 5.1.3 /o/ の音韻的解釈　*152*
- 5.1.4 後舌母音の音声的特徴と音韻的解釈に関する問題点　*153*

5.2 フォルマント分析 ……………………………………………… *154*
- 5.2.1 調査内容(調査 5-1)　*154*
- 5.2.2 調査結果(調査 5-1)　*157*

5.3 音韻的解釈 ……………………………………………………… *171*

5.4 第5章のまとめ ………………………………………………… *174*

第 III 部　母音調和

第6章　接尾辞の母音調和 ………………………………………… *179*

6.1 母音調和の実態 ………………………………………………… *180*
- 6.1.1 舌の調和　*180*
- 6.1.2 自律音節理論による咽頭性の調和の分析　*182*
- 6.1.3 唇の調和　*184*

6.1.4　母音調和の領域　*187*

  6.1.5　借用語に対する接尾辞の調和の問題　*188*

6.2　接尾辞の母音調和 …………………………………………… *189*

  6.2.1　接尾辞の調和の原則　*189*

  6.2.2　調査内容（調査 6-1）　*190*

  6.2.3　調査結果（調査 6-1）　*194*

  6.2.4　接尾辞の調和のまとめ　*199*

6.3　母音 e の透明性から見る母音調和の理論的考察 ………… *201*

  6.3.1　母音 e の透明性がもたらす理論的問題　*201*

  6.3.2　[−F] の指定　*202*

  6.3.3　借用語への完全指定　*203*

  6.3.4　音素配列制約と素性スプレッドの区別　*205*

  6.3.5　母音調和の循環的な適用　*207*

  6.3.6　語幹内の調和と接尾辞の調和を分離する必要性　*209*

6.4　e が透明な母音である理由 …………………………………… *210*

  6.4.1　[i] との音声的近似　*210*

  6.4.2　女性母音の透明性の仮説　*211*

6.5　ロシア語からの借用語に見られる u の透明性 …………… *213*

  6.5.1　ロシア語の u の受容　*213*

  6.5.2　接尾辞の調和を用いた判定　*215*

  6.5.3　調査内容（調査 6-2）　*218*

  6.5.4　調査結果（調査 6-2）　*220*

  6.5.5　ʊ と u の非対称性　*223*

6.6　モンゴル語の母音調和に見られる非対称性 ………………… *227*

  6.6.1　女性母音の透明性　*227*

6.6.2　咽頭性の調和と円唇性の調和の非対称性　*229*

　6.7　第 6 章のまとめ ……………………………………………… *232*

第 7 章　借用語内部の母音調和 ……………………………… *235*

　7.1　/u/ の借用—意識調査 ………………………………………… *236*

　　7.1.1　問題の所在　*236*

　　7.1.2　調査内容(調査 7-1)　*237*

　　7.1.3　調査結果(調査 7-1)　*238*

　7.2　/u/ の借用—母音 U の音声的特徴 ………………………… *243*

　　7.2.1　調査のねらい　*243*

　　7.2.2　調査内容(調査 7-2)　*243*

　　7.2.3　調査結果(調査 7-2)　*246*

　　7.2.4　母音 U の分岐と母音調和との関係に関する考察　*254*

　　7.2.5　母音 U に対する母音調和と本来語の母音調和の比較　*256*

　7.3　原語の強勢母音が引き起こす母音調和 …………………… *259*

　　7.3.1　定着度の高い借用語　*259*

　　7.3.2　語頭母音添加における母音調和　*262*

　7.4　第 7 章のまとめ ……………………………………………… *263*

第 IV 部　プロソディー

第 8 章　ピッチパターン ……………………………………………… 267

8.1　モンゴル語のアクセントに関する先行研究 …………………… 268

8.1.1　ストレスアクセント　*268*

8.1.2　ピッチアクセント　*270*

8.1.3　本書の方針　*272*

8.1.4　複合語や句のピッチパターン　*273*

8.2　地名複合語のピッチパターン ……………………………………… *275*

8.2.1　地名複合語を用いる理由　*275*

8.2.2　調査内容(調査 8-1)　*277*

8.2.3　調査結果(調査 8-1)　*279*

8.2.4　考察　*291*

8.3　一般名詞の複合語のピッチパターン ……………………………… *295*

8.3.1　問題の所在　*295*

8.3.2　調査内容(調査 8-2)　*298*

8.3.3　調査結果①―重複パターン　*304*

8.3.4　調査結果②―重複パターンとピッチパターンの相関　*308*

8.3.5　調査結果③―形態統語構造とピッチパターン　*312*

8.3.6　調査結果④―音韻構造とピッチパターン　*315*

8.3.7　複合語ピッチパターンのまとめ　*320*

8.4　句のピッチパターン ………………………………………………… *320*

8.4.1　問題の所在　*320*

8.4.2　調査内容(調査 8-3)　*321*

8.4.3　調査結果(調査 8-3)　*324*
　　　8.4.4　句のピッチパターンのまとめ　*330*
8.5　**LH ピッチパターンと音節構造** ……………………………… *331*
　　　8.5.1　音節構造・分節音とアクセントとの相互関係　*331*
　　　8.5.2　LH ピッチパターンの音韻論的解釈　*333*
　　　8.5.3　音声的な背景　*335*
　　　8.5.4　音韻論的な解釈　*338*
8.6　**第 8 章のまとめ** ………………………………………………… *342*

第 V 部　結　論

第 9 章　まとめと今後の展望 ……………………………… *347*

あとがき ……………………………………………………………… *353*
略号一覧 ……………………………………………………………… *357*
参考文献 ……………………………………………………………… *359*
索引 …………………………………………………………………… *369*

コラム

1 方言差 …………………………………………………… *9*
2 モンゴルでの日本語教育 ………………………………… *16*
3 発話速度のコントロール ………………………………… *51*
4 SNS 表記に見られる母音の長短 ………………………… *71*
5 借用語にだけ現れる音 …………………………………… *109*
6 モンゴル語の「ウ」と「オ」 …………………………… *175*
7 母音の数と母音調和 ……………………………………… *187*
8 借用語の「偽装」 ………………………………………… *200*
9 日本語からの借用語 ……………………………………… *258*
10 アクセントと母音の長さ ………………………………… *272*
11 モンゴル人の名前 ………………………………………… *293*
12 アイラグの雨 ……………………………………………… *342*

第 I 部

序　論

モンゴルのゲル

第1章

本書のねらい

　本書は、モンゴル語の母音に関する諸現象を取り上げ、その相互関係にも目を向けつつ、音韻論的な分析を行うものである。具体的には、モンゴル語の母音体系、母音調和、プロソディーについて多角的に分析する。

　本章では、研究の基本方針とそのねらい、および本書の構成について述べる。1.1 節では、本書ではモンゴル語のうちモンゴル国で話されるハルハ方言を対象とすることを述べ、本書で用いる表記方法について確認する。続く 1.2 節では、本書の構成について述べる。具体的には、本研究の出発点となる研究である Svantesson et al.（2005）*The Phonology of Mongolian* について紹介したのち、本書で取り扱う現象について説明する。そして 1.3 節では本研究の特色について概説し、本研究ではモンゴル語の母音に関する「総合的研究」を行うこと、「実験音声学を基盤とした音韻論的分析」を行うこと、「借用語音韻論」の考え方を積極的に活用することを述べる。

1.1　対象となる言語

　モンゴル語はモンゴル国をはじめ、中国の内蒙古自治区や青海省、ロシア連邦などで話されている言語である。山越（2012: 279-280）によると、モンゴル語は大きく分けて北部方言群、中央方言群、東部方言群の3つの方言群に分けられ、それぞれが下位方言群を持つ[*1]。

[*1]　下位方言の詳しい分類については、Janhunen（2003）を参照されたい。

第 I 部 序 論

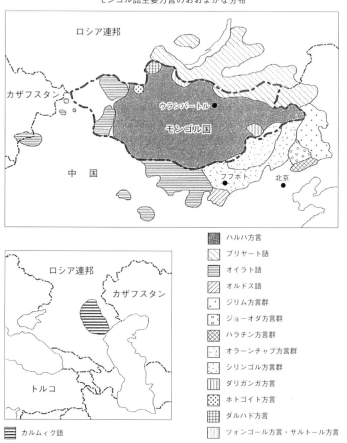

図 1-1：モンゴル語主要方言の大まかな分布 (山越 2012: 276)

　本書が対象とするのは、モンゴル語のハルハ方言である。モンゴル語ハルハ方言は北部方言群のモンゴル国諸方言の1つであり、いわゆる「標準モンゴル語」としてモンゴル国で広く話されている方言である。モンゴル国の総人口から推定すると、話者数は300万人近いと思われる。
　モンゴル語自体にはかなりの数の方言があるが、方言差が激しいのは中

国の内蒙古自治区で話されるモンゴル語（内蒙古語と呼称されることもある）であり、モンゴル国内のモンゴル語の方言差は非常に小さい。山越（2012: 276）には「モンゴル語主要方言の大まかな分布」として図 1-1 に示した地図が記載されている。

　図 1-1 から、モンゴル国内ではほとんどの地域でハルハ方言が話されていることがわかる。なお、図 1-1 ではモンゴル国西部に方言分布の表示がない地域があるが、ここはカザフ族の居住地域であり、カザフ語が主要な言語となっている。

　Svantesson（2003: 154）によると、ハルハ方言もいくつかの下位方言を持ち、首都のウランバートルで話される下位方言が歴史的にも政治的にも威信方言の地位を占めている。モンゴル語母語話者の実感としても、地域による方言の違い（語形の違いや俚言の存在など）は確かにあるようである。

　この事実を重視するとすれば、ハルハ方言の中でも研究対象となる下位方言を限定すべきであるという意見もあろう。しかし、ハルハ方言内の下位方言の方言差は概して小さく、下位方言によって音韻体系が大きく異なることはない。このような状況のもとでは、調査対象の下位方言を限定してインフォーマントの数を減らすよりも、広くハルハ方言のインフォーマントから多くのデータを収集し分析する方が、信頼できるデータセットとなる可能性が高い。事実、本研究で行った多くの音声調査では、インフォーマントの出身地や成育地に関してモンゴル国であるということ以外に制限は加えておらず、結果的に様々な言語背景を持つインフォーマントが調査に参加することになったが、本書で扱うトピックに関する限り、下位方言の違いはデータに現れなかった。

　したがって、本書では下位方言の細かな違いには注目せず、「広くモンゴル語で話されるモンゴル語ハルハ方言」を研究対象とする。

　ただし、第 4 章で扱う「i と e の合流」は、「ウランバートルの」ハルハ方言に限定される現象であるため、この現象にかかる調査（調査 4-1 と調査 4-2）に限り、対象をウランバートルのハルハ方言に限定している（詳しくは第 4 章で述べる）。

また、本書では音声実験によって得られたデータをもとに議論を進めていく。したがって、対象となるのは現代モンゴル語に限られることになる。歴史的な観点は、現代語の分析に有用である場合にのみ取り入れ、歴史的な変遷に関する比較言語学的な考察は行わない。

なお、以下では本書で対象とする現代モンゴル語ハルハ方言を「モンゴル語」と呼称する。

続いて、モンゴル語の音韻体系と表記に関して注意すべき点を確認しておく。

子音体系についてはいくつかの解釈が考えられるが、本書では（1）のような体系を想定しておく。なお、（ ）は借用語やオノマトペにのみ現れることを意味する。

(1) 子音体系

無声閉鎖音	(p)	(pʲ)	t	tʲ	(kʲ)	(k)	
有声閉鎖音	b	bʲ	d	dʲ	gʲ	g	ɢ
無声破擦音			ts	č			
有声破擦音			z	ǰ			
無声摩擦音	(f)		s	š	xʲ	x	
鼻音	m	mʲ	n	nʲ		ŋ	
側面音			l	lʲ			
ふるえ音			r	rʲ			
接近音	w	wʲ		j			

/ts/, /z/, /č/, /ǰ/ は破擦音 [ts], [dz], [tʃ], [dʒ] を表す。/ts/ は先行研究によっては /c/ と表しているが、IPA の [c] が指す音声（無声硬口蓋破裂音）との乖離が大きいことや、文字 c はいろいろな音を表すのに使われることから、誤解を避けるため本書では /ts/ の表記を用いる。/z/ は [z]（有声歯茎摩擦音）を連想させる恐れはあるものの、[z] と [dz] の音声的な違いは破擦音か摩擦音かという点だけであり、モンゴル語では両者の対立はないので、表記の簡便さを優先して /z/ を用いる。/č/, /ǰ/ は破擦音を表す記号としてよく用いられ、IPA と混同する恐れもないため、ここでも破擦音

[ʧ]、[ʤ] を表す表記として採用する。その他、/š/ は [ʃ]、/l/ は側面摩擦音 [ɮ] または [ɬ] として実現する。

　なお、Svantesson et al. (2005) は両唇音、硬口蓋化両唇音、歯茎音[*2]、歯茎硬口蓋音における 2 種類の阻害音の対立を、無声／有声（voiceless / voiced）の対立ではなく有気／無気（aspirated / unaspirated）の対立であるとしているが、これには議論の余地がある。本書では、モンゴル語学でこれまで広く用いられてきた無声／有声の対立とみなしておく。

　母音体系については本書の議論の対象であるため、ここで全体像を示すことはできない。ここでは正書法との関連についてのみ述べる。正書法上、基本母音として認められているのは、以下の 7 母音である。

(2) 基本母音

　　　　i　　　　　u
　　　e　　ө　　o
　　　　a　　ɔ

　モンゴル語では、キリル文字による正書法が確立している。表 1-1 に、キリル文字（小文字）に対して本書で用いる文字転写、および音韻表記との対応を示す。

　キリル文字による正書法は、音韻表記と完全に 1 対 1 に対応しているわけではない。例えば、語末の /ŋ/ はキリル文字 н（転写は ⟨n⟩）単独で綴られるが、語末の /n/ はキリル文字 н ⟨n⟩ に母音（識別母音）を後続させて綴る[*3]。同様に、語末の /g/ はキリル文字 г（転写は ⟨g⟩）単独で綴られるが、語末の /ɢ/ はキリル文字 г ⟨g⟩ に母音（識別母音）を後続させて綴る。具体的には、(3) のようになる。下線を付した母音が識別母音である。

[*2]　Svantesson et al. (2005) では歯茎音ではなく歯音（dental）とされているが、本書では音声学的により一般的である歯茎音という用語を用いる。

[*3]　識別母音の種類は母音調和の原則に従って決定される。なお、識別母音自体は発音されない。

第Ⅰ部 序 論

表1-1：キリル文字と文字転写、音韻表記の対応

文字	転写	音韻	文字	転写	音韻	文字	転写	音韻
а	⟨a⟩	/a/	л	⟨l⟩	/l/	х	⟨x⟩	/x/
б	⟨b⟩	/b/	м	⟨m⟩	/m/	ц	⟨ts⟩	/ts/
в	⟨w⟩	/w/	н	⟨n⟩	/n,ŋ/	ч	⟨č⟩	/č/
г	⟨g⟩	/g,ɢ/	о	⟨ɔ⟩	/ɔ/	ш	⟨š⟩	/š/
д	⟨d⟩	/d/	ө	⟨θ⟩	/θ/	щ	⟨šč⟩	/šč/
е	⟨je,jө,e⟩	/je,jө,e/*4	п	⟨p⟩	/p/	ь	⟨ʲ⟩	/ʲ/
ё	⟨jɔ⟩	/jɔ/	р	⟨r⟩	/r/	ы	⟨ii⟩	/ii/
ж	⟨ǰ⟩	/ǰ/	с	⟨s⟩	/s/	ъ	⟨-⟩	-
з	⟨z⟩	/dz/	т	⟨t⟩	/t/	э	⟨e⟩	/e/
и	⟨i⟩	/i/	у	⟨ʊ⟩	/ʊ/	ю	⟨jʊ,ju⟩	/jʊ,ju/
й	⟨i⟩	/i/	ү	⟨u⟩	/u/	я	⟨ja⟩	/ja/
к	⟨k⟩	/k/	ф	⟨f⟩	/f/			

(3)　　　キリル文字　　　　　転写　　　　　音韻表示　　　　意味
　　a.　　хаан　　　　　　　⟨xaan⟩　　　　/xaaŋ/　　　　　《皇帝》
　　　　　хаан<u>а</u>　　　　　⟨xaana⟩　　　　/xaan/　　　　　《どこに》
　　b.　　баг　　　　　　　　⟨bag⟩　　　　　/bag/　　　　　　《チーム》
　　　　　баг<u>а</u>　　　　　　⟨baga⟩　　　　/baɢ/　　　　　　《小さい》

　また、音韻表記と実際の音声も（当然ながら）1対1に対応しているわけではない。例えば、/x/ は母音調和のクラスによって、[x] または [χ] で実現する。

　本書では音韻体系そのものについて議論するため、語形を音韻表示で表記してしまうと、その時点で音韻的な解釈が含まれてしまい、望ましくな

---

*4　キリル文字 e で綴られる母音は、借用語においては [e] と発音されるため、借用語に現れる場合には ⟨e⟩ と転写し /e/ を表すこととする。

い場合がある。したがって、本書では(4)のような基準で表記を行う。

(4) a. 語を提示するときなど、音声・音韻に言及する必要がない場合は、キリル文字による正書法をローマ字転写した表記を用いる。
   b. 正書法による表記であることを強調すべき場合は、〈 〉を用いる。
   c. 音韻表記には / / を用いる。
   d. 音声表記には [ ] を用いる。
   e. 日本語訳は《 》に入れて示す。

例えば、(3a)の《どこに》を表す語は、(4)の基準に従い、(5)のいずれかで表記される。

(5) a. xaana
   b. 〈xaana〉
   c. /xaan/
   d. [χaːn]*5
   e. 《どこに》

コラム1 方言差

　上で述べたように、モンゴル国内のモンゴル語は方言差が非常に小さいと言われている。この方言差の小ささに遊牧生活が関係していることは容易に想像できる。1か所に定住していれば、地理的に少し離れているだけでも方言差は次第に大きくなっていくのに対し、普段から移動する範囲が広ければ方言差は生じにくい、と考えるのは自然であろう。近年、モンゴルでもウランバートルをはじめとする都市部では定住化が進んでいるので、モンゴル語

---

*5 /a/ に対する音声表記は、厳密には前舌広母音 [a] ではなく後舌広母音 [ɑ] が適切であると考えられる。しかし、本書では /a/ の音声については議論しないため、[a] と [ɑ] の区別を問題とせず、便宜的に [a] の表記を一貫して用いることとする。

> も方言差がだんだん大きくなっていくのかもしれない。
> 　他方、日本国内で話される日本語や琉球語は、方言差がかなり大きいと言われている。知り合いの琉球語の研究者によると、「同じ島の中でも集落が違えば、全然通じないほどの差がある」とのことである。そんな人の前で、「インフォーマントはウランバートルの人と、ウランバートルから450キロ離れたアルハンガイという所の人です」などと言うと怒られそうであるが、モンゴルの遊牧文化に免じて許してもらうことにする。

1.2　本書の構成

　本研究の出発点として、Svantesson et al. (2005) *The Phonology of Mongolian* の存在が挙げられる。この研究は、本書と同じくモンゴル語ハルハ方言を対象とし、実験音声学的手法を軸にモンゴル語の音韻体系について論じたものである。従来、半ば無批判に信じられてきたモンゴル語の音韻体系を詳細に検討し、音響音声学的な裏付けのもと音韻体系を再検討している点、体系的な考察を行っている点で、非常に価値が高い。

　しかし、Svantesson et al. (2005) の分析が全てそのまま受け入れられるわけではない。整合性を求めるあまり音声事実を軽視している部分や、分析が不十分である点もいくつかあり、その部分は再考の余地がある。本書はそのようなトピックのうち母音に関係する部分に焦点を絞り、批判的に検討する。Svantesson et al. (2005) が見落としたり軽視したりしている例を取り上げ、詳細な実験音声学的調査を行った上で、そのデータに基づき、より妥当性の高い音韻分析を提示することが、本書の目的である。

　具体的には、第Ⅱ部（第2～5章）では母音体系について考察する。Svantesson et al. (2005: 22, 24) は母音体系として、以下のようなものを想定している。

(6) 母音体系（Svantesson et al. 2005 による解釈）

第 1 音節						第 2 音節以降			
短母音		長母音		二重母音		音素的母音		二重母音	
i	u	ii	uu		ui	i	u		ui
	ʊ		ʊʊ		ʊi		ʊ		ʊi
	o	ee	oo			e	o		
a	ɔ	aa	ɔɔ	ai	ɔi	a	ɔ	ai	ɔi

　これに対し、第 2 章では、第 2 音節以降の音素的母音の持続時間について考察し、この母音は本質的には短母音ではなく長母音であることを主張する。続いて第 3 章では、借用語の振る舞いから、第 2 音節以降にも短母音を認める必要があることを述べ、体系全体の整合性の観点から第 2 音節以降にも母音の長短の対立を認め、第 1 音節と第 2 音節に同じ体系を想定するのが自然であることを主張する。第 4 章では短母音として /e/ を認める必要があることを、そして第 5 章では /o/ は /θ/ と解釈すべきであることを、ともにフォルマント分析によって明らかにする。

　結果として、本書では (7) のような母音体系を提示することになる。

(7) 母音体系

短母音			長母音			二重母音	
i	u	ii		uu		ui	
e	θ	ʊ	ee	θθ	ʊʊ		ʊi
a	ɔ		aa	ɔɔ		ai	ɔi

　第Ⅲ部（第 6 〜 7 章）では、母音調和について考察する。母音調和はモンゴル語音韻論の中心的なトピックであり、これまでにも様々な研究があるが、借用語の振る舞いに関する考察は未だ不十分である。第 6 章では接尾辞の調和に注目する。ここでも Svantesson et al. (2005) が軽視している借用語のデータをもとに、接尾辞の調和の原則を明らかにしたのち、語幹内の調和と接尾辞の調和を分離して考える必要があることを述べる。次に、そこから得られた事実をもとに理論的な考察を行い、モンゴル語の母音調

第Ⅰ部　序　論

和に潜む原理を明らかにしていく。さらに第7章では借用語の語幹内部の母音調和について扱い、本来語の母音調和と借用語内部の母音調和は性質の異なるものであることを明らかにする。

第Ⅳ部（第8章）ではプロソディーについて扱う。特に、先行研究であまり取り上げられてこなかった複合語や句のピッチパターンに焦点を当てる。網羅的な調査によって複合語や句のピッチパターンの原則を整理するとともに、複合語や句のピッチパターンに前部要素の音節構造や分節音の影響が見られることを指摘し、それに対する音韻論的な解釈を試みる。

第Ⅴ部（第9章）は議論のまとめとなる。

1.3　本書の特色

　本書の特色は大きく3つある。1点目はモンゴル語の母音に関する「総合的研究」を行うこと、2点目は「実験音声学を基盤とした音韻論研究」であること、そして3点目は「借用語音韻論」の考え方を積極的に活用することである。以下では、それぞれの意味するところを確認する。

1.3.1　総合的研究

　本研究では、モンゴル語の母音に関する「総合的研究」を行う。「総合的」の意味するところは、母音に関する現象を網羅的に扱うとともに、現象相互の関係にも目を向け、1つの現象を多角的に検証するということである。前節で述べたように、本書ではモンゴル語の母音体系（母音の長さおよび音価）、母音調和、プロソディーについて考察する。それぞれの現象についての詳細な検討はもちろんだが、現象の相互関係にも注目することで、より広い視野を持って当該現象の分析を行うことができる。

　具体的に挙げれば、第3章では母音体系の検討に母音調和を根拠として用いる。接尾辞の母音調和の現象から第2音節以降に現れる母音の音価を決定し、それをもとに第2音節以降の母音体系を構築する。また、第6章で母音調和について考察する際には、母音調和にアクセントの影響が見ら

れるかどうかを考察する。

1.3.2 実験音声学を基盤とした音韻論研究

音韻論において理論的な整合性はもちろん大事であるが、それだけを追い求めて音声事実をないがしろにすることは許されない。本研究はこの考え方に則り、「実験音声学を基盤とした音韻論的分析」を行う。

各章における議論の流れは、以下の通りである。まず、テーマとなる諸現象について、先行研究の問題点や未解決の問題を「問題の所在」として洗い出し、それを解決するための適切な実験モデルを構築する。そして実際に音声実験を行い、得られたデータをもとに音韻的な分析を行う。基本的には音声事実の記述と音韻論的な考察のバランスを取りながら論を進めていくが、本書では新たな音韻理論モデルを構築することは目的としない。

音声実験は一部に知覚実験も含まれるが、基本的には母語話者による音声産出実験である。モンゴル語の母語話者にモンゴル語の読み上げを行ってもらい、その音声を録音、音響分析を行うという手法である。録音は主に ZOOM H4n Handy Recorder（WAV, 44.1 kHz/16bit）と AKG Micro Mic C520 を用いており、音響分析には全て praat（Boersma and Weenink 2012）を用いている。また、可能な限り分析の際には統計的手法を用いている。

音声実験には多数のインフォーマントが参加したが、1.1 節で既に述べたように、インフォーマントの出身地や成育地に特段の制限は設けていない。ただし、ウランバートルから遠い地域、例えばモンゴル国の最西部に位置し、カザフ族の居住地域となっているバヤンウルギー県や、同じくモンゴル国の西部に位置し、オイラト語の分布地域が含まれるオブス県およびホブド県の出身者のデータを扱う際には、地域方言の影響が見られないか確認している。また、調査の大半はウランバートルの大学および日本語学校で行われた[*6]。インフォーマントは調査によって異なる[*7]が、大半が

[*6] 一部の調査は日本国内で実施された。
[*7] 2つ以上の調査に参加したインフォーマントも存在する。

そこに通う学生である。結果的に、インフォーマントには若年層が多いことになる。モンゴル語の母音に関する諸現象に世代差もある可能性も当然あるが、本書では世代差については考察しない。なお、「インフォーマント」という用語は、本研究における調査のデータを提供した話者に言及する際に用い、「話者」という用語は、調査から得られた事実を一般化し、モンゴル語全体の話者に言及する際に用いる。

本書では数ある音声実験を互いに区別するため、「調査1-1」のような通し番号を付けてある。この数字は本書の流れに沿って振った便宜的なものであり、実際に調査を実施した順ではないことをあらかじめ断っておく。

1.3.3 借用語音韻論

本書では「借用語音韻論」の考え方を積極的に用い、モンゴル語の母音体系や母音調和について検討する際に、借用語のデータを多用する。借用語は音韻体系や音韻現象において周辺的であるとみなされることも多いが、逆に本来語からはわからない音韻現象を借用語こそが明らかにする場合がある。

音韻論における借用語の有用性を示す一例として、日本語のアクセント規則が挙げられる。日本語の本来語のアクセントは自由アクセントであり、語によってアクセントの有無（すなわち起伏式か平板式か）およびアクセントの位置が異なる (8a)。また、語を弁別する機能もある (8b)。

(8) a. ne`ko《猫》　inu`《犬》　tori《鳥》
　　 b. a`me《雨》　ame《飴》

しかし、借用語に目を向けると、(9) のような「外来語アクセント規則」があることが知られている (McCawley 1968、窪薗・本間 2002、窪薗 2006 など)。

(9) 語末から3つ目のモーラを含む音節にアクセント核が付与される。

このアクセント規則は、英語やラテン語のアクセント規則とも類似性が

ある（窪薗 2006）。日本語にこのような法則があることは、借用語のデータを見ることによって初めて明らかになる。

また、田中・窪薗（1999）や窪薗（2006; 2011）などによると、このアクセント規則は外来語だけでなく、和語や漢語のデフォルトのアクセントでもある。言い方を変えれば、外来語が（9）のような法則に従うのは、これが日本語のデフォルトのアクセントパターンであるためである。このように、外来語が受け入れられる際には、受け入れ側の言語（host language, L1）の言語構造が大きな影響を与えている（窪薗 2011 など）[*8]。

逆に言えば、借用語こそが、L1 の隠された言語構造を明らかにするデータとなり得るということである。本書におけるモンゴル語の分析においても、このような「借用語音韻論」の考え方に基づき、本来語からはわからないモンゴル語の音韻構造を明らかにしていく。

特に、第 3 章の母音体系および第 6 章の母音調和では、借用語のデータが大いに活用される。第 3 章では、Svantesson et al.（2005）は借用語を本来語と同様に扱っているが、音声事実が両者で異なるため、その扱いは妥当でないことを示す。その上で、借用語のデータから、第 2 音節以降に短い母音を想定する必要があることを述べる。

第 6 章では、借用語に対する接尾辞の母音調和に注目する。本来語では語幹内も母音調和に従うため、接尾辞の調和が語幹のどの母音によって決まっているのかがはっきりしない。しかし、語幹内において母音調和の原則に従っていない借用語をデータとして用いることで、接尾辞の母音が語幹内のどの母音と調和しているかが明らかになる。さらにそこから、モンゴル語の母音調和には 2 つの母音クラス（男性母音と女性母音）の間に非対称性があり、女性母音は本質的に母音調和に積極的には関わらない透明（transparent）な母音であることが明らかになる。このことも、本来語の

[*8] さらに言えば、ほとんどの外来語が平板式ではなく起伏式で受け入れられるのは、原語（多くは英語）のアクセントによるピッチの下降に日本語話者が敏感に反応するからであり、ここにも受け入れ側の言語（日本語）の言語構造が関わっている（窪薗 2011）。

第Ⅰ部　序　論

データだけでは決してわからない事実である。

　以上のように、本研究では借用語のデータを積極的に活用し、借用語も含めたモンゴル語の音韻構造を明らかにしていく。

コラム2　モンゴルでの日本語教育

　近年、海外の若者の間で「日本の文化」と言えばアニメやマンガを指すと言っても過言ではないかもしれない。それほどまでに、近年の日本のポップカルチャーは海外でも人気であるようだ。

　モンゴルにおいても例外ではない。モンゴルでは日本語教育が比較的盛んであるが、学習者の中には「日本のアニメで日本語を学んだ」という人が少なからずいる。筆者はモンゴルの日本語学校や大学の日本語学科に出入りし、日本語学習者と交流することが多い（そして、その学生たちの中で調査に興味を持った学生たちがインフォーマントになってくれている）のだが、その交流の際に必ず挙がる質問が、「アニメを観ますか？」である。筆者はあまりアニメを観ないのだが、1つでも「ネタ」を持っておくと学生たちとの会話が弾むと思い、モンゴルで流行っている日本のアニメを1つ教えてもらって観てみることにした。いわゆる「逆輸入」である。具体的なアニメの名前を挙げることは差し控えるが、「なるほどこういうもので日本語に親しんでいるのか」と思い知った。

　アニメが思わぬ教材となることもある。筆者は兵庫県神戸市出身で、いわゆる「関西弁」が母方言である。モンゴルの大学の日本語学科での交流で「関西弁講座」をする機会があったので、「あかん」「食べへん」「〜やで」などの関西弁を紹介したところ、「○○というアニメの××というキャラクターが関西弁をしゃべっているので知っています」という学生がいた。アニメの影響恐るべし、である。

第Ⅱ部

母音体系

遊牧風景

第2章

第2音節以降の母音の長さ

　本章では、モンゴル語の第2音節以降の母音体系、とりわけ母音の長短の対立について考察する。

　モンゴル語は、第1音節では母音の長短の対立がある。他方、第2音節以降においては、「長母音と短母音の対立がある」という解釈のほか、「母音の長短の対立はなく、1種類の音素的母音のみが存在する」という解釈がある。

　Svantesson et al.（2005: 23-24）は、第2音節以降の母音体系について、以下のように主張している。

(1) a. 第2音節以降では母音の長短の対立がなく、音素的母音と（音素的でない）挿入母音の区別だけがある。
　　b. 第2音節以降の音素的母音は短い母音である。

　本章および第3章では、これらの解釈が妥当であるかどうかを検討する。まず本章では、(1b) の記述が正しいかどうかを、複数の音声産出実験および知覚実験を通して検証し、第2音節以降の音素的母音が短い母音であるとは言えないことを主張する。続く第3章では (1a) の解釈の妥当性について検証する。

　2.1節でモンゴル語の第2音節以降の母音体系についての先行研究を概観し、先行研究の解釈のどのような点が問題となっているかを確認する。それを受け、2.2節以降で筆者が行った音声産出実験および知覚実験の内容を示しながら、上記の主張を展開する。具体的には、2.2節では3音節

語を調査語彙として用いた場合、第 2 音節以降の音素的母音の持続時間は必ずしも短母音ほど短くないことを示す。2.3 節では、音素的母音を含む接尾辞を第 1 音節に移動させた場合、音素的母音は短母音よりも長母音に近い持続時間で実現することを示す。続く 2.4 節では発話速度と母音の持続時間の関係に注目し、発話速度を変化させた場合、音素的母音の持続時間は長母音のものに近くなること、および音素的母音の持続時間の変化の様相は長母音の様相に近いことを示す。2.5 節では、二重母音の振る舞いとの並行性から、音素的母音も音韻的には 2 モーラを持つ長母音であり、音声的に持続時間が短くなる場合があるに過ぎないことを示す。2.6 節では知覚実験のデータを提示し、第 2 音節以降の音素的母音は知覚的にもある程度の長さを必要とすることを述べる。2.7 節では議論をまとめ、第 2 音節以降の音素的母音は本質的に短いわけではなく、音韻的には「長母音」と扱われるべきであることを主張する。

2.1 問題の所在

2.1.1 正書法による母音の扱い

キリル文字による正書法では、母音は位置に関わらず長短の対立があるものとして表記される。

(2)   キリル文字   転写   音声   意味
  a.   дарах   ⟨darax⟩   [darăχ]   《押す》
  b.   даарах   ⟨daarax⟩   [daːrăχ]   《寒く感じる》

(3)   キリル文字   転写   音声   意味
  a.   хатах   ⟨xatax⟩   [χatăχ]   《乾く》
  b.   хатаах   ⟨xataax⟩   [χataːχ][*1]   《乾かす》

このような正書法の仕組みにより、特にモンゴル語学の立場では、位置に

[*1] 第 2 音節の母音が音声的に長いかどうかは 2.2 節以降で議論するが、ここでは長母音として表記しておく。

関わらず母音の長短を認めるという解釈が主流である（Sanders and Bat-Ireedüi 1999: 12-14、Tserenpil and Kullmann 2008: 20、Sanjaa and Battsogt 2012: 57-62 など）。

　ここで、母音の音声的な特徴に注目すると、正書法上の第 2 音節以降の短母音に対応する母音は弱化母音として現れる。この弱化母音は、音声的に不明瞭であるばかりか、派生や屈折の過程で位置や有無までもが変わってしまう。正書法にも、その事実が反映されている[*2]。また、速い（ぞんざいな）発話では、弱化母音が脱落することもある。

(4)　　　　キリル文字　　　転写　　　　音声　　　　意味
　　a.　　　арав　　　　〈araw〉　　　［arăw］　　　《10》
　　a'.　　　арван　　　　〈arwan〉　　　［arwăŋ］　　　《10-ATT》
　　b.　　　эвэр　　　　〈ewer〉　　　［ewĕr］　　　《ツノ》
　　b'.　　　эврээр　　　　〈ewreer〉　　　［ewre:r］　　　《ツノ-INST》

この弱化母音の音韻論的位置づけ、および第 2 音節以降の母音体系について、これまで議論が行われてきた。次節では、第 2 音節以降の母音体系に関わる音韻論的な先行研究を概観する。

2.1.2　音韻論的研究

　弱化母音の音韻論的位置づけ、およびそれに付随する第 2 音節以降の母音体系に関して、大きく分けて (5a) 〜 (5c) の 3 種の解釈がある。

(5)　a. 弱化母音を第 1 音節の短母音と同様に扱い、第 2 音節以降の母音体系を第 1 音節のものと同一とする解釈。
　　b. 弱化母音を 1 つの音素とみなし、第 2 音節以降の母音体系を第 1 音節とは異なるものとする解釈。
　　c. 弱化母音は音韻的には存在しないとし、第 2 音節の母音体系を第 1 音節とは大きく異なるものとする解釈。

[*2] 正書法における母音の位置や有無の詳しい規則については、角道（1974）や Ariunjargal（2012）を参照されたい。

第Ⅱ部　母音体系

　（5a）の解釈、すなわち、第 2 音節以降の弱化母音を第 1 音節の短母音と同様に扱う、という解釈は、Poppe (1951)、Luvsanvandan (1964)、城生 (1976)、山本 (1991) などに見られる[*3]。この場合、位置によらず母音体系が同じであるということになり、母音の長短の対立に関しても、位置によらず母音の長短の対立を認めることになる。この解釈に基づく母音体系は、以下のようなものになる（二重母音は省略する）。

（6）母音体系（弱化母音を短母音とみなす解釈）

第 1 音節		第 2 音節以降	
短母音	長母音	短母音	長母音
i　ü　u	ii　üü　uu	i　ü　u	ii　üü　uu
e　ö　o	ee　öö　oo	e　ö　o	ee　öö　oo
a	aa	a	aa

　第 2 音節以降に現れる弱化母音は、「短母音が音声的に弱化する（または速い発話で脱落する）」という解釈になる。（4）の語例は、以下のように解釈される。

（7）　　　音韻解釈　　　音声　　　　意味
　　　a.　/araw/　　　　[arăw]　　　《10》
　　　a′.　/araw-ŋ/　　　[arwăŋ]　　《10-ATT》
　　　b.　/ewer/　　　　[ewĕr]　　　《ツノ》
　　　b′.　/ewer-eer/　　[ewre:r]　　《ツノ-INST》

（7a′）に見られるような母音の位置の変化（/araw-ŋ/ → [arwăŋ]）や、（7b′）に見られるような母音の消失（/ewer-eer/ → [ewre:r]）は、母音の削除および挿入規則で記述される[*4]。

[*3]　服部（1951）も、チャハル方言（中国内蒙古自治区のフフホト市を中心に分布する方言で、オラーンチャブ方言群に属する）を対象に同様の分析を行っている。
[*4]　この母音の削除および挿入規則には、前後の子音の種類や音節構造が関わっており、全体像を示すと非常に煩雑になるため、ここでは明示しない。詳しくは角道（1974）や三上（1985; 1986）などを参照されたい。

この解釈の問題点として、「弱化母音がどの母音音素の実現であるかがその不明瞭な音価にのみもとづいて決定されることになるが、それは多くの場合不可能である」(斎藤 1984: 60)、「第 2 音節以下の短母音などで顕著に見られる母音の弱化が、いずれの母音音素の実現であるのかを截然とは決定しがたいという難がある」(城生 2005: 12) という点が挙げられている。
　もっとも、具体的な音声事実と対立の有無に基づいて抽象的な音韻表示を探る構造主義的な立場からは上記のような批判があり得るが、立場を変えればこの批判は必ずしも当たらない。山本 (1991) は、「必ずしも弱化された不明瞭な音声的音価からだけではなく、母音調和等の全体の音韻体系を考慮に入れて、弱化母音がそれぞれどの母音音素の実現であるかを評価するのであるから、この批判も必ずしも的を得た〔ママ〕ものとは言い難い」(山本 1991: 133) と述べている。
　しかし、その点を考慮に入れてもなお、この解釈には問題点がある。第 2 音節以降の弱化母音は、その音価のみならず、位置も予測可能である (詳しくは以下に述べる)。この事実を重視すれば、弱化母音を音韻レベルで表示するのは余剰的であることになり、望ましいとは言えない。また、適切な音声形式を出力するために、母音の削除と挿入の両方を必要とする点も煩雑である。
　(5b) の解釈は、弱化母音を 1 つの音素とみなし、第 2 音節以降に第 1 音節とは異なる音素体系を認めるもので、Street (1963)、Poppe (1970)、栗林 (1981a; 1992) などが挙げられる。Street (1963) は、[ĭ] を除く第 2 音節以降の弱化母音の音価は、第 1 音節の母音に調和することで自動的に決まるため、弱化母音の音価の違いによる対立は存在しない、という事実をもとに、第 2 音節以降の短母音音素に /i, ə/ のみを認めている。Street (1963) は位置による母音体系の違いおよび長母音の体系について明記していないが、まとめると以下のようになろう。

(8) 母音体系（Street 1963 による解釈）

第 1 音節						第 2 音節以降					
短母音			長母音			短母音		長母音			
i	ʉ	u	ii	ʉʉ	uu	i		ii	ʉʉ	uu	
e	θ	o	ee	θθ	oo	ə		ee	θθ	oo	
	a			aa					aa		

(4) の語例は、以下のように解釈される。

(9) 　　　音韻解釈　　　音声　　　意味
　　a.　　/arəw/　　　[arəw]　　《10》
　　a'.　 /arəw-ŋ/　　[arwəŋ]　 《10-ATT》
　　b.　　/ewər/　　　[ewər]　　《ツノ》
　　b'.　 /ewər-eer/　 [ewre:r]　《ツノ-INST》

この解釈についても、斎藤（1984）および城生（2005）が以下のような問題点を指摘している。

(10) a. 速い発話で弱化母音が消失してしまうという現象の背後にある事実、すなわち、弱化母音がそれらの間のみならず、それらと φ との間にも対立がないということを示すことができない。また、形態論的過程による弱化母音の出現と消失に関してもその理由をうまく説明することができない（斎藤 1984: 60-61）。
　　 b. 弱化母音がゼロと交替することさえあり得るという事実をうまく説明することができない（城生 2005: 14）。

(10) の指摘は、スタイルによる弱化母音の脱落や、派生や屈折といった形態論的過程による母音の出現と消失を、母音の削除および挿入規則として記述することによって解決される可能性はある。しかし、ここでもやはり規則が煩雑になる点、そして何より、第 2 音節以降の弱化母音は音価も位置も予測可能であるため、音韻レベルの弱化母音が余剰的であるという点を考慮すれば、斎藤（1984）と城生（2005）の指摘は的確なものであると言える。したがって、この解釈もやはり受け入れ難い。

(5c) の解釈は、第 2 音節以降の弱化母音を音素として認めず、母音体系から排除するというものである。代表的な研究として Stuart and Haltod (1957)、角道 (1974)、斎藤 (1984)、Svantesson (1995)、Svantesson et al. (2005) などが挙げられるが、ここでは、上記のうち最も新しく、音声学的な事実に基づいた研究である Svantesson et al. (2005) の解釈を述べる。

Svantesson et al. (2005) によると、第 2 音節以降に現れる弱化母音は、母音調和と音韻構造から音価も位置も予測可能である[*5]。この母音は、許容されない子音連続を回避し音節構造を最適化するために規則によって挿入される母音であり、音素的なものではない。

(11) …not only the quality, but also places, where reduced vowels occur are predictable. Thus they can be inserted (epenthesized) by a rule, and need not be present in phonological representations. (Svantesson et al. 2005: 23)

一方、第 2 音節以降に現れる弱化しない母音 (full vowel) は、出現する位置も音価も予測できないものであり、音韻的に存在する「音素的母音 (phonemic vowel)」である。この母音は、正書法では長母音として表記され、歴史的にも長母音に由来する。しかし、音声的に持続時間が短く、第 1 音節における長母音よりも短母音に近いことから、Svantesson et al. (2005) では「短い (無標の) 量を持つ」と解釈される。

(12) …we analyse the full non-initial vowels as having short (unmarked) quantity, although they have developed historically from long vowels. This analysis is supported by the fact that the durations of full non-initial vowels are intermediate between long and short vowels in initial syllables, but closer to the short vowels. (Svantesson et al. 2005: 24)

この解釈に従えば、第 1 音節と第 2 音節以降の母音体系は (13) のようになる。

[*5] 具体的に弱化母音の位置と音価がどのように予測できるかについては、本章の議論には関係がないためここでは詳述しない。弱化母音の位置については 3.3.1 節、音価については 6.1 節で詳しく述べる。

第Ⅱ部　母音体系

(13) 母音体系（Svantesson et al. 2005 による解釈）*6

	第 1 音節			第 2 音節以降	
短母音	長母音	二重母音	音素的母音	二重母音
i　u	ii　uu	ui	i　u	ui
ʊ	ʊʊ	ʊi	ʊ	ʊi
o	ee　oo		e　o	
a　ɔ	aa　ɔɔ	ai　ɔi	a　ɔ	ai　ɔi

(4) の語例は、以下のように解釈される。

(14)　　音韻解釈　　　音声　　　　意味
　a.　　/arw/　　　　[arăw]　　　《10》
　a′.　 /arw-ŋ/　　　[arwăŋ]　　《10-ATT》
　b.　　/ewr/　　　　[ewĕr]　　　《ツノ》
　b′.　 /ewr-er/　　　[ewrer]　　《ツノ-INST》

弱化母音は、許容できない子音クラスターを回避し、適切に音節化するために、規則によって挿入される。音節化の規則については、Svantesson (1995) および Svantesson et al. (2005: 62-84) を参照されたい。

　第 2 音節以降の弱化母音を音素として認めず、母音体系から排除する、という考え方の妥当性は、城生 (2005) に述べられている。

(15) ゼロと交替する弱化母音をはじめとして、形態音韻論的交替や発話スタイルの差による弱化母音の出現、消失などに至るまでを、一貫して説明することができるという利点を持つ。(城生 2005: 14)

さらに、この解釈では音価も位置も予測可能である弱化母音を音韻体系から排除しているため、先に述べたような余剰性の問題も解決される。

---

*6　短母音の e がないのは、Svantesson et al. (2005) ではこの母音が i に合流したと解釈しているためであるが、筆者はこの解釈を認めない立場にある。その他にも彼らと筆者とでは分析が異なる部分があるが、それについては第 4 章および第 5 章で扱うこととし、ここでは彼らの提案する母音体系をそのまま記す。なお、二重母音については 2.5 節で詳しく扱う。

しかし、Svantesson et al.（2005）の解釈にも問題がないわけではない。具体的には以下の2点について、議論の余地がある。

(16) a. 第2音節以降の音素的母音は、本当に「短い」母音なのか。
　　 b. 第2音節以降の母音体系から長短の対立を排除することによって、借用語の扱いなど不都合が生じる例があるが、それはどのように説明するのか。

このうち（16a）について、本章で検討する。その結果を受けて、（16b）について第3章で検討する。

2.1.3　第2音節以降の音素的母音を「短母音」とみなすことの問題点

　第2音節以降の音素的母音（正書法における長母音）は、音声的に短いことが古くから知られている（Tsoloo 1976 など）。Svantesson et al.（2005）は、第2音節以降の音素的母音は持続時間が短く、第1音節の長母音よりも短母音に近いという音声的事実に基づき、第2音節以降の音素的母音を「短い（無標の）母音である」とみなしている[*7]。Svantesson et al.（2005）においてデータとして提示されている母音長の比較の図を、図2-1に示す

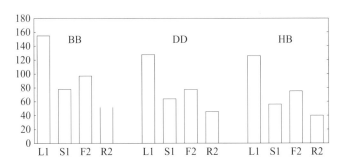

図2-1：母音長の比較 (Svantesson et al. 2005: 3 Figure 1.1)

Mean vowel duration (ms) for the three speakers. L1 = long initial vowel, S1 = short initial vowel, F2 = full non-initial vowel, R2 = reduced non-initial vowel.

---

*7　Svantesson (1990) において既にその事実は指摘されている。

(図中の BB、DD、HB は 3 名のインフォーマントを表す)。図中の F2 が第 2 音節以降の音素的母音を表しており、この持続時間が L1（第 1 音節の長母音）よりも S1（第 1 音節の短母音）に近い、ということを、この図によって明らかにしている。

しかし、第 2 音節以降の音素的母音を「短い（無標の）母音である」とみなすという解釈には疑問が残る。Janhunen（2012）は以下のように指摘し、第 2 音節以降の音素的母音を「短母音」とみなすことに疑問を呈している[*8]。

(17) a. 母語話者の直観では、第 2 音節以降の音素的母音は、第 1 音節の短母音ではなく長母音と同じである[*9]。
b. 第 2 音節以降の「長母音」が比較的短く発音されるのは、語の末尾に向かって母音長が減衰していくという普遍的な傾向によるものである[*10]。

また、図 2-1 によると、第 2 音節以降の音素的母音（F2）は、確かに第 1 音節の長母音（L1）よりも短母音（S1）に近い持続時間を持つが、S1 よりは持続時間が長い。F2 が短い母音であるとするならば、なぜ S1 よりも長く発音されるのかを説明する必要があるが、その点に関して Svantesson et

---

[*8] Janhunen（2012: 40）は「音声特徴は必ずしも音韻論的分析の十分な根拠とはならない」とも述べている。一般論として、この主張は正しい。しかし、音声特徴とは独立した音韻論的根拠が十分でない場合には、音声特徴が有力な手掛かりとなることもまた事実である。モンゴル語の第 2 音節以降の母音の長さに関しては、音声特徴とは独立した音韻論的根拠が十分ではないと考えられるため、本研究では音声特徴を基盤として第 2 音節以降の母音の長さについての音韻論的考察を行うこととする。

[*9] ただし、「母語話者の直観」をどのようにして確認したのかという点については記されておらず、母語話者が持っている正書法の知識を「直観」とみなしている可能性も排除できない。

[*10] ただし、母音の持続時間はアクセントの位置にも左右されると考えられるため、通言語的に「語の末尾に向かって母音の長さが減衰していく」とは考えにくい。その意味で、Janhunen（2012）の言う「普遍的な傾向」が何を対象にしたものかは明らかでない。

al. (2005) は何も述べていない。

そこで本章では、第 2 音節以降の音素的母音の長さについて考察し、この母音が本来的には（つまりレキシコンに存在する音韻的な形式としては）長母音であることを主張する。その根拠として、以下の点を挙げる。

(18) a. 3 音節語を対象にした音声産出実験によると、第 2 音節以降の音素的母音は、必ずしも音声的に短いわけではない (2.2 節)。
  b. 第 2 音節以降の音素的母音を人為的に第 1 音節に移動させた場合、長い持続時間で発音される (2.3 節)。
  c. 発話速度を変化させた場合、音素的母音の持続時間は長母音のものに近くなる。また、音素的母音の持続時間の変化の様相は、短母音ではなく長母音の様相に近い (2.4 節)。
  d. 第 2 音節以降の二重母音は、第 1 音節の二重母音よりも持続時間が短い。この振る舞いはちょうど、第 2 音節以降の音素的母音と第 1 音節の長母音の関係と同じである。この事実を説明するために 1 モーラの二重母音を認めるよりも、音素的母音も二重母音も 2 モーラであると解釈する方が音韻論的に自然である (2.5 節)。
  e. 第 2 音節以降の音素的母音は、知覚的にもある程度の長さを必要とする (2.6 節)。

2.2　3 音節語における各母音の持続時間[*11]

2.2.1　調査の背景と目的 (調査 2-1)

正書法上の長母音（第 1 音節における長母音と、第 2 音節以降の音素的母音）が語内に 3 つ存在するとき、第 2 音節の母音と第 3 音節の母音とで音声的な長さが異なる場合がある。(19) および (20) は学習者向けの音声教材であるが、母語話者による吹き込み音声では、第 2 音節の母音長よりも第 3 音節の母音長が長い[*12]。

---

*11　本節は、Ueta (2017a) に加筆、修正を施したものである。
*12　筆者による判断である。

(19) duu-g-eer-ee［duːɣereː］(東京外国語大学言語モジュール)
　　　弟-EPN-INST-REF

(20) tɔɔtsɔɔ-g-ɔɔ［tɔːtsʁɔː］(川越 2005)
　　　勘定-EPN-REF

(19)(20)における第 2 音節と第 3 音節の母音は、Svantesson et al. (2005) の解釈に従えばどちらも「第 2 音節以降の音素的母音」であり、「短母音に近い長さを持つ」母音であるが、実際には母音長に差があり、必ずしも「母音長が短い」とは言い切れないことを示唆している。そこで、第 2 音節以降における母音の持続時間長の実情を探るべく、音声産出実験（調査 2-1）を行った。

2.2.2　調査内容（調査 2-1）

第 1 音節の短母音（S1）、第 1 音節の長母音（L1）、第 2 音節に現れる音素的母音（F2）および第 3 音節に現れる音素的母音（F3）の持続時間を比較するため、3 音節語[*13]を用いた音声産出実験を行った。調査語彙は、「S1-F2-F3」および「L1-F2-F3」の構造を持つ 14 語である。調査語彙は表 2-1

表 2-1：調査語彙（調査 2-1）[*14]

第 1 音節の母音	語例	
長母音	deel-eer-ee《デール（モンゴルの民族衣装）-INST-REF》 deer-ees-ee《上-ABL-REF》 seer-eer-ee《脊椎-INST-REF》 dɔɔr-ɔɔs-ɔɔ《下-ABL-REF》 tɔɔtsɔɔ-l-ɔɔd《勘定-VR-SEQ》 sʊʊltʊʊr-ʊʊd《便座-PL》	eej-eer-ee《母-INST-REF》 teeš-ees-ee《荷物-ABL-REF》 tɔɔs-ɔɔr-ɔɔ《塵-INST-REF》 bөөr-өөr-өө《腎臓-INST-REF》
短母音	gadaad-aas《外国-ABL》 burxuul-uud《カバー-PL》	šataa-x-aar《燃やす-FP-INST》 tulxuur-uud《鍵-PL》

[*13] 本節では便宜的に、接尾辞が付与された形式も語または語彙と称する。

[*14] 母音の持続時間は音節構造にも影響される。多くの言語で、開音節では閉音節よりも母音の持続時間が長い傾向にあることが知られている（窪薗・本間 2002）。

の通りであり、これらの調査語彙に含まれる全ての母音が、持続時間を測定する対象となる。

そして、これらの調査語彙を埋め込んだキャリア文を作成した。全体として自然な意味になるように、調査語彙によって異なるキャリア文を使用した。以下に 2 例を示す。

(21) ter　　xuuxed　unet　　zuil-ee　　deel-eer-ee　　nʊʊ-san.
　　　その　子ども　貴重な　物-REF　　デール-INST-REF　隠す-PP
　　　《その子供は自分の宝物を自分のデールで隠した》

(22) ter　　　　　gadaad-aas　ir-sen.
　　　3.SG.NOM　外国-ABL　　来る-PP
　　　《彼は外国から来た》

これらの文が含まれたリストを作成し、4 名のモンゴル語母語話者にリストを読み上げてもらった。なお、各文は 2 度ずつ読み上げられた。インフォーマントは以下の通りである。

表 2-2：インフォーマント (調査 2-1)

名前	年齢	性別	出身
OE	19	女	ウランバートル (UB)
AU	21	男	ウランバートル (UB)
EJ	19	女	ヘンティー (UB から東へ約 300 キロ)
SG	19	女	フブスグル (UB から北西へ約 630 キロ)

読み上げられた文を録音し、praat を用いて分析した。分析は、音声波形とスペクトログラムから各母音の区間を同定したのち、母音の持続時間

しかし、本調査では、音節構造の違いによる母音の持続時間の明確な差は観察されなかった。調査語彙が少ないため、モンゴル語で音節構造と母音の持続時間の間に関係がないとは断言できないが、ここでは音節構造は母音の持続時間に影響を与えないものとして議論を進める。

を測定するという手順で行った。ただし、母音が完全に無声化したことで母音区間が同定できない場合は、分析対象から外している。

2.2.3 調査結果（調査 2-1）

図 2-2 に第 1 音節の短母音（S1）、第 1 音節の長母音（L1）、第 2 音節の音素的母音（F2）、第 3 音節の音素的母音（F3）それぞれの持続時間の平均値を示す。

図 2-2 より、第 2 音節以降の音素的母音（F2, F3）は、概して第 1 音節の長母音（L1）よりは短いものの、第 1 音節の短母音（S1）ほど短くはないことがわかる。また、インフォーマント OE では、L1 よりも F3 の方が持続時間の平均値が長いという結果が出ていることから、話者によっては「第 2 音節以降の音素的母音は、第 1 音節の長母音よりも短母音に近い」とは言い切れないことが見て取れる。このことから、Svantesson et al.（2005）の「第 2 音節以降の音素的母音の持続時間は、第 1 音節の長母音よりも短母音に近い」という指摘は、必ずしも正確であるとは言えないことがわかる。

なお、F2 と F3 の持続時間の違いに関しては、話者によって差がある。同一語内における F2 と F3 を対象に、対応がある 2 群間での t 検定を行っ

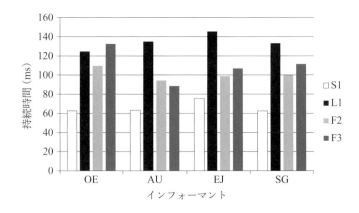

図 2-2：各母音の平均持続時間

た結果、インフォーマント OE では 1% 水準で、インフォーマント SG では 5% 水準でそれぞれ有意差が検出された。いずれも F2 よりも F3 の方が持続時間が長いという結果となっており、この結果は 2.2.1 節の (19)(20) で示した筆者の観察と一致する。しかし、他の 2 名では F2 と F3 の持続時間に有意差は検出されなかった。このことから、F2 と F3 の間の持続時間の違いは話者の話し方の特徴に起因するものであり、音韻論的な差異ではないと考えられる。

2.3 接尾辞の移動実験[*15]

2.3.1 調査の目的(調査 2-2)

Svantesson et al.（2005）では、第 2 音節以降の音素的母音は短い母音であるという解釈の根拠として、この母音の音声的実現が短いことが挙げられている。しかし、この母音は必ず第 2 音節以降に現れるため、音素的母音が「本来的に」短い母音であるのか、Janhunen（2012）の指摘するように「語の末尾に向かって母音の長さが減衰していくという普遍的な傾向」によって短く発音されているのか、通常の条件では判断できない。

そこで、音素的母音を含む接尾辞を人為的に第 1 音節に移動させ、母音の持続時間を測定することにより、音素的母音の本来的な長さを推定する。音素的母音を含む接尾辞を第 1 音節に移動させた際に、音素的母音が長く発音されれば、本来的には（つまり話者のレキシコンに存在する音韻的な形式としては）長母音であり、通常は「第 2 音節以降に位置する」という位置による影響で短く発音されていると推定される。一方、第 1 音節に移動させても音素的母音が短く発音されれば、本来的に短母音であると考えられる。

2.3.2 調査内容(調査 2-2)

調査語彙として、音素的母音を持つ接尾辞、および比較対象として第 1

[*15] 本節は植田 (2016a) に加筆、修正を施したものである。

第Ⅱ部 母音体系

音節に長母音を持つ語、第 1 音節に短母音を持つ語を用意した。母音の音価や音節構造による母音の持続時間の違いを排除するため、同じ音価の母音を持ち、かつ前後の子音が同一である語彙群を 1 セットとし、合計 3 セットの調査語彙群を用意した。具体的な調査語彙は表 2-3 の通りである。なお、下線部が母音の持続時間を測定する対象となる。

表 2-3：調査語彙（調査 2-2）[16]

セット	音素的母音を持つ接尾辞	第 1 音節に長母音を持つ語	第 1 音節に短母音を持つ語
①	-aar[4]（造格）	aarts《アールツ（乳製品の 1 種）》	ar《裏》
②	-saar[4]（継続）	saarmag《曖昧な、中性の》	sarlag《ヤク》
③	-ʊʊl[2]（使役）	ʊʊl《山》	ol《足の裏》

　これらの文をキャリア文に組み込み、母語話者に読み上げてもらった。キャリア文は、ターゲットとなる調査語彙が引用節の初頭、および（引用節かそれ以外の節かは問わず）節中に位置するようなキャリア文を用いた。また、音素的母音を含む接尾辞に関しては、語の第 2 音節以降（つまり、通常現れる位置）に現れるようなものも用意した。セット①を例として挙げると（23）～（26）のようなキャリア文であり、（23）は人為的に第 1 音節に移動された接尾辞が引用節の初頭および節中に現れる例、（24）は接尾辞が通常の位置（すなわち第 2 音節以降）に現れる例、（25）は長母音が引用節初頭および節中に現れる例、（26）は短母音が引用節初頭および節中に現れる例となっている。なお、キャリア文は「東京外国語大学言語モジュール　モンゴル語　文法モジュール」を参考に作成した。下線は調査語彙を表すが、調査時に提示したキャリア文には下線は施されていない。

---

[16] 接尾辞の右肩の数字は、母音調和による交替形の数を表す。以下、同様に表記する。

(23) ɵnɵɵdr-iin xičeel-eer bid -aar⁴ ge-deg nɵxtsl-iig sʊr-san jum.
今日-GEN 授業-INST 1PL.NOM INST 言う-HAB 接尾辞-ACC 学ぶ-PP MOD
manai bagš "-aar⁴ ge-deg nɵxtsl-iin xelegle-x arg-iig bitgii
1PL.GEN 先生 INST 言う-HAB 接尾辞-GEN 使う-FP 方法-ACC PROH
mart-aarai" ge-sen.
忘れる-IMP 言う-PP
《今日の授業で私たちは -aar⁴ という接尾辞を学んだ。私たちの先生は
「-aar⁴ という接尾辞の使い方を忘れないでください」と言った。》

(24) ene awtɔbʊs xʊwʲsgalčd-iin gʊdamǰ-aar jawa-x ʊʊ.
この バス 革命家-GEN 通り-INST 行く-FP INT
《このバスは革命家通りを通りますか？》

(25) ter "aarts nʲ xaniad emčilgeen-ii xamgiin engiin arga.
3SG.NOM アールツ 3.POS 風邪 治療-GEN 最も 普通の 方法
ɵwl-iin tsag-t aarts bʊtsalga-ǰ ʊʊ-dag-gui ail ɵrx xɔwɔr ge-sen.
冬-GEN 時-DAT アールツ 沸かす-SEQ 飲む-HAB-NEG 家庭 家庭 稀な 言う-PP
《彼は、「アールツは風邪の治療の最も一般的な方法だ。冬にアールツを
沸かして飲まない家庭はほとんどない」と言った。》

(26) bagš bidend tsaas talaa-g-aad "ar tal-d ner-ee bič" geǰ
先生 1PL.DAT 紙 配る-EPN-PFG 裏 側-DAT 名前-REF 書け QUOT
xel-sen č ge-sen minii naiz ar tal-iig nuuren tal-tai andʊʊr-aad
言う-PP も 言う-PP 1SG.GEN 友達 裏 側-ACC 表 側-COM 間違える-PFG
bʊrʊʊ bič-čix-sen.
誤り 書く-COMP-PP
《先生は私たちに紙を配り、「裏側に自分の名前を書け」と言ったけれど
も、私の友達は裏側を表側と間違えて、誤って書いてしまった。》

セット②、セット③についても、類似のキャリア文を作成した。
　全部で12の文章（およびダミーの文章*17）はランダムに配列され、読み
上げは1人につき2度行われた。録音された音声をpraatを用いて分析、

---

*17　この調査は調査8-3と同時に行っており、ダミーの文は調査8-3の調査語彙となる。

第Ⅱ部　母音体系

音声波形とスペクトログラムからターゲットとなる母音の区間を同定し、持続時間を測定した。

インフォーマントは以下の通りである。

表 2-4：インフォーマント（調査 2-2）

名前	年齢	性別	出身
NE	16	女	ウランバートル（UB）
BB	17	男	ウランバートル（UB）
GM	21	女	ウランバートル（UB）
ST	27	女	ウランバートル（UB）
DS	20	女	ダルハン（UB から北へ約 200 キロ）
EO	20	女	ドルノゴビ（UB から南東へ約 250 キロ）
SB	24	女	ドンドゴビ（UB から南へ約 230 キロ）
TJ	17	女	フブスグル（UB から北西へ約 630 キロ）（5 歳の時に UB へ移住）

2.3.3　調査結果（調査 2-2）

①持続時間の平均値

まずは全データを統合し、各母音の持続時間の平均値を計測する。図 2-3 は、環境ごと（節中／引用節初頭）の短母音、第 1 音節に移動させた接尾辞の音素的母音、長母音、および（参考までに）第 2 音節以降の接尾辞の母音の長さの平均値（8 名 × 2 回 = 16 発話の平均値）を示したものである。なお、第 2 音節以降の接尾辞は節中と引用節初頭の区別がないが、図では節中の方に並べて表示してある。

図 2-3 から、第 1 音節に移動させた接尾辞の音素的母音の持続時間（灰色のグラフ）は、第 1 音節の短母音（白のグラフ）よりも第 1 音節の長母音（黒のグラフ）に近いことが見て取れる。また、6 つのうち 4 つの環境で、接尾辞の音素的母音は第 1 音節の長母音よりも長い。

次に、インフォーマントごとに母音の持続時間の平均値を示す。図 2-3 から、環境（節中か引用節初頭か）による母音の持続時間の違いよりも、語

第 2 章 第 2 音節以降の母音の長さ

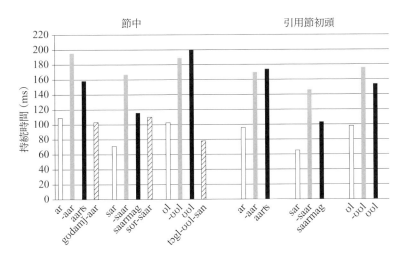

図 2-3：環境ごとの各母音の持続時間（平均値）

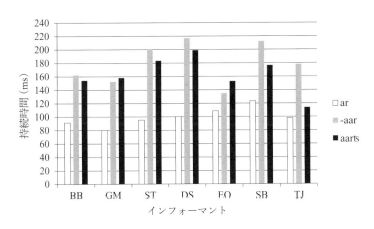

図 2-4：ar, -aar, aarts の母音の持続時間

による母音の持続時間の違いの方が大きいことが読み取れるため、環境についてはデータを統合し、語ごとにグラフを作成する。図 2-4 は調査語彙セット①（ar, -aar, aarts）、図 2-5 は調査語彙セット②（saar, -saar, saarmag）、

37

第Ⅱ部　母音体系

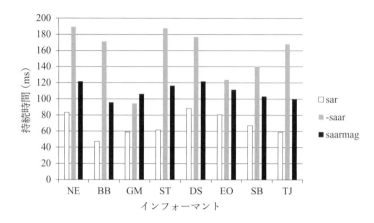

図 2-5：sar, -saar, saarmag の母音の持続時間

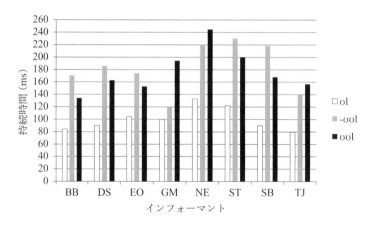

図 2-6：ʊl, -ʊʊl, ʊʊl の母音の持続時間

　図 2-6 は調査語彙セット③（ʊl, -ʊʊl, ʊʊl）について、それぞれインフォーマントごとに各母音の持続時間の平均値を示したものである。なお、第 2 音節以降の接尾辞の母音の持続時間は省略している。

　図 2-4 〜図 2-6 から、ほぼ全てのインフォーマントのほぼ全ての調査語彙において、第 1 音節に移動させた接尾辞の音素的母音の持続時間（灰

色のグラフ）は、第 1 音節の短母音（白のグラフ）よりも第 1 音節の長母音（黒のグラフ）に近いことが見て取れる。唯一、図 2-6 の GM のデータだけが例外となる。

②持続時間の「近さ」

次に、第 1 音節に移動させた接尾辞の音素的母音の長さが、第 1 音節の短母音に近いのか、長母音に近いのかを数値で表す。長母音の持続時間を D_l、第 1 音節に移動させた接尾辞の音素的母音の持続時間を D_f、短母音の持続時間を D_s とし、同一の調査語彙セット、同一の話者、同一の環境における D_l, D_f, D_s の値を用いて、$(D_f - D_s) / (D_l - D_s)$ の値（以下 RD とする）を算出する。RD は、短母音の長さを 0、長母音の長さを 1 としたときの音素的母音の相対的な長さを表す。RD < 0.5 であれば音素的母音は短母音に近く、RD > 0.5 であれば音素的母音は長母音に近い。特に RD > 1 であれば、音素的母音は長母音よりも長いことになる。

具体的に RD 算出の一例を示すと、以下のようになる。

(27) インフォーマント：BB
　　調査語彙セット：① (ar, -aar, aarts)
　　環境：節中
　　回数：2 回発話中 2 回目
　　D_s (ar) = 96.3ms
　　D_f (-aar) = 152.8ms
　　D_l (aarts) = 155.2ms
　　RD = $(D_f - D_s) / (D_l - D_s)$
　　　　= (152.8-96.3) / (155.2-96.3)
　　　　≈ 0.98
　　RD > 0.5 であるから、音素的母音は長母音に近い。

全データ（調査語彙セット 3 × 環境 2 × 話者 8 × 発話回数 2 = 96 トークン）を対象に RD の値を算出した。ただし、長母音よりも短母音の方が長いという結果が出た場合は、異常値としてそのデータを破棄した。その結果、

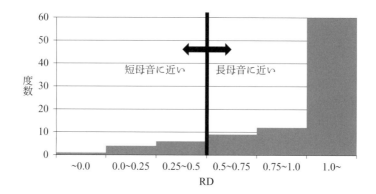

図 2-7：接尾辞の音素的母音の相対的な長さ

データの総数は 92 となった。図 2-7 は、全 92 の RD の度数分布をヒストグラムに表したものである。

図 2-7 から、RD の大半（約 88%）が 0.5 を超えていることがわかる。このことは、音素的母音の大半が第 1 音節の短母音よりも長母音の長さに近いことを意味する。また、RD の多く（約 65%）が 1.0 を超えており、これは半数以上の音素的母音が第 1 音節の長母音よりも長い持続時間で発音されたことを意味する。つまり、音素的母音を第 1 音節に移動させると、短母音よりも長母音に近い持続時間で発音されると結論付けられる。

以上、調査 2-2 により、音素的母音を含む接尾辞を人為的に第 1 音節に移動させた場合、音素的母音が長母音に近い持続時間で発音されるということが明らかとなった。このことから、通常第 2 音節以降に位置する音素的母音は、本来的には（つまり話者のレキシコンに存在する音韻的な形式としては）長母音であり、通常は「第 2 音節以降に位置する」という位置による影響で短く発音されていると推定される[*18]。

[*18] ただし、この実験は、本来第 2 音節以降に現れる接尾辞を「人為的に」第 1 音節に移動させるとともに、機能語である接尾辞を単独で発音させたものであるため、接尾辞に特殊なフォーカスが置かれた可能性は否定できない。この点に関しては、今後検討する必要がある。

2.4 発話速度と音素的母音の持続時間
2.4.1 発話速度と母音の持続時間の関係

人間は発話速度をコントロールすることができる。音声学的な観点から言えば、発話速度が変われば当然母音の持続時間長も変化する。言語やスタイルなどにもよるが、通常は発話速度が速くなれば母音（や子音）の持続時間は短くなり、発話速度が遅くなればそれらの音の持続時間は長くなる[*19]。

母音の長短の対立を持つ言語において、発話速度が変わった場合に長母音と短母音の持続時間がそれぞれどのように変化するのか、という点について、これまでに興味深い実験がいくつか行われている（Port et al. 1980, Svastikula 1986, Magen and Blumstein 1993, Pind 1999, Hirata 2004 など）。Hirata (2004) によると、母音の長短、発話速度と母音の持続時間の関係は、「長母音と短母音の持続時間がオーバーラップするか否か」「長母音と短母音の変化の仕方が同じか否か」という2つの観点から、図2-8の4つのタイプに分けられる。

「長母音と短母音の持続時間がオーバーラップするか否か」という観点では、図2-8の1と3、2と4がそれぞれグループをなす。1と3のタイプでは、発話速度によらず短母音は必ず長母音よりも持続時間が短い。つまり、両者の持続時間がオーバーラップすることがない。一方、2と4のタイプでは、遅い発話における短母音の持続時間が、速い発話における長母音の持続時間を上回っており、「短母音が長母音よりも長い」という状況が起こり得る。言い換えれば、短母音と長母音の持続時間がオーバーラップしていることになる。

次に、「長母音と短母音の変化の仕方が同じか否か」という観点からは、図2-8の1と2、3と4がそれぞれグループとなる。1と2では3本のグ

[*19] もちろん、全ての音が一様に伸び縮みするわけではない。どのような音がどの程度伸び縮みするか、という点も考察する価値があるが、本書の目的からは外れるため、この点については扱わない。

第Ⅱ部　母音体系

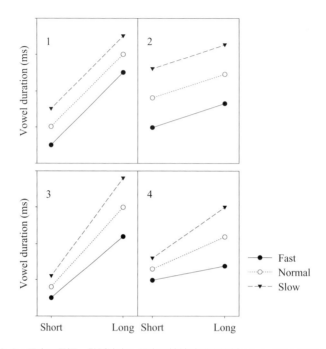

図 2-8：母音の長短、発話速度と母音の持続時間の関係 (Hirata 2004: 567 Fig. 1)

ラフが平行に描かれているが、これは発話速度が遅くなれば短母音も長母音も一様に持続時間が伸びることを示している。他方、3 と 4 では 3 本のグラフが平行でない。これは、短母音と長母音とで持続時間の変化の仕方が異なることを表している。具体的には、発話速度が遅くなった場合、短母音に比べて長母音の方が持続時間がより長くなることが示されている。

　翻って、モンゴル語の母音の持続時間について発話速度との関係から論じた研究は、管見の限り見出されない。モンゴル語の長母音、短母音および第 2 音節以降の音素的母音の持続時間は、発話速度が変わった際にそれぞれどのような振る舞いを見せるのか、明らかにする必要がある。さらに、第 2 音節以降の音素的母音の本質的な長さについて、発話速度と持続時間との関係から考察できる可能性がある。仮にモンゴル語が図 2-8 のタイ

プ 3 もしくは 4 に当てはまった場合（すなわち、短母音と長母音で持続時間の変化の仕方が異なるという結果が出た場合）、第 2 音節以降の音素的母音が短母音と長母音のどちらの振る舞いに近いのかを検証することによって、第 2 音節以降の音素的母音が本質的には短母音なのか長母音なのか、明らかになる見込みがある。

そこで、母音の持続時間と発話速度との関係を明らかにする調査（調査 2-3）を行った。本節ではその調査内容および結果を示す。結論として、モンゴル語の第 2 音節以降の音素的母音は、持続時間と発話速度との関係においては長母音と同じ振る舞いを見せることを示す。

2.4.2　調査内容（調査 2-3）

第 1 音節に短母音を持つ語、第 1 音節に長母音を持つ語、第 2 音節以降に音素的母音を持つ語を収集し、調査語彙とした。調査語彙は表 2-5 の通りである。下線を施した母音が、持続時間の測定の対象となる母音である。なお、表 2-5 の表記は正書法に従っているため、第 2 音節以降の音素的母音は母音 2 つで書かれている。

本調査においても、前後の子音および音節構造（閉音節か開音節か）による影響をなくすため、分析対象となる母音の種類が同じである組では、前後の子音および音節構造を統一した。例えば dardas / daarsan / ardaar の調査語彙セットでは、分析対象となる母音の直前の子音は d、直後の子音は r、音節構造は閉音節で統一されている。

これらの調査語彙をランダムに配列したリストを作成した[*20]。形動詞過去接尾辞 -san[4] および造格接尾辞 -aar[4] が付くものは、直前に辞書形（動詞は形動詞未来形、名詞は主格形）をダミーの語として配置することで、接尾辞が付いていても語が容易に同定できるようにした。なお、形動詞未来形 -ax[4] は、その形が辞書形であるため、ダミーの語は配置していない。

[*20]　この調査は 2.5 節で示す調査 2-4 と同時に行っているため、リストには調査 2-4 にかかる調査語彙も含まれている。

表 2-5：調査語彙（調査 2-3）

	短母音	長母音	音素的母音
a	dardas 《原文》	daar-san 《寒く感じる-PP》	ard-aar 《人民-INST》
ɔ	dɔrnɔd 《東》	dɔɔrəd-xc 《下降する-FP》	ɔrd-rcc 《星座-INST》
e	derged 《隣に》	deerd-ex 《良くなる-FP》	ild-eer 《剣-INST》
ɵ	xɵrgɵgč 《冷蔵庫》	xɵɵr-sən 《飛び立つ-PP》	ɵrx-ɵɵr 《家庭-INST》
ʊ	dʊlaan 《暖かい》	dʊʊl-ax 《歌う-FP》	agʊʊl-ax 《保管する-FP》
u	zuleg 《芝生》	zuuleg 《バカな》	uzuul-ex 《見せる-FP》
i	xilen 《ビロード》	xiil-ex 《膨らませる-FP》	ilerxiil-ex 《表す-FP》

上記の要領で作成されたリストをインフォーマントに見せ、キャリア文 (28) に調査語彙を組み込んだ文を 2 度ずつ読み上げてもらった。

(28) tend ＿＿＿ gej bič-eestei bai-na. 《そこに＿＿＿と書いてある》
　　 そこに ＿＿＿ QUOT 書く-ST ある-NPST

発話速度をコントロールするため、実験は 3 回行われた。1 回目は「ふつうのスピードで」、2 回目は「ゆっくり」、3 回目は「速く」読むように指示した。なお、3 種類のスピードで読むことは、実験開始前に参加者に伝えておいた。インフォーマントは表 2-6 の通りである。

読み上げられた文を録音し、praat を用いて対象となる母音の区間を音声波形とスペクトログラムから同定したのち、母音の持続時間を測定した。測定自体は 3 種類の発話スピード全てのデータを対象に行ったが、例えば「ゆっくり」の指示があるにもかかわらず明らかに「ふつうのスピード」よりも速く発話してしまうなど、3 種類のスピードをうまく区別できない

表 2-6：インフォーマント（調査 2-3）

名前	年齢	性別	出身
OG	17	男	ウランバートル（UB）
UB	17	男	ウランバートル（UB）
DN	18	男	ウランバートル（UB）
ET	18	男	ウランバートル（UB）
ST	28	女	ウランバートル（UB）
CZ	18	男	ヘンティー（UB から東へ約 300 キロ）
CT	17	男	ウブルハンガイ（UB から南西へ約 370 キロ）
XT	17	男	ウブルハンガイ（UB から南西へ約 370 キロ）
AB	18	男	ウブルハンガイ（UB から南西へ約 370 キロ）
BG	18	男	アルハンガイ（UB から西へ約 450 キロ）
TJ	30 代前半	女	アルハンガイ（UB から西へ約 450 キロ）
OE	18	男	フブスグル（UB から北西へ約 630 キロ）
NM	17	女	ゴビアルタイ（UB から南西へ約 800 キロ）
DG	18	男	オブス（UB から西へ約 1300 キロ）

インフォーマントも何名か見られた[21]。したがって、3 種類の発話の中から、インフォーマントごとに発話速度の差が大きい 2 種類を選出し、それぞれ "fast"、"slow" として分析した。

2.4.3 調査結果（調査 2-3）
①全体的な傾向

まずは全母音（7 母音 × 3 種類[22] × 2 つのスピード × 14 名 × 2 回 = 1,176 トークン）の持続時間の絶対値に注目し、全体的な傾向を見る。図 2-9 は、第

---

[21] 岩井康雄氏、桑本裕二氏（私信）によると、実験者が意図するような発話速度のコントロールは、話者にとっては難しい。実験によっては、発話速度を実験者の意図通りにコントロールするために、メトロノームを用いる場合もある。しかし、その場合は発話が不自然になるというデメリットがある。本調査ではその不自然さを回避するため、メトロノームは使用していない。

[22] ここでの「種類」とは、長母音、短母音、音素的母音のことを指す。

第Ⅱ部　母音体系

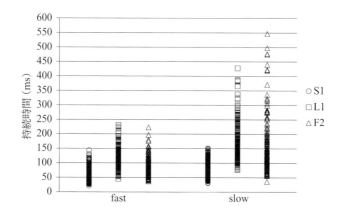

図 2-9：全母音の持続時間の散布図

1 音節の短母音（S1）、第 1 音節の長母音（L1）、第 2 音節以降の音素的母音（F2）の持続時間の絶対値を、"fast"と"slow"の発話に分けてプロットした図である。

　データが密集している区間に注目すると、確かに第 2 音節以降の音素的母音（F2）は、第 1 音節の長母音（F1）よりも第 1 音節の短母音（S1）に近いところに位置しているようにも見える。その傾向は、"fast"の発話においてより顕著である。しかし、データが存在する範囲に注目すると、F2 は S1 よりもむしろ L1 のデータに近い。特に"slow"の発話では、その様相が顕著である。

　"fast"と"slow"を比較すると、S1 では持続時間がそれほど大きく変わっていないのに対して、L1 と F2 では持続時間が大きく伸びる傾向にある。F2 では、"slow"の発話において持続時間が 400 ms を超えるような例もある。これは、"fast"に対して 2 倍を超える長さとなっており、「伸びすぎ」であるという印象もあるため、実験上のエラーである可能性も否定できない。しかし、話者の意識が反映された結果であるという解釈も可能である。つまり、「F2 は本来長い母音であるから、丁寧に発音した場合には長く発音しなければならない」という話者の意識が色濃く反映された

46

結果、持続時間が大幅に伸びた、という解釈である[*23]。400 msを超えるようなデータはトークン数としては多くないが、それでも実際に複数回得られたデータであるので、これらを恣意的に排除するよりも、話者の意識が反映されたデータであるという解釈を取るのが妥当であろう。

全体的な傾向をまとめると、発話速度が変わった時の持続時間の変化の仕方という観点からは、F2はS1よりもL1の振る舞いに近いと言える。

②持続時間の平均値

続いて、図2-9の各データセット、すなわちS1（fast）、L1（fast）、F2（fast）、S1（slow）、L1（slow）、F2（slow）の6つのデータセットを対象に、それぞれ平均値を算出し比較する。なお、平均値は外れ値の影響を受けるため、ここでは各データセットの両端5%のデータを除外した上で平均値を算出する。

算出した平均値をグラフに表したものが図2-10である。図2-10では、横軸に発話速度を取り、長母音、短母音および音素的母音の持続時間を3本のグラフによって表している[*24]。

F2はS1とL1のどちらに近いか、という観点から図2-10を見ると、"fast"の発話では確かにS1に近いが、"slow"の発話では明らかにL1に近くなっている。このことから、Svantesson et al. (2005) の「第2音節以降の音素的母音は、第1音節の長母音よりも短母音の持続時間に近い」という主張は、「速い発話において」という但し書きが必要であることがわかる。

次に、モンゴル語は2.4.1節に示したHirata (2004) の4つのタイプのう

---

*23 黒木邦彦氏（私信）の指摘による。
*24 2.4.1節で示したHirata (2004) のグラフ（図2-8）では、横軸に短母音と長母音を取り、3種類の発話速度を3本のグラフによって表している。しかし、母音の長短は離散的（categorical）なものであり、発話速度は連続的（gradual）なものである。離散的なものを直線でつなぎ、連続的なものを別個のグラフで表すのは望ましくない。したがって、ここでは横軸に発話速度を取り、母音の3つのカテゴリーをそれぞれ別のグラフで表す様式を採っている。

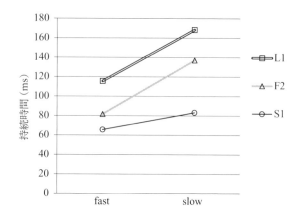

図 2-10：発話速度と母音の持続時間の平均値との関係

ちどれに当てはまるのかを考察する。

　まず「長母音と短母音の持続時間がオーバーラップするか否か」という観点から図 2-10 を見ると、長母音は必ず短母音よりも長い持続時間を持つことがわかる。つまり、両者の持続時間はオーバーラップしない。次に「長母音と短母音の変化の仕方が同じか否か」という観点から図 2-10 を見ると、短母音と長母音で傾きが異なることから、変化の仕方は同じではないことが明らかである。具体的には、短母音に比べて長母音の方が、発話速度が遅くなった時の母音の持続時間の伸び方が大きい。以上 2 つの結果を組み合わせると、モンゴル語は Hirata (2004) のタイプ 3 に当てはまることがわかる。

　ここで注目すべきは、第 2 音節以降の音素的母音（F2）の持続時間の変化の様相である。図 2-10 において、F2 のグラフは L1 とほぼ平行になっていることから、発話速度が変わった時の持続時間の変化という観点からは、F2 は S1 ではなく L1 の様相に近い。

③**持続時間の「近さ」**

　続いて、F2 の持続時間が S1 と L1 のどちらにより近いのか、データの

数をもとに考察する。方法は 2.3.3 節で示した接尾辞の移動実験の時と同じく、短母音の長さを 0、長母音の長さを 1 としたときの音素的母音の相対的な長さ（RD）を用い、RD < 0.5（すなわち音素的母音が短母音に近い）のデータと RD > 0.5（すなわち音素的母音が長母音に近い）のデータの数を比較することで、音素的母音が短母音に近いのか長母音に近いのかを発話速度ごとに判定する。

長母音の持続時間を D_l、第 2 音節の音素的母音の持続時間を D_f、短母音の持続時間を D_s とし、同一の調査語彙セット、同一の話者、同一の発話速度における D_l, D_f, D_s の値を用いて、$(D_f - D_s) / (D_l - D_s)$ の値（以下 RD とする）を算出する。具体的に RD 算出の一例を示すと、以下のようになる。

(29) インフォーマント：OG
　　調査語彙セット：母音の音価が a のもの（dardas, daar-san, ard-aar）
　　発話速度：ゆっくり
　　回数：2 回発話中 2 回目
　　D_s (dardas) = 97.4 ms
　　D_f (ard-aar) = 109.0 ms
　　D_l (daar-san) = 114.5 ms
　　RD = $(D_f - D_s) / (D_l - D_s)$
　　　 = (109.0 − 97.4) / (114.5 − 97.4)
　　　 ≈ 0.68
　　RD > 0.5 であるから、音素的母音は長母音に近い。

発話速度ごとに、全データ（調査語彙セット 7 × 発話回数 2 × 話者 14 = 196 トークン）を対象に RD の値を算出した。ただし、速い発話において、長母音よりも短母音の方が長いという結果が出た例が 1 例あり、そのデータは異常値として破棄した。

図 2-11 は速い発話における全 195 の RD の度数分布を、図 2-12 はゆっくりの発話における全 196 の RD の度数分布を、それぞれヒストグラムに表したものである。

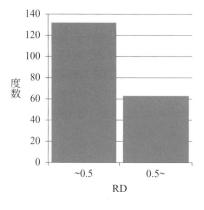
図 2-11：RD の度数分布 (fast)

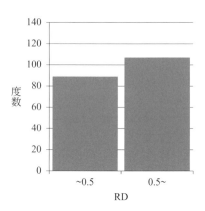
図 2-12：RD の度数分布 (slow)

　図 2-11 では、RD が 0.5 未満のデータの数の方が多い。このことは、速い発話においては、第 2 音節以降の音素的母音の相対的な持続時間が短母音に近い傾向にあるということを意味する。この結果は、Svantesson et al. (2005) の指摘の通りである。しかしながら、図 2-12 では RD が 0.5 以上のデータの数が 0.5 未満のデータの数を上回っている。このことは、ゆっくりの発話においては、第 2 音節以降の音素的母音の相対的な持続時間が長母音に近い傾向にあることを意味し、速い発話とは逆の結果となっている。以上をまとめると、ここでもやはり、Svantesson et al. (2005) の「第 2 音節以降の音素的母音は、第 1 音節の長母音よりも短母音の持続時間に近い」という主張は、「速い発話において」という但し書きが必要であることが、データの数の点からも明らかである。

　以上、調査 2-3 から、第 2 音節以降の音素的母音は、速い発話では確かに第 1 音節の長母音よりも短母音の持続時間に近いが、発話速度が遅くなれば長母音の持続時間に近づくことが明らかになった。さらに、発話速度が遅くなると、長母音は短母音よりも持続時間が大幅に伸びる傾向にあるが、第 2 音節以降の音素的母音も発話速度が遅くなると持続時間が大幅に伸び、持続時間の伸び方は短母音ではなく長母音の振る舞いに類似して

いることも明らかになった。以上のことから、第2音節以降の音素的母音は本質的に短いわけではなく、速い発話において音声的に短い持続時間で発音されているに過ぎないと言える。

コラム3　発話速度のコントロール

　本節で、「調査者が意図するような発話速度のコントロールは、話者にとっては難しい」ということを述べた。これは考えてみれば当たり前のことで、日常生活で「急いでしゃべる」「ゆっくりしゃべる」ぐらいの区別はあるとしても、「3段階のスピードで発話してください」などと指示されることはない。普段から早口の人もいればゆっくり話す人もいるし、実験中の気分によっても話すスピードは変わるだろう。

　発話速度に関する実験ではないが、まだ音声産出実験に慣れていないころ、読み上げ調査でこんなことがあった。読み上げてほしい語のリストを紙に印刷して渡し、キャリア文に1つ1つ代入して読み上げるようお願いしたところ、そのインフォーマントは文と文との間に切れ目も入れずものすごい速さで次々と読み上げていき息が切れたら語の途中であろうとお構いなく息継ぎをするというスタイルで読み上げていったのだ。調査に協力するとは言ったものの予想以上に面倒なことをさせられたので、さっさと終わらせようとしたのかなぁ、と思うと申し訳ない気持ちになる。それでも、あまりに変なところで息継ぎされると調査にならないこともあるので、それ以降、コンピューターの画面上に語彙を1つ1つ表示し、文と文の間に切れ目を入れて息継ぎの時間を設ける、という対策を取っている。

2.5 二重母音との比較

2.5.1 二重母音の振る舞い

モンゴル語には /ai, ɔi, ʊi, ui/ という4つの二重母音が存在する[*25]。これらは第1音節にも第2音節以降にも現れる。(30a) は二重母音 ai が第1音節に、(30b) は第2音節に現れる例である。

(30) a. airag《馬乳酒》
b. badair《痺れ》

一般的に、二重母音は通常2モーラを持ち、二重母音を含む音節は重音節であると解釈される。この点で、音韻的なステータスは長母音と同じである。モンゴル語においても、以下のような証拠により、少なくとも第1音節に位置する二重母音は長母音と同じく2モーラを持ち、重音節を形成すると考えられる。

1点目は、長母音と二重母音はともに最小語条件を満たす点である。モンゴル語に (C)V のみからなる1音節語は認められないが、(C)VC および (C)VV のみからなる1音節語は認められる。言い換えれば、最小語条件として2モーラ以上という制約がある。このうち (C)VV を形成する母音として、長母音のみならず二重母音も含まれる。すなわち、(31a) のような語は存在しないのに対し、(31b, c) のような構造を持つ語はともに実

[*25] 正書法上は ⟨ei⟩ という二重母音も存在するが、音声的には [eː] として実現し、音韻的にも /ee/ と解釈される。また、/ii/ は通常長母音とみなされるが、以下の2つの理由から、/ii/ を二重母音とする解釈もあり得る。
①属格接尾辞 -iin は、長母音に後続する時には間に介入子音 g が入って -g-iin となるのに対し、二重母音に後続する時には -n となるが、語幹が ii で終わっている場合は、属格接尾辞として -n が選ばれる。
②正書法上、二重母音の後部要素の i は、通常の i を表すキリル文字 и ではなく й で書かれる。長母音は ⟨aa⟩ のように母音を重ねて綴られるが、ii は ии ではなく ий と書かれる。
しかし、ii は音声的には長母音 [iː] として実現し、音声的には二重母音とする積極的な理由は見当たらない。ここでは多くの先行研究に従い、ii を二重母音に含めずに分析を進める。なお、ɵi という二重母音は存在しない。

在する。

(31) a. *ɔ
　　 b. ɔɔ《粉》
　　 c. ɔi《森》

このことは、二重母音が長母音と同じく2モーラを持つことの確固たる証拠となる。

　2点目は、プロソディーに対する長母音と二重母音の振る舞いが同じであるという点である。モンゴル語に語強勢（ストレス）が存在すると仮定した場合、ストレスは長母音もしくは二重母音に置かれる（Hangin 1968、小沢 1986、Walker 1997 など）。モンゴル語のストレスについては諸説あり、ストレスが存在するか否かというところから議論する必要があるが[*26]、上記の説を認めるとすれば、ストレスに対する長母音と二重母音の振る舞いは同じということになる。

　また、2音節語のピッチパターンは、初頭音節の母音が短母音であれば初頭音節が低く後続音節が高いLHのパターンで実現するのに対し、初頭音節の母音が長母音であれば初頭音節からピッチが高くなる[*27]。初頭音節の母音が二重母音の場合は、初頭音節から高いピッチが現れることから、ここでも二重母音は長母音の振る舞いと同じであることがわかる。

　以上のことから、モンゴル語の二重母音は長母音と同じ振る舞いを見せることがわかる。

　ここで、第2音節以降の音素的母音と二重母音との関係を考える。2.1 節で見たように、Svantesson et al.（2005）は第2音節以降の音素的母音を「短い」母音だと解釈しており、第2音節以降の音素的母音を「短い」母音だとする根拠として、「第1音節の長母音よりも短母音に近い持続時間を持つ」という音声的な根拠が挙げられている。以下に、Svantesson et al.（2005）の解釈による母音体系を再掲する。

[*26] モンゴル語にストレスがあるか否かについては、第8章で議論する。
[*27] ピッチパターンについても第8章で詳しく述べる。

(32) Svantesson et al. (2005) の解釈による母音体系（=(13) 再掲）

	第 1 音節			第 2 音節以降	
短母音	長母音	二重母音	音素的母音	二重母音
i u	ii uu	ui	i u	ui
ʊ	ʊʊ	ʊi	ʊ	ʊi
o	ee oo		e o	
a ɔ	aa ɔɔ	ai ɔi	a ɔ	ai ɔi

　ここで二重母音に注目すると、第 1 音節と第 2 音節以降で同じ体系をなしていることがわかる。表記の通りに受け取るとすると、第 2 音節以降の二重母音は第 1 音節のものと同じく 2 モーラを持つと考えられるが、Svantesson et al.（2005）においては第 2 音節以降の二重母音の持続時間については何も述べられていない。

　もし第 2 音節以降の二重母音の持続時間が長く、第 1 音節における長母音と同等の長さを有しているのであれば、この母音を通常の（つまり 2 モーラを有する）二重母音とみなすことに何の問題もない。しかし、仮に第 2 音節以降の二重母音の持続時間が短く、第 1 音節における短母音と同等の長さしか有していないとすれば、第 2 音節以降の二重母音は第 2 音節以降の音素的母音と同じく「短い」母音であると解釈されることになろう。しかし、この母音は音価としてはれっきとした二重母音であるため[*28]、この母音は「短い（1 モーラの）二重母音）」ということになる。このような解釈が果たして妥当であろうか。

　そこで本節では、第 2 音節以降の二重母音の持続時間に焦点を当てる。まずは音声産出実験によって二重母音の持続時間の特徴を明らかにしたのち、第 2 音節以降の二重母音および音素的母音の音韻的解釈について考察する。

[*28] Svantesson et al.（2005: 9）によると、速い発話では二重母音の前部要素と後部要素のフォルマントは近くなる。しかし、フォルマントの遷移があることには変わりない。

2.5.2 調査内容(調査 2-4)

二重母音の持続時間を測定するため、第 1 音節に二重母音を持つ語、第 2 音節に二重母音を持つ語を調査語彙とした。調査語彙は表 2-7 の通りである。

表 2-7：調査語彙①（調査 2-4）

	第 1 音節に二重母音	第 2 音節に二重母音
ai	dair-ax《攻撃する-FP》	badair-ax《痺れる-FP》
ɔi	gɔir-xc《家畜の肉が硬く少なくなる-FP》	ɔntsgɔir-ɔx《孤立する-FP》
ʊi	gʊilga《請願》	dʊgʊilan《サークル》
ui	zuilčl-ex《列挙する-FP》	uguil-ex《否定する-FP》

なお、比較のため、第 1 音節に短母音を持つ語、第 1 音節に長母音を持つ語、第 2 音節以降に音素的母音を持つ語を併せて調査語彙としたが、これらは調査 2-3 に使用した語彙の一部と重複している。それらを表 2-8 に示す。

表 2-8：調査語彙②（調査 2-4）

	短母音	長母音	音素的母音
a	dardas《原文》	daar-san《寒く感じる-PP》	ard-aar《人民-INST》
ɔ	dɔrnɔd《東》	dɔɔrd-ɔx《下降する-FP》	ɔrd-ɔɔr《星座-INST》
ʊ	dʊlaan《暖かい》	dʊʊl-ax《歌う-FP》	agʊʊl-ax《保管する-FP》
u	zuleg《芝生》	zuuleg《バカな》	uzuul-ex《見せる-FP》

ここでも前後の子音による影響をなくすため、分析対象となる母音の種類が同じである組では、前後の子音をできる限り統一した。例えば母音 a, aa, ai が分析対象である調査語彙は全て、直前の子音が d、直後の子音が r となるような語を収集した。ただし、望ましい音韻構造を持つ調査語彙が見つからない場合もあるため、前後の子音を完全に統一することはできて

第Ⅱ部　母音体系

いない。また、音節構造（開音節か閉音節か）に関しても統一できていない。

　この調査は、2.4.2節で述べた調査2-3とまとめて1つの調査として実施しているため、調査語彙のリストは調査2-3と調査2-4の調査語彙がランダムに配列されたものとなる。調査の方法も調査2-3で述べた通り、調査語彙リストをモンゴル語ハルハ方言母語話者に見せ、キャリア文(33)に調査語彙を組み込んだ文を2度ずつ読み上げてもらうという方法である。

(33)（= (28) 再掲）

| tend | _____ | geǰ | bič-eestei | bai-na. | 《そこに_____と書いてある》 |
| そこに | _____ | QUOT | 書く-ST | ある-NPST | |

　発話速度に関しては本調査の主要な狙いではないが、発話速度と母音の持続時間の関係に焦点を当てた調査2-3と共通の調査であるため、「ふつうのスピード」「ゆっくり」「速く」の3通りの速度で発話されている。分析対象も調査2-3と同じく、3つの発話速度のうち、各インフォーマントで差が大きかった2つを分析対象とした。インフォーマントも調査2-3と共通である（表2-6参照）。

2.5.3　調査結果（調査2-4）

　第1音節の短母音（S1）、第1音節の長母音（L1）、第1音節の二重母音（D1）、第2音節の音素的母音（F2）、第2音節の二重母音（D2）の持続時間の平均値を図2-13に示す。なお、当然のことながら発話速度によって母音の持続時間は大きく異なるため、fastとslowに分けて持続時間の平均値を示している。

　図2-13から、D1はL1とほぼ同じ持続時間を持ち、D2はF2とほぼ同じ持続時間を持つことがわかる。D1とL1がほぼ同じ持続時間を持つことは、第1音節における二重母音と長母音の同質性、つまり両者とも2モーラを有することを考えれば当然である。一方、D2はD1に比べて著しく持続時間が短く、速い発話では第1音節の長母音（L1）よりもむしろ

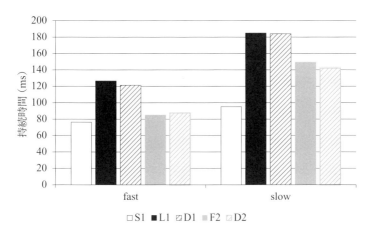

図 2-13：各母音の平均持続時間

短母音（S1）に近いという様相を呈している。この振る舞いは、第 2 音節以降の音素的母音（F2）と全く同じである。また、ゆっくりの発話では D2 は S1 よりも L1 に近くなっているが、これも F2 の振る舞いと極めて似ている。

2.5.4　1 モーラの二重母音を認める妥当性

調査 2-4 からは、二重母音も第 2 音節以降に位置した場合には持続時間がかなり短くなり、速い発話においては第 1 音節の短母音に近い持続時間を持つことが明らかになった。Svantesson et al.（2005）の解釈では、第 2 音節以降の音素的母音は音声的な持続時間が短いことから、短い母音であると結論付けられる。この解釈に従うとすれば、第 2 音節以降の二重母音も持続時間が短い以上、音素的母音と同様に短い母音と解釈せざるを得ない。持続時間が短母音と変わらないということは、1 モーラしか有していないということである。つまり、Svantesson et al.（2005）の解釈に従えば、モンゴル語に 1 モーラの二重母音を認める必要があるということになる。では、1 モーラの二重母音は音韻論的に認められるものなのであろう

か。

　Emerich（2012）は、ベトナム語において /ie/, /ɯɤ/, /uo/（contour vowels）は音声的にも音韻的にも /i/, /a/ などの単母音（monophthongs）と同じ振る舞いを見せるため、/aj/, /aw/ などの二重母音（dipthongs）ではなく単母音のカテゴリーに分類され、モーラとしては1モーラであると主張している。ここで、一般音声学的な観点から、/ie/, /ɯɤ/, /uo/（contour vowels）を「二重母音」と言い換えるとすれば、ベトナム語には1モーラの二重母音と2モーラの二重母音が存在するということになる。

　上記のような例が指摘されていることから、モンゴル語においても1モーラの二重母音と2モーラの二重母音を認めることは不可能ではないだろう。しかし、ベトナム語の場合は、1モーラの二重母音は /ie/, /ɯɤ/, /uo/ の3種類、2モーラの二重母音 /Vj/ または /Vw/ の構造を持つ計19種類と、両者は母音の質（音価）によって明確に区別されている。一方、モンゴル語では両者は音価ではなく位置（第1音節か第2音節以降か）で区別されることになる。つまり、音価としては /Vi/ という全く同じ構造を持っていながら、第1音節における二重母音は2モーラを有し、片や第2音節以降における二重母音は1モーラしか持たないという非対称性が生じることになる。

　1モーラの二重母音という一般音声学的に特殊な母音を認め、さらにこのような複雑な体系を想定するよりも、第1音節と第2音節以降に同じ二重母音 /Vi/ を想定し、位置によって音声的な実現（具体的には持続時間）が異なると解釈する方がはるかに自然である。特に、固定アクセントを持つ言語では、位置によって音声的な持続時間が異なることはごく自然な現象である。モンゴル語にストレスを認めるか否かは非常に難しい問題であり、本書でもモンゴル語のストレスについては態度を保留しているが（詳しくは第8章で考察する）、仮に第1音節にストレスが存在するとすれば、「第1音節と第2音節以降の二重母音は、音韻的には同じ二重母音だが、音声的な持続時間が異なる」という解釈は一層自然なものとなる。仮にモンゴル語にストレスが存在しないとしても、Walker（2011: 18-22）が述べ

ているように、第1音節は音韻的に特別（privileged）な位置である。特に、モンゴル語のように順行的な母音調和を持つ言語では、その傾向は一層強いと考えられる[*29]。この事実から、第1音節では第2音節以降よりも二重母音の音声的な持続時間が長いということは全く不自然ではない。

2.5.5 二重母音と音素的母音の類似性

2.5.3節では二重母音の持続時間について検討し、第2音節以降の二重母音は第1音節の二重母音よりも持続時間が短いことを確認した。続く2.5.4節では、この二重母音の振る舞いを説明するために1モーラの二重母音を仮定する必要はなく、位置による音声的な持続時間の違いと解釈するのが自然であることを論じた。

この二重母音の振る舞いはちょうど、第2音節以降の音素的母音と第1音節の長母音の関係と同じである。すなわち、第1音節と第2音節以降の二重母音の持続時間の違いは、ほぼそのまま第1音節の長母音と第2音節以降の音素的母音の持続時間の違いに当てはまる。二重母音の解釈において位置による違いを認めない以上、音素的母音においても二重母音と同様に解釈すべきである。つまり、第2音節以降の音素的母音が音声的に短く発音されるからといって、この母音を1モーラ（短母音）であるとみなす必要はなく、むしろ音素的母音は音韻的には2モーラ（長母音）であり、位置による影響で音声的には持続時間が短くなる、と解釈する方が自然である。このように解釈すれば、1モーラの二重母音という特殊な母音を認める必要がなく、かつ二重母音と音素的母音（長母音）の振る舞いを並行的に捉えることができる。

[*29] 母音調和については第6章で詳しく取り上げる。

2.6 知覚実験[*30]

2.6.1 知覚実験の前提

本節では、第2音節以降の音素的母音が短い母音であるかどうかを、知覚的な観点から考察する。

モンゴル語の第2音節以降の母音の長さに関するこれまでの研究はほとんどが音声産出のみに注目したものであり、知覚的な観点からモンゴル語の母音の長さについて論じた研究はほとんどない。だが、言語は話し手と聞き手の両方によって成立するものであるから、音韻体系を考察する際に聞き手の側からも検討を加えることは不可欠である。その意味で、モンゴル語の第2音節以降の母音の長さについて知覚実験に基づく分析を行うことには意義がある。本節では知覚実験によって「第2音節以降の母音がどのくらいの持続時間であれば音素的母音と認識されるか」を明らかにする。その上で、第2音節以降の音素的母音の音韻的な長さについて考察を加える。

一般的に言えば、母音の長短の対立に母音の持続時間が関わっていることは明らかである。基本的には、周囲の音や語全体の長さと母音の持続時間との比によって、母音の長短が判定されると言われている（Hirata 2004、Hirata and Lambacher 2004、川原 2013 など）。しかし、各言語において、どのような知覚的キューがどの程度利用されるかということは自明ではない。

モンゴル語に関しては知覚的な研究がほとんど行われていないため、母音の知覚にどのような要因が関わっているかよくわかっていないが、本書では、「第2音節以降の母音の種類（挿入母音か音素的母音か）の判定は、第1音節の母音の長さを基準として行われる」と仮定して議論を進める。この仮定に基づき、本実験では「第1音節の短母音と比べて、第2音節の母音の長さがどのくらいであれば、音素的母音と判定されるのか」を探る。その上で、周囲の子音の種類や語全体の長さなどの影響の有無について考察を加える。

[*30] 本節は、植田（2018）に基づいている。

また、母音の長さの知覚には母音の持続時間だけでなく、フォルマント構造も影響を及ぼすことが知られている（Hirata and Lambacher 2004、Lehnert-LeHouillier 2010 など）。モンゴル語の第 2 音節以降の母音に関して言えば、挿入母音は持続時間が短いだけではなく、中舌化した弱化母音である。一方、音素的母音は弱化しないため、挿入母音と音素的母音は、持続時間だけでなく母音の音価（すなわちフォルマント構造）も異なる。したがって、知覚においても母音の持続時間だけでなく、母音のフォルマント構造が関与していると考えられる。しかし、第 2 音節に現れる母音が中舌化していなくとも、持続時間がある程度短ければ挿入母音として認識されるという可能性も十分考えられる。本研究ではこの仮説に基づき、母音の持続時間のみに焦点を当てて知覚実験を行う。なお、母音の中舌化の影響については 2.6.3 節で議論する。

2.6.2　実験内容（調査 2-5）

知覚実験は、原音声録音、刺激音作成、母語話者による判定という段階を踏んで行われた。

原音声の録音に使用した語彙は、第 2 音節に音素的母音を持ち、かつ音素的母音を持たない（挿入母音が現れる）ミニマルペアが存在する語である。具体的には、表 2-9 に示した 6 語である。なお、音韻表記と音声表記は暫定的に Svantesson et al. (2005) に従い、第 2 音節に現れる音素的母音を短い母音として表記している。

使用語彙 6 語を、モンゴル語ハルハ方言話者（ウランバートル出身の 20 代男性）に読み上げてもらった。

録音された音声をもとに、刺激音を作成した。praat を用い、音声波形とスペクトログラムから母音区間を同定した。続いて、語末の /x/ に残る母音成分をできる限り排除するため、/x/ にあたる音声（[x] または [χ]）[*31]

---

*31　[x] と [χ] のどちらが現れるかは、母音調和のクラスによって決定される。詳しくは塩谷・プレブジャブ（2001: 8-9）を参照されたい。

第Ⅱ部　母音体系

表 2-9：使用語彙とミニマルペア（調査 2-5）

使用語彙				ミニマルペア			
音韻表記	音声表記	正書法	意味	音韻表記	音声表記	正書法	意味
/sergex/	[sergex]	⟨sergeex⟩	再興する	/sergx/	[sergĕx]	⟨sergex⟩	回復する
/bөxөx/	[bөxөx]	⟨bөxөөx⟩	消す	/bөxx/	[bөxŏx]	⟨bөxөx⟩	消える
/bazax/	[badʐaχ]	⟨bazaax⟩	用意する	/bazx/	[badʐăχ]	⟨bazax⟩	圧搾する
/bagtax/	[bagtaχ]	⟨bagtaax⟩	収める	/bagtx/	[bagtăχ]	⟨bagtax⟩	収まる
/šatax/	[ʃataχ]	⟨šataax⟩	燃やす	/šatx/	[ʃatăχ]	⟨šatax⟩	燃える
/xatax/	[χataχ]	⟨xataax⟩	乾かす	/xatx/	[χatăχ]	⟨xatax⟩	乾く

のうち前半部分を削除し、後半 100 ms の部分のみを残して母音部分とつなぎ合わせた。

次に、PSOLA 法[*32] によって母音長を調整した。第 1 音節の母音は 60 ms に固定した。これは、短母音として標準的な長さだと考えられる。そして、第 2 音節の母音を 60 ms（第 1 音節の母音の 1.00 倍）、75 ms（1.25 倍）、90 ms（1.50 倍）、105 ms（1.75 倍）、120 ms（2.00 倍）にした 5 種類の刺激音を作成した。/šatax/ を例に刺激音作成の概念図を示すと、図 2-14 のようになる。

なお、母音長の知覚にはピッチが影響することが知られている（Lehnert-LeHouillier 2010、竹安 2017 など）。しかし、今回用いたミニマルペアは両者がほぼ同じピッチパターンで発音され、知覚においてもピッチによって語を区別する可能性は低いと考えられるため、原音声からピッチの変更は加えていない。

そして、刺激音を用いて知覚実験（母語話者による判定）を行った。実験参加者は、各刺激音を 2 度ずつ聞き、キリル文字による正書法で表記した 2 つの候補（ミニマルペア）から強制選択を行った。刺激音は、ターゲット

[*32] Pitch Synchronous Overlap and Add の略。ピッチをそのままに任意の区間を伸縮することができる。詳しくは Welker (2006) を参照されたい。

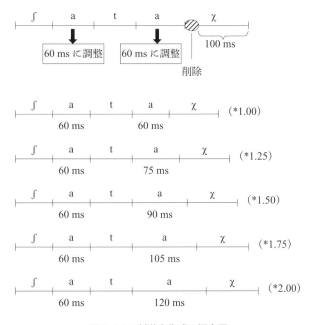

図 2-14：刺激音作成の概念図

となる 30 刺激（6 語×5 種類）のほか、ダミーとなる 20 の刺激音が用意された。これら 50 の刺激音は、同じ語から作られた刺激音が隣り合わないという条件で、ランダムに配列された。全ての刺激音の判定が終われば小休止し、次に異なる順序で並べられた刺激群を用いて、再び判定を行った。この実験を計 3 回行った。

　実験参加者は、モンゴル語母語話者の大学 1 年生の男女 46 名である。参加者の出身地と成育地はさまざまであり、厳密にはハルハ方言話者以外が含まれている可能性がある。しかし、実験結果を見る限り出身地による差異は見られなかったため、方言の影響はないと考えられる。よって、ここでは参加者の出身地によらず、全員のデータを利用する。

2.6.3 実験結果(調査2-5)

①全体的な傾向

第2音節の母音の長さと、母音の知覚（挿入母音と知覚されるか、音素的母音と知覚されるか）との関係を図2-15に示す。横軸は、第1音節の母音長（60 ms）を基準とした第2音節の母音の相対的な長さを表し、5本の棒グラフが5種類の刺激音を表している。グラフの黒い部分は、「挿入母音」と判定された割合を表し、灰色の部分は「音素的母音」と判定された割合を表す。強制選択であるので、両者を合わせると100%となる（なお、無回答はデータから除外している）。

図2-15から、第2音節の母音が第1音節の母音と同じ長さのとき（*1.00）は「挿入母音」としての知覚が優勢であるが、1.25倍の長さになると「音素的母音」としての知覚が優勢となり、1.50倍の長さになると85%以上が「音素的母音」と知覚されていることがわかる。つまり、音素的母音の長さは知覚的に第1音節の短母音に近いと言え、この点ではSvantesson et al.（2005）の解釈が知覚の面からも裏付けられたことになる。ただし、第2音節の母音が第1音節の母音と同じ長さの時（*1.00）は「挿入母音」の知覚が優勢であることから、「第2音節以降の音素的母音の長さは、第1音節の短母音と同じである」とまでは言えない。

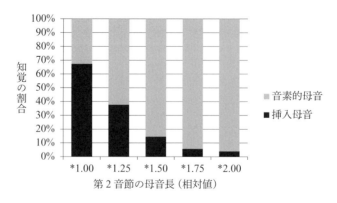

図2-15：第2音節の母音長（相対値）と知覚との関係

②語による差

続いて、使用した語彙による差について考察する。図 2-16 は、第 2 音節の母音の長さと母音の知覚との関係を、単語別に示したものである。

図 2-16 から、語による差が大きいことが見て取れる。例えば、bøxøx では第 2 音節の母音がある程度長くても「挿入母音」と認識されるのに対し、sergex では第 2 音節の母音が短くても「音素的母音」と認識される傾向にある。このことは、母音の知覚に「第 1 音節と第 2 音節の母音長の比」以外の要因が関わっていることを示唆している。考えられる要因としては、①前後の子音、②語全体の長さ、③母音の種類、が挙げられよう。しかし、本実験の結果からは、これらの要因が母音の持続時間の知覚に影響を及ぼしていると結論付けることは困難である。その点について、以下に述べる。

前後の子音に関して、母音に後続する子音が有声子音の場合には、無声子音の場合に比べて母音の持続時間が長くなることが広く知られている（Delattre 1962）。しかし、今回は母音に後続する子音は全て無声子音（[x] または [χ]）であるので、この点は関係がない。一方、母音の直前の子音に注目すると、今回の実験の結果を見る限りでは、直前の子音が有声子音（g, z）の場合には母音が短くても「音素的母音」と知覚されやすいのに対

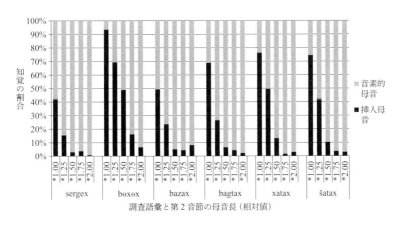

図 2-16：第 2 音節の母音長と知覚との関係（単語別）

第Ⅱ部　母音体系

し、直前の子音が無声子音（x, t）の場合には母音が長くても「挿入母音」と知覚されやすいという傾向が見られる。しかし、この現象に音声学的、音韻論的な説明を与えるのは難しい。

　語全体の長さに関しては、Hirata and Lambacher（2004）において、語全体に対する母音区間の相対的な比が母音の長短の知覚に関わっていることが報告されている。そこで、語全体の長さと母音の知覚との関係を見る。図2-17は図2-16とほぼ同じものであるが、横軸を絶対値による表示とし、語全体の持続時間が長いものが左に位置するように並べ替えている。また、（　）の中の数値は、第2音節の母音の持続時間が60 ms（*1.00）のときの、語全体の持続時間を表している。

　語全体の長さが母音の知覚に影響を与えているとすれば、母音の持続時間が同じであっても、語長が長いほど母音が占める割合が小さくなるため、母音が「短い」、すなわち「挿入母音である」と知覚されやすくなると考えられる。しかし、図2-17にはそのような相関は見られない。むしろ、語長が短く（すなわち母音が占める割合が大きく）、母音が長く知覚されやすいはずのbəxəxにおいて、「挿入母音」としての知覚が優勢であることから、予測とは逆の結果となっていると言える。したがって、語全体の長さ

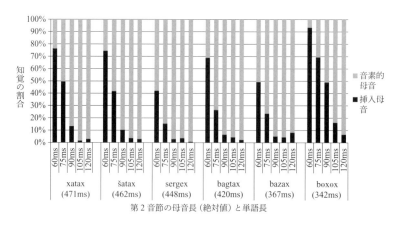

図2-17：語全体の長さと母音の知覚との関係

が母音の知覚に影響を及ぼしているとは考えにくい。

　次に、母音の種類について考察する。Klatt（1976: 1213）によると、分節音はそれぞれ固有の長さを持っている。母音に関しては、舌の高低が母音の持続時間に影響を及ぼすことが知られている（Kent and Read 1992: 95）。しかし、今回の調査結果では、母音 e（使用語彙は *sergex*）は持続時間が短くても「音素的母音」と知覚されやすいのに対し、e に近い舌の高さを持つ母音 ɵ（使用語彙は *boxox*）では、全く逆の結果となっている。したがって、母音の舌の高低から実験結果を説明することも不可能である。ただし、これは母音の種類による影響を完全に否定するものではない。モンゴル語の母音に固有の持続時間が、舌の高低とは関係なく決まっている可能性が残されている。いずれにせよ、モンゴル語における母音の種類と持続時間との関係は、今後検討すべき問題である[*33]。

③実験参加者間の差

　母音の知覚には、実験参加者の間の差も見られた。第 2 音節の母音の判定において、最も多く「挿入母音」だと判定した実験参加者（BJ）と、最も多く「音素的母音」だと判定した実験参加者（UG）のデータを、それぞれ図 2-18 と図 2-19 示す。他の実験参加者のグラフは、両者の中間の様相を呈することになる。

　図 2-18 と図 2-19 から、母音の知覚は実験参加者の間でかなり差があることがわかる。BJ では母音がある程度長くなければ「音素的母音」とは知覚されないのに対し、UG では母音がかなり短い段階で「音素的母音」と知覚される傾向にある。

[*33] 本調査で使用した語彙は全てモンゴル語に実在する語である。前後の子音、語全体の長さ、母音の種類を厳密に揃えるために、刺激音として無意味語を用いる方法も考えられるが、実験参加者になじみがない音声刺激を用いることで「モンゴル語」の調査ではなく「認知能力」を問う調査になるというリスクがあることを考慮し、本調査では無意味語は用いなかった。無意味語を用いた調査の妥当性についても、今後検討したい。

第Ⅱ部　母音体系

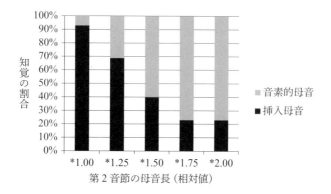

図 2-18：第 2 音節の母音長と知覚との関係 (BJ)

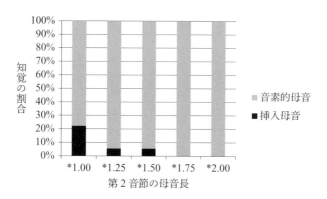

図 2-19：第 2 音節の母音長と知覚との関係 (UG)

　UG のデータをもとに、「音素的母音は本質的にかなり短い母音である」と結論付けることも不可能ではないが、その場合には「なぜ BJ では母音がある程度長くなければ音素的母音だと知覚されないのか」という問いに答えることはできない。一方、BJ のデータをもとに、「音素的母音は本質的にはある程度の長さを持った母音である」と結論付けた場合、UG のデータは別の観点から説明することができる。それは、母音の中舌化の影響である。

2.6.1 節で述べたように、音声産出において、第 2 音節以降の挿入母音は中舌化しているのに対し、音素的母音は中舌化していない。つまり、母音の音価が異なる。本研究では、母音が中舌化していなくとも持続時間が十分に短ければ挿入母音として知覚される、という仮説のもと、中舌化していない母音を原音声にして知覚実験を行った。しかし実際には、第 2 音節以降において、母音の持続時間だけでなく、母音が中舌化していることも挿入母音としての知覚のキューになり得ると考えられる。そして、母音の持続時間と母音の中舌化のどちらを主要なキューとして利用しているか、ということに関して個人差がある可能性がある。

この仮定に基づくと、UG は挿入母音と音素的母音の区別を母音の中舌化によって判定しているため、母音の持続時間が短くても中舌化していない母音は「音素的母音」と判定する一方、BJ は両者の区別を持続時間によって判定しているため、短い持続時間であれば挿入母音の知覚が優勢となる、ということになる。この推察が正しいとすれば、音素的母音は持続時間のみに注目すると、ある程度の長さを必要とすると結論付けられる。

ただし、これは実験結果から得られた推論であり実証されたものではない。この推論を実証するためには、母音の中舌化の観点も含めた詳細な実験を行う必要がある[*34]。

2.6.4 知覚実験のまとめ

知覚実験の結果、全体的な傾向として、第 2 音節以降に現れる母音は、第 1 音節の短母音の 1.25 倍の長さになると「音素的母音」としての知覚が優勢となることから、音素的母音は知覚的に第 1 音節の短母音に近いということが明らかとなった。ただし、第 2 音節の母音が第 1 音節の短母音と同じ長さの時は「挿入母音」の知覚が優勢であることから、「第 2 音

[*34] 今回の知覚実験では、持続時間は短いが中舌化していない母音が刺激音として使用された。このような母音は通常の音声産出には現れないため、母語話者にはこの母音が不自然に感じられた可能性もある。この事実を正確に捉えるため、「自然さ」を問う実験も必要であるかもしれない。

節以降の音素的母音の長さは、第 1 音節の短母音と同じである」とまでは言えない。

また、知覚実験の結果には個人差があるが、その個人差は挿入母音と音素的母音の区別に母音の持続時間を優先的に用いているか、母音の音価の違いを優先的に用いているかによる違いである可能性があることを示した。このことから、母音の音価の違いを捨象し母音の持続時間のみに注目すれば、知覚的にも音素的母音が本質的に短いわけではないという可能性が示唆された。

2.7 第 2 章のまとめ

本章では、第 2 音節以降の音素的母音が本当に「短い」母音であると言えるかどうか、様々な角度から検討を行った。その結果、確かに通常の発話においては音声的な持続時間は短くなるが、この母音が本質的に短いわけではないという証拠がいくつか得られたことから、この母音は音韻的には「長母音」と扱われるべきであると言える。

すると、母音体系は（暫定的に）以下のように修正される。

(34) 母音体系（Svantesson et al. 2005 を修正したもの）

第 1 音節					第 2 音節以降		
短母音		長母音	二重母音		音素的母音	二重母音	
i	u	ii uu	ui		ii uu	ui	
		ʊʊ	ɔi		ʊʊ	ɔi	
	ʊ	ee oo			ee oo		
o		aa ɔɔ	ai ɔi		aa ɔɔ	ai ɔi	
a	ɔ						

ここで問題となるのは、第 2 音節以降の母音体系の類型論的な自然さである。第 2 音節以降の音素的母音を「長母音」と読み替えるとすれば、第 2 音節以降には短母音が存在せず、長母音と二重母音だけが存在することになる。通常、音韻的には短母音が無標で長母音が有標であると考えられ

るため[*35]、第2音節において「長母音」「二重母音」だけが音韻的に存在するというのは不自然だとも言える。

そこで次章では、第2音節以降の母音体系について再考する。そして、第2音節以降にも短母音も認める必要があることを述べ、位置による母音体系の違いをわざわざ取り立てる必要がないことを示す。

コラム4 SNS表記に見られる母音の長短

本章では、モンゴル語の第2音節以降の音素的母音は本質的には長母音である、という主張を展開した。しかしながら、それに反するように見える例も一部見つかっている。それが、SNS（ソーシャル・ネットワーキング・サービス）に見られる母音の表記である。

SNS上では、モンゴル人たちはキリル文字ではなくラテンアルファベットを用いてモンゴル語を表記することが多い。その際に、例えば正書法では〈margaaś〉《明日》となるところを 'margash'、〈minii〉《私の》を 'mini' と表記するような例も見られる。すなわち、第2音節以降の「長母音」とされるものを「短母音」として書くことがあるのだ。

SNSの性格上、ここには「話し言葉」の実態が色濃く現れていると考えられる。すると、この母音を「長い母音」だとするのはあくまでも正書法の影響によるもので、彼らはこの母音を話し言葉では「短い母音」と認識しているのではないか、という意見もあり得る。

しかし、筆者はこの現象を「省略」の一種であると考えている。SNS上では省略が多用され、例えば〈naiz〉《友達》が 'nz'、〈baina〉が 'bna' の

[*35] Greenberg（1966: 18-20）はアイスランド語、サンスクリット語、チェコ語など7つの言語における長母音と短母音の頻度を調べ、どの言語においても短母音の方が頻度が高いことを指摘している。この事実からも、母音の長短の対立がある言語において短母音の方が無標であると推定できる。

ように表されることがある。これらはとても話し言葉の意識を反映しているものとは言えず（'nz' など、どう読めばよいのかわからない）単なる「省略」である。母音を短く書くのも、この省略に類するものだと解釈することができる。

とはいえ、彼らが第 2 音節以降の母音の長短を「どっちでもよい」と思っている節は確かにあり、SNS の表記はまさにこの母音の長さの曖昧さが表出していると見ることができる。私にも SNS 上でつながっているモンゴル人の友人が大勢いるが、彼らのモンゴル語での投稿を見るときには、その内容とともに綴り方にも注目している。

第3章

第2音節以降における母音の長短の対立

　本章では、モンゴル語の第2音節以降に母音の長短の対立があるかないかという点について考察する。

　第2章では、「第2音節以降に母音の長短の対立がない」という前提に基づいて議論を行い、第2音節以降の音素的母音を長母音とみなす必要があることを述べた。その結果、第2音節以降の母音体系として、短母音がなく長母音と二重母音だけが存在する体系を仮定することになったが、本章では「第2音節以降に短母音を認める必要はないのか」を検証することになる。

　3.1節では、第2音節以降の母音体系について改めて概観し、Svantesson et al. (2005) の解釈を整理する。そして3.2節以降では、Svantesson et al. (2005) の解釈では説明できない例が複数あり、これらは第2音節以降に短母音を認めることで解決されることを示す。具体的には、借用語（3.2節）、形動詞未来形 -x の振る舞い（3.3節）、および母音挿入規則に従わない語彙（3.4節）の例を挙げる。3.5節では、第2音節以降に短母音を認めることの意義と問題点について議論し、第2音節以降にも母音の長短の対立を認める必要があることを主張する。3.6節はまとめである。

3.1　問題の所在

　2.1節で述べたように、モンゴル語の第2音節以降の母音体系についてはいくつかの考え方があるが、本書では Svantesson et al. (2005) の解釈を

第Ⅱ部　母音体系

出発点として検討を行っている。その解釈をまとめると、以下のようになる。

(1) a. 第2音節以降に長母音と短母音の対立はなく、音素的母音と（音素的でない）挿入母音の区別だけがある。
    b. 第2音節以降の音素的母音は持続時間が短く、第1音節の短母音に近い持続時間を持つことから、「短い」母音である。

第2章では(1b)に対し、第2音節以降の音素的母音を「長母音」とみなすことが妥当であることを明らかにした。本章では(1a)について検討する。

(1a)の解釈は、「第2音節以降に現れる挿入母音は、位置も音価も予測可能である」という前提のもとで成り立っている。第2音節以降の音素的母音（第2章で「長母音」とみなした母音）は、位置も音価も予測ができない母音であるから、音韻的に存在するのは間違いない。それに対し「音素的でない挿入母音」を仮定することができるのは、それが位置も音価も予測可能な母音であるからに他ならない。

しかしながら、この前提に疑問を投げかける例がいくつかある。言い換えると、第2音節以降に「音素的母音（＝長母音）」でもなければ、「位置も音価も予測できる挿入母音」でもない母音が存在するということである。具体的には、以下のようなものが問題となる。

(2) a. 借用語では、第2音節以降にも音価が予測できない母音が少なからず現れる。
    b. 形動詞未来形-xでは、予測と異なる位置に弱化母音が生じ、予測に従う名詞・形容詞とミニマルペアをなす例がある。
    c. 本来語の単一形態素からなる語彙においても、弱化母音の位置が予測と異なる例がいくつかある。

(2a)〜(2c)についてそれぞれ3.2節、3.3節、3.4節で取り上げ、位置や音価が予測できない母音の出現位置や振る舞いについて観察し、いずれも第2音節以降に短母音を認めることによって説明できることを示す。そ

して3.5節では、第2音節以降の母音体系を再考し、第2音節以降に母音の長短の対立を認めることの意義と問題点について議論する。3.6節はまとめである。

3.2 借用語の振る舞い[*1]

3.2.1 Svantesson et al.(2005)による借用語の扱いとその問題点

Svantesson et al. (2005) および Svantesson (2004) によると、借用語の発音は話者によって異なるが、基本的には借用語は原語の発音通りではなく、モンゴル語の音韻体系に合わせて発音が改変される[*2]。結果的に、借用語は本来語と同じ音韻構造を持つことになる。

(3) (Russian loanwords') pronunciation varies depending on different speakers' knowledge of Russian, but they are normally changed to conform to the Mongolian sound system.

(Svantesson 2004: 104、カッコ内は筆者による補足)

Svantesson (2004) によると、ロシア語からの借用語の第2音節以降の母音は、原語（ロシア語）でストレスを持つ場合には音素的母音になるのに対し、原語でストレスを持たない場合には、本来語と同じように規則によって音韻的には存在しない弱化母音［ə］（あるいは、先行母音と母音調和を起こした母音）が音声レベルで挿入される。なお、第1音節の母音は、原語でストレスがある場合には長母音、ストレスがない場合には短母音となる。まとめると、以下のようになる。

[*1] 本節は、植田 (2015a) に加筆、修正を加えたものである。
[*2] 借用語が被る具体的な音変化については、Svantesson (2004)、Svantesson et al. (2005) のほか、Önörjargal (2013) などを参照のこと。

第Ⅱ部　母音体系

表 3-1：ロシア語からの借用語の母音

位置	原語ストレス	Svantesson の解釈	語例
第1音節	なし	V（短母音）	vinó > /winɔ/ [winɔ̠]《ワイン》
第1音節	あり	VV（長母音）	víza > /wiiz/ [wiːdz]《ビザ》
第2音節以降	なし	-（音素的でなく音声的に挿入される）	rádio > /arajw/ [aradʒəw]《ラジオ》
第2音節以降	あり	V（音素的母音・短い）*3	vinó > /winɔ/ [winɔ̠]《ワイン》

　表 3-1 の rádio《ラジオ》に注目すると、原語にはなかった母音が初頭に添加されているが、これはモンゴル語において r から始まる語が許されないために母音添加が起こった結果である。注目すべきは下線を施した jw の部分で、音韻的にはここに母音が想定されていない。音声実現において、ソノリティーが上昇する [dʒw] というコーダは許されないため、両者の間に挿入母音 [ə] が現れるという解釈である。この音韻表示と母音挿入の規則は、本来語に適用されるものと全く同じである（詳しくは 3.3.1 節で述べる）。

　以上のように、Svantesson et al.（2005）は本来語と借用語を分けることなく、ともに同じ規則で説明している。しかし、この解釈をそのまま受け入れることはできない。問題となるのは、音韻的に本来語化していない借用語の母音の音価と、その語に対する接尾辞の母音調和である。

　借用語の中には、確かに本来語と同じように第 2 音節以降に弱化母音 [ə] が現れる語がある。このような語は定着度がかなり高く、音韻的に本来語化していると言える。

---

*3　第 2 章で述べた通り、この母音は「長母音」とみなされるものであるが、ここでは Svantesson（2004）に従い、短い母音と表記しておく。

(4) pásport > [paːspərt]《パスポート》
    dóllar > [dɔːɦər]《ドル》

一方で、第2音節以降のストレスを持たない母音が [ə] にならない例もある。これらの語は、音韻的に本来語化していない借用語であると言える。このような構造を持つ語も決して少なくない。

(5) rádio > [raːdiɔ] (*[aradʒɔw])《ラジオ》
    éksport > [eːkspɔrt] (*[eːkspərt])《輸出》

(5a) は上にもあげた《ラジオ》の例であるが、筆者の観察によると、最終音節の母音は [ə] ではなく [ɔ] で発音される*4。このように、借用語において第2音節以降に位置し、かつ原語でアクセントを持たない母音も、[ə] で現れるとは限らない。これらの母音は先行母音と母音調和しているわけでもないため、挿入母音と解釈することは不可能である。

さらに、これらの母音が挿入母音でないことを決定づけるのは、これらの語に対する接尾辞の調和である。母音調和による交替形を持つ接尾辞が上記のような借用語に付与される際、(6) に示すように、接尾辞の母音は語幹の最後の母音に調和する（詳しくは植田 2012; 2013; 2015b および第 6 章を参照されたい）。

(6) rádio → [raːdiɔ-g-ɔːs] (*[aradʒɔw-aːs])《ラジオ (-EPN)-ABL》
    éksport → [eːkspɔrt-ɔːs] (*[eːkspərt-eːs])《輸出-ABL》

(6) において、第2音節以降の母音が音韻的に存在しないとすると、音韻的には /rajw/, /eeksprt/ という音韻構造を持つことになるが、それではなぜ後続する音節に [ɔ] が現れ、接尾辞の母音に [ɔ] が選ばれるのか（言い換えれば、なぜ (7) のようにならないのか）説明できない。

---

*4 なお、r の直前に母音が添加されるか否かは話者や語が現れる位置によって異なる。詳しくは植田 (2014d) を参照されたい。

(7) rádio > */rajw/ (*[aradʒəw], *[aradʒəw-aːs])
    éksport > */eeksprt/ (*[eːkspərt], *[ekspərt-eːs])

したがって、これらの語では第2音節の母音として音韻的に /ɔ/ を指定しておく必要がある。

(8) /raadiɔ/ [raːdʒiɔ], [raːdiɔ-g-ɔːs]
    /eekspɔrt/ [eːkspɔrt], [eːkspɔrt-ɔːs]

これらの事実は、第2音節以降の母音が音韻的に存在することを裏付けており、「ストレスを持たない第2音節以降の母音は音韻的に存在しない」とする分析では説明不可能である。

　この結果、借用語の第2音節以降に現れる母音は、原語でストレスを持つものと持たないものの両方を音韻的に認める必要がある、ということになる。では、これらの母音の間に違いはないのだろうか。この点に関して、(9a, b)の2つの可能性が考えられる。

(9) a. 原語のストレスの有無にかかわらず、借用語の第2音節以降の母音を同じ「音素的母音」だとみなす。
    b. 第2音節以降にも短母音と長母音の対立を認め、原語でストレスのないものは短母音、ストレスのあるものは長母音とみなす。

(9a)の解釈を取れば、第2音節以降に音素的母音以外の母音を認める必要がないという利点があるが、第2音節以降では原語のストレスの有無を無視することになり、この点が問題となる可能性がある。そこで、借用語の第2音節以降の母音において、原語のストレスの有無による母音の持続時間の差がどの程度であるかを明らかにするため、実験音声学的な調査(調査3-1)を行った。

3.2.2　調査内容(調査3-1)

　調査語彙として、ロシア語および英語からの借用語35語を用意した。これらはいずれも2音節語で、原語で第1音節にストレスがあるものが

表 3-2：調査語彙（調査 3-1）

ストレス位置	語数	語例
第 1 音節	18	átɔm《原子》　díler《ディーラー》　dízelʲ《ディーゼル》 éksport《輸出》　fótɔ《写真》　ímport《輸入》 kábelʲ《ケーブル》　kámer《カメラ》　kófe《コーヒー》 kórpʊs《軍団》　léktər《講師》　máster《職人》 nómer《番号》　rápɔrt《レポート》　réktər《大学総長》 tókarʲ《旋盤工》　wírus《ウイルス》　wíski《ウイスキー》
第 2 音節	16	alʲbóm《アルバム》　azót《窒素》　bilét《チケット》 ekskúrs《遠足》　gektár《ヘクタール》　kafé《カフェ》 kɔtlét《カツレツ》　lɔmbárd《質屋》　maršrót《進路》 medálʲ《メダル》　metáll《金属》　mɔtór《モーター》 palʲtó《コート》　razmér《サイズ》　rekórd《記録》 taksí《タクシー》

表 3-3：インフォーマント（調査 3-1）

名前	年齢	性別	出身
GM	16	女	ウランバートル（UB）
BB	17	男	ウランバートル（UB）
AR	23	男	ウランバートル（UB）
BS	25	男	ウランバートル（UB）
SC	27	女	ウランバートル（UB）
DS	20	女	ダルハン（UB から北へ約 200 キロ）
XD	24	女	ウブルハンガイ（UB から南西へ約 370 キロ）
XJ	26	女	ウブルハンガイ（UB から南西へ約 370 キロ）
BC	23	女	アルハンガイ（UB から西へ約 450 キロ）

18 語、第 2 音節にストレスがあるものが 16 語である。具体的な調査語彙は表 3-2 の通りである。

これらの語は、キャリア文（10）に入れて読み上げられた。

(10)　bat　　　＿＿＿　gej　　xel-sen.《バト（人名）は＿＿＿と言った》
　　　バト（PN）　＿＿＿　QUOT　言う-PP

録音した音声を praat を用いて分析し、各母音の持続時間を計測した。

第Ⅱ部　母音体系

　第1音節ではストレスがあるものは長母音、ストレスがないものは短母音として受容されることから、両者は母音の持続時間に違いが見られるはずである。まずはこの事実が音声的に観察されることを確認した後、ストレスの有無による母音の持続時間の違いが、第2音節においても第1音節と同じように見られるかどうかを検証する。
　インフォーマントは、表3-3の通りである。

3.2.3　調査結果（調査3-1）

　まずは、借用語の第1音節において、ストレスのある母音とストレスのない母音の持続時間に違いがあるかどうかを確認する。図3-1は、借用語の第1音節における母音の平均持続時間を、ストレスのある母音とない母音に分けて、インフォーマントごとに示したものである。
　図3-1から、どのインフォーマントにおいても、第1音節でストレスのある母音はストレスのない母音よりも持続時間が長いことが見て取れる。数値としては、両者は20〜40 ms程度の差があり、この差は統計的にも有意である（ttest: $p < .01$）。3.2.1節において、借用語の第1音節の母音は

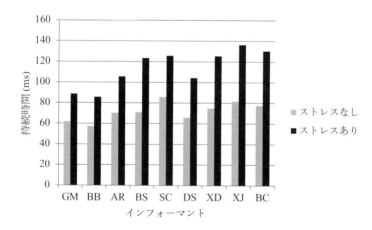

図3-1：借用語の第1音節におけるストレスの有無と母音の持続時間

第3章　第2音節以降における母音の長短の対立

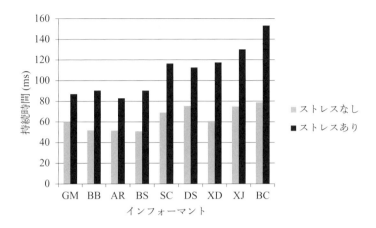

図3-2：借用語の第2音節におけるストレスの有無と母音の持続時間

ストレスがあれば長母音、ストレスがなければ短母音として受容されることを示したが、図3-1はその主張を裏付けている。

　この事実を前提とし、次に借用語の第2音節におけるストレスの有無と母音の持続時間との関係を見る。図3-2は、借用語の第2音節における母音の平均持続時間を、ストレスのある母音とない母音に分けて、インフォーマントごとに示したものである。

　図3-2から、第2音節においてもやはりストレスのある母音はストレスのない母音よりも持続時間が長く、数値の差も20〜40 ms程度であることがわかる。この差は統計的に有意である（ttest: $p<.01$）。このことは、第2音節においても第1音節と同じく、ストレスの有無によって母音の持続時間が異なっていることを意味している。

　以上より、借用語の第2音節においても第1音節と同じく、ストレスがある母音は持続時間が長く、ストレスがない母音は持続時間が短い、つまりストレスの有無によって音声的な実現が異なることがわかる。

3.2.4　借用語の振る舞いのまとめと考察

3.2.2 節では借用語に対する母音調和の振る舞いを説明するため、次の 2 つの可能性があることを示した。

(11) (= (9) 再掲)
    a. 原語のストレスの有無にかかわらず、借用語の第 2 音節以降の母音を同じ「音素的母音」だとみなす。
    b. 第 2 音節以降にも短母音と長母音の対立を認め、原語でストレスのないものは短母音、ストレスのあるものは長母音とみなす。

調査 3-1 によって明らかになったように、借用語では第 1 音節においても第 2 音節においても、原語においてストレスがある母音は持続時間が長く、ストレスがない母音は持続時間が短い。このように、位置に関わらずストレスの実現に類似性があることから、第 1 音節はストレスの有無によって長母音と短母音に分かれ、第 2 音節ではストレスの有無にかかわらず 1 つの音素的母音であるとみなす (11a) の解釈は妥当ではない。第 2 音節以降にもストレスの有無による持続時間の明確な差がある以上、(11b) の解釈のように、少なくとも借用語に関しては第 2 音節以降にも短母音と長母音の対立を認めるべきである。

3.3　形動詞未来形 -x[*5]

3.3.1　問題の所在

Svantesson et al. (2005) の解釈によると、第 2 音節以降に現れる弱化母音は位置も音価も予測できるため、音素的でない。しかし、この「弱化母音は出現位置が予測できる」という前提の反例となり得るのが、形動詞未来形 -x の振る舞いである。本節では、この接尾辞の振る舞いと弱化母音の解釈について検討する。まずは 3.3.1 節において、弱化母音の出現位置

[*5] 本節は植田 (2016b) に加筆、修正を施したものである。

を決定する音韻規則*6 と正書法の規則を確認し、形動詞未来形 -x が引き起こす問題について確認する。

　単一形態素からなる挿入母音の位置は、コーダ制約と音節化規則によって決定される。

(12) *Coda constraint*
　　　A string of two consonants is a possible coda if, and only if, it has decreasing sonority, that is, if it consists of a voiced consonant followed by a voiceless consonant. (Svantesson et al. 2005: 67 (2))

(13) *Monomorphemic syllabification*
　　(i) 　The phonological representation of the word is scanned from right to left and a maximal coda (possibly empty) is found.
　　(ii) 　The coda is combined with the preceding vowel to make a rhyme. If the segment preceding the coda is a consonant, a schwa vowel is epenthesized as the nucleus of the rhyme.
　　(iii) 　The preceding consonant becomes an onset, and the syllable is complete.
　　(iv) 　If there are segments left, the procedure is repeated.
　　　　　　　　　　　　　　　　　　　(Svantesson et al. 2005: 69 (6))

単一形態素からなる語に対する母音挿入の例を (14) に示す。

(14) a. /ard/ [ard]《人民》
　　 b. /aadr/ [aːdăr]《激しい》
　　 c. /bɔlwsrl/ [bɔ.ɮ̆ɔws.r̆ɔɮ̆]《教育》

(14a) において、rd という子音連続はソノリティーが下降しており、コーダをなすことができるため、間に挿入母音は入らない。一方、(14b) の dr はソノリティーが上昇しており、コーダをなすことができないため、

---

*6 　より詳細な規則については、Svantesson (1995)、Svantesson et al. (2005) を参照されたい。

間に母音が挿入される[*7]。(14c) では、rl はコーダをなすことができないため[*8]、間に母音が挿入され、r がオンセットとなる。オンセットは 1 つしか許されないため、左隣の s は前の音節のコーダに入ることになる。そして、ws はコーダをなすことができるが lws はコーダをなすことができないため、l と w の間に母音が挿入され、l がオンセットに入る。

複数の形態素からなる語は、語幹が音節化された後、以下の再音節化制約に抵触しない範囲で再音節化される。つまり、音節化規則が循環的 (cyclic) に適用される。

(15) *Resyllabification constraint*
　　On each morphological cycle, an epenthetic vowel cannot be inserted into the already syllabified part of a word. (Svantesson et al. 2005: 74 (14))

(14) の各例に接尾辞を付与した形を (16) に挙げる。なお、/E/ は母音調和によって交替する母音 (e〜o〜a〜ɔ) を表す。また、* は実際には現れない音形を表す。

(16) a. ard-/EEr/ [ar.daːr]《人民-INST》
　　 b. aːdăr-/EEr/ [aːd.raːr]《激しい-INST》
　　 c. bɔɮʒ̃wsrɔ̃ɮ-/EEr/ [bɔ.ɮʒ̃ws.rɔ̃.ɮɔːr]《教育-INST》
　　　　(*[bɔ.ɮʒ̃w.sɔ̃r.ɮɔːr])

(16a) では d がオンセット、r がコーダになるように再音節化される。(16b) では、r が後続音節のオンセットに、d が先行音節のコーダになった結果、挿入母音が不要となり、削除されている。他方 (16c) では ɮ がオンセットになるが、挿入母音を削除して r をコーダにするとその直前に挿入母音が必要となり、(15) の再音節化制約に抵触してしまうため、r をコーダにすることができない。したがって、挿入母音は削除されず、r は

[*7] 挿入母音の音価は、母音調和によって決定される。
[*8] /l/ は音声的には側面摩擦音 [ɮ] または [ɬ] で現れるにもかかわらず、/r/ に後続した時にコーダを形成できないことから、音韻的には流音として機能していることになる。/l/ の音韻的、音声的ステータスについては、今後検討すべき問題である。

オンセットのまま残ることになる。

正書法においては、第2音節以降の短母音字の位置は基本的に挿入母音の位置と一致する（詳しくは角道 1974, Karlsson 2005, Ariunjargal 2012 などを参照されたい）。(14) および (16) に挙げた音節化の例に正書法による表記を加えると、(17) のようになる。

(17) a. /ard/ [ard] ⟨ard⟩《人民》
　　 a'. ard-/EEr/ [ar.daːr] ⟨ardaar⟩《人民-INST》
　　 b. /aːdr/ [aːdăr] ⟨aadar⟩《激しい》
　　 b'. aːdăr-/EEr/ [aːd.raːr] ⟨aadraar⟩《激しい-INST》
　　 c. /bɔlwsrl/ [bɔ.ɮʊ̃ws.rɔ̃ɮ] ⟨bɔlɔwsrɔl⟩《教育》
　　 c'. bɔɮʊ̃wsrɔ̃ɮ-/EEr/ [bɔ.ɮʊ̃ws.rɔ̃.ɮɔːr] ⟨bɔlɔwsrɔlɔɔr⟩《教育-INST》

一方、動詞の形動詞未来形の接尾辞 -x は、正書法では音節化規則に関係なく、直前に必ず母音を伴って書かれる。その結果、音節化規則に従う名詞・形容詞との間で、正書法上のミニマルペアが存在することになる。

(18) ⟨alx⟩《ハンマー》 vs. ⟨alax⟩《殺す-FP》
　　 ⟨šarx⟩《傷・怪我》 vs. ⟨šarax⟩《焼く-FP》

これらの語の音声事実について、Janhunen (2012) は、形動詞未来形 -x は直前に必ず母音を必要とし、子音クラスターで終わる語（＝名詞・形容詞）とミニマルペアが存在すると明記している。

(19) The most common example of a morphologically conditioned schwa is offered by the futuritive particle marker *-x*, which, at least in normative Khalkha, always requires a preceding schwa when following a stem-final consonant. Minimal and subminimal pairs with and without the schwa can arise between these forms and words ending in a final consonant cluster, as in the example Cyrillic Khalkha **erx** = spoken Khalkha *irx*[*9] 'power' vs. **erex** = PART FUT[*10] *irex* 'to search'. (Janhunen 2012: 70)

[*9] ハルハ方言の口語で e が [i] になる現象については、第4章で扱う。
[*10] FUT は本書の FP（形動詞未来形）と同じものを指す。

第Ⅱ部　母音体系

　Svantesson et al.（2005）によると、形動詞未来形 -x は音声的にも直前に母音を必要とする。しかし、他の弱化母音と同様に、発話スタイルによっては脱落することもあるという。また、形動詞未来形 -x にさらに接尾辞が後続した場合には、音節化規則によって x の直前の母音が削除されるのがふつうである。その結果、ミニマルペアをなす名詞と同音となる（綴り字は異なる）。

(20) 〈alxaas〉[aɮχaːs]《ハンマー-ABL》 vs.
　　　　　　　　　　　　　〈alaxaas〉[aɮχaːs]《殺す-FP-ABL》
　　〈šarxaas〉[ʃarχaːs]《傷-ABL》 vs. 〈šaraxaas〉[ʃarχaːs]《焼く-FP-ABL》

　一方、Karlsson（2005）によると、形動詞未来形 -x もカジュアルなスタイルでは直前に母音を伴わずに発音されるという。しかも、ソノリティーが下降していて母音挿入が必要ない場合のみならず、ソノリティーが上昇していて母音挿入が必要であるはずの子音連続においても、母音の挿入が行われないという。

(21) In the present material, however, epenthesis often does not take place in final Cx clusters (for instance, in [tx] and [sx] schwa is never inserted). This indicates that, in casual speech, epenthesis in final clusters ending with the future-participle suffix -x is governed by the same principle as applies to the other final clusters; that type of cluster is therefore analysed together with other final combinations. (Karlsson 2005: 60)

　名詞・形容詞については、モンゴル語の発音辞典である Sambuudorj（2012）に記載がある。

(22) 〈alx〉[alăxʌ]《ハンマー》
　　〈šarx〉[ʃarχă]《傷・怪我》
　　〈talx〉[talxă]《パン》
　　〈xalx〉[xalxă]《ハルハ（族）》

〈alx〉《ハンマー》では子音間に弱化母音が現れるとされているが、その他

の語ではその位置に弱化母音はない。このように、語によって表記が異なっているうえ、語末に母音が書かれているなど、実際の発音を忠実に表しているかどうかは疑問が残る。

以上のように、名詞・形容詞と動詞の形動詞未来形の問題については先行研究で数多く扱われているが、定量的な調査に基づいた音声事実が示されているとは言い難く、実際に音声的な差異があるのか、あるとすればどの程度の差なのかを明らかにした研究は見いだされない。

正書法上のミニマルペアが、音声的にも弱化母音の有無の違いのみで対立しているとすれば、「弱化母音の位置は音節構造から予測可能である」という前提が崩れるため、「弱化母音は音韻的でない」という音韻解釈を再考する必要がある。したがって、これらの語の音声事実を正確に記述し、それをもとに音韻体系について考察することが重要である。

3.3.2　調査内容（調査3-2）

形動詞未来形 -x と名詞・形容詞に音声的差異が観察されるかを明らかにするため、表3-4のような正書法上のミニマルペアを用いて調査を行った。

x の1つ前の子音が l, r, m, w しかないのは、次のような理由による。xの1つ前の子音が x と同等か、x よりも低いソノリティーを持つ子音であ

表3-4：調査語彙（調査3-2）

名詞・形容詞〈(C)VCx〉	形動詞未来形〈(C)VCVx〉
〈alx〉《ハンマー》	〈alax〉《殺す》
〈njalx〉《幼児》	〈njalax〉《塗る》
〈talx〉《パン》	〈talax〉《没収する》
〈xalx〉《ハルハ（族）》	〈xalax〉《暖かくなる》
〈erx〉《権利》	〈erex〉《探す》
〈šarx〉《傷・怪我》	〈šarax〉《焼く》
〈xamx〉《急激な》	〈xamax〉《かき集める》
〈sawx〉《箸》	〈sawax〉《打つ》
〈xawx〉《罠》	〈xawax〉《縫う》

る場合、名詞・形容詞であれ動詞の形動詞未来形であれ x との間に必ず母音が挿入されるので、ミニマルペアは存在し得ない。また、口蓋化子音 C^j は後ろに必ず母音字〈i〉が書かれることから、正書法によるミニマルペアは存在し得ず、調査語彙として適切ではない。さらに、/n/ と /ŋ/ はどちらも〈n〉（キリル文字〈н〉）で書かれ、両者の区別は直後の母音字の有無によってなされるほか、両者が交替する現象もあるため、やはりミニマルペアをなす調査語彙としては適切でない。したがって、ミニマルペアを用いて調査ができるのは、x の 1 つ前の子音が l, r, m, w のいずれかである場合に限られる。

それぞれの調査語彙は、単独ならびにキャリア文中の計 2 回発音された。

名詞・形容詞に関しては、原形（＝主格）を示し、対格接尾辞 -iig (-g)、造格接尾辞 -aar^4、共同格接尾辞 -tai^3、再帰接尾辞 -aa^4 を付与したもの、および原形をキャリア文 (23) に入れたものを読むように指示した[*11]。

(23) bat ＿＿＿ gej xel-sen.《バト（人名）は＿＿＿と言った》
　　 バト (PN) ＿＿＿ QUOT 言う -PP

ターゲットとなる語は、ダミーとなる語とともにランダムに並べられている。alx《ハンマー》を例にとると、以下のように読み上げられた。

(24) alx, alx-iig, alx-aar, alx-tai, alx-aa, bat alx gej xel-sen

(24) のうち 1 つ目のものを「単独」、最後のものを「キャリア文中」として分析対象とした。その他のものはダミーとなる。

一方、動詞の形動詞未来形に関しては、動詞語幹（＝命令形）のみを示し、命令形 -ø、副動詞継続 -j (-č)、副動詞完了 -aad^4、形動詞過去 -san^4、形動詞未来 -x を付与したもの、および形動詞未来 -x を付与したものをキャリア文 (23) に入れた文を読むように指示した。動詞語幹のみを示すことで、綴り字の影響をできる限り排除している。こちらも、ターゲット

[*11] ただし調査の都合により、後述するインフォーマント 9 名のうち 2 名（ES, MC）では、格接尾辞を付与した形の読み上げは行われていない。

となる語はダミーとなる語とともにランダムに並べられた。

　alax《殺す》を例にとると、以下のように読み上げられた。

　（25）　al, al-j, al-aad, al-san, al-ax, bat al-ax gej xel-sen

（25）のうち、5つ目のものを「単独」、最後のものを「キャリア文中」として分析対象とした。その他のものはダミーとなる。

　録音した音声を praat で分析し、語末の x の直前に母音が存在するか否かを確認した。母音の有無の判定は、準周期的な音声波形が見られ、スペクトログラム上で第1、第2フォルマントが明瞭である場合に「母音がある」と判定するほか、聴覚的印象および語のピッチも母音の有無の手掛かりとする。

　語のピッチは基本的に、1音節語では最初から高く（H）、2音節語では第1音節が低く第2音節が高い（LH）[*12]。このことにより、語のピッチから語の音節数を推定することができる。調査語彙は全て、x の直前に母音がなければ1音節語、母音があれば2音節語であるので、音節数が推定できるということは、x の直前の母音の有無を推定できるということを意味する。まとめると、表3-5のようになる。

　ただし、1音節語であってもコーダが重子音である場合、母音が L ピッチ、重子音部分が H ピッチを担い、LH ピッチを実現する可能性があることが Ueta（2014）によって指摘されている。このことから、「H ピッチならば1音節語である」とは言えるが、「LH ピッチならば2音節語である」とは言えない可能性がある。したがって本書では、語のピッチを母音の有

表3-5：語のピッチと母音の有無

ピッチ	語の音節数	x の直前の母音の有無
H	1音節	母音なし
LH	2音節	母音あり

---

*12　詳しくは第8章で述べる。

無を判定する絶対的な基準とはせず、参考として用いた。

インフォーマントは表 3-6 の 9 名である。

表 3-6：インフォーマント（調査 3-2）

名前	年齢	性別	出身
GM	16	女	ウランバートル（UB）
BB	17	男	ウランバートル（UB）
AR	23	男	ウランバートル（UB）
BS	25	男	ウランバートル（UB）
SC	27	女	ウランバートル（UB）
DS	20	女	ダルハン（UB から北へ約 200 キロ）
BC	23	女	アルハンガイ（UB から西へ約 450 キロ）
ES	24	女	ゴビアルタイ（UB から南西へ約 800 キロ）
MC	40	女	ヘンティー（UB から東へ約 300 キロ）

3.3.3　調査結果（調査 3-2）

本節では、x の直前の母音の有無について、話者による差異、語彙（音韻構造）による差異、キャリア文の有無による差異の 3 つの点から考察する。

①話者による差異

表 3-7 は、名詞・形容詞および形動詞未来形における x の直前の母音の有無を、インフォーマント別に示したものである。数字は語末の x の直前に明らかに母音が存在する語の数を表しており、最大値は調査語彙数、すなわち 9 となる。ただし、w の直後では w 自体が音声上「母音」となり、その直後の母音の有無が判定できないことがある。その場合は、聴覚的印象およびピッチのみから母音の有無を判定することになる。そのような場合を含め、音声波形、スペクトログラムからは母音の存在が明らかであるとは言い切れないものの、ピッチなどから母音があると判断される語の数をカッコ内に示した。なお、最下部のパーセンテージは母音が出現する割

第 3 章　第 2 音節以降における母音の長短の対立

表 3-7：母音の有無（インフォーマント別）

インフォーマント	名詞・形容詞〈(C)VCx〉		形動詞未来形〈(C)VCVx〉	
	単独	キャリア文	単独	キャリア文
GM	0	0	8 (1)	3 (2)
BB	0	0	9	4
AR	8	1 (2)	8 (1)	5 (1)
BS	4	1 (1)	9	6
SC	6 (3)	6 (2)	8 (1)	7 (2)
DS	3 (1)	4	9	7 (2)
BC	8 (1)	7 (1)	9	9
ES	1 (1)	0	9	9
MC	5 (1)	5	9	7 (1)
計（割合）	35 (7) (51.9%)	24 (6) (37.0%)	78 (3) (100%)	57 (8) (80.2%)

合を示したものであり、カッコ内の数字も「母音あり」として計算している。

　表 3-7 から、インフォーマントによって母音の有無に大きな違いがあることがわかる。特に名詞・形容詞では、母音が全くないインフォーマント（GM、BB）もいれば、ほとんどの語で母音があるインフォーマント（SC、BC）もいる。その違いを年齢や出身地から説明することは難しい。

　しかし、全体的には名詞・形容詞には母音が存在しない傾向にあり、動詞の形動詞未来形には母音が存在する傾向にあると言え、インフォーマントごとに見れば、どの話者でもその傾向が当てはまる。このことから、インフォーマントによって程度の差はあれ、名詞・形容詞〈(C)VCx〉と動詞の形動詞未来形〈(C)VCVx〉では、発音上も母音の有無によるミニマルペアをなしていると言える。

　以下に、母音の有無の違いが顕著なミニマルペアの音声波形、スペクトログラム、F0 曲線を示す。

　図 3-3、図 3-4 はともに、インフォーマント ES がキャリア文中で発音した語の音声波形、スペクトログラム、F0 曲線を示しており、図 3-3 は

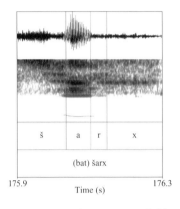
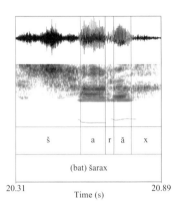

図 3-3：šarx (ES、キャリア文中)　　図 3-4：šarax (ES、キャリア文中)

名詞〈šarx〉、図 3-4 は動詞の形動詞未来形〈šarax〉の図である。両者を見比べるとわかるように、名詞〈šarx〉では r と x の間に母音がなく、動詞の形動詞未来形〈šarax〉では r と x の間に母音があることが、音声波形、スペクトログラム、F0 曲線の全てから判断できる。このような例では、完全に母音の有無によるミニマルペアをなしている。

②語彙（音韻構造）による差異

次に、調査語彙の音韻構造による差異について検討する。3.3.2 節で述べたように、調査語彙において語末の x の 1 つ前の子音は、l, r, m, w のいずれかであるが、これらの子音の種類と母音の有無との間には関係があるのだろうか。

まず、名詞・形容詞における母音の有無を表 3-8 に示す。表中の○は母音が存在すること、×は母音が存在しないこと、計は母音が存在する例の数を表す。音声波形、スペクトログラムからは母音の存在が明らかであるとは言い切れないものの、ピッチなどから母音があると判断された語（表 3-7 でカッコの中に入れたもの）も、ここでは「母音あり」とみなしている。

表 3-8：名詞・形容詞〈(C)VCx〉における母音の有無

		GM	BB	AR	BS	SC	DS	BC	ES	MC	計
単独	〈alx〉	×	×	○	×	○	×	○	×	○	4
	〈njalx〉	×	×	○	○	○	×	○	○	○	5
	〈talx〉	×	×	○	○	○	○	○	×	○	6
	〈xalx〉	×	×	○	×	○	×	○	○	○	4
	〈erx〉	×	×	○	○	○	○	○	○	×	5
	〈šarx〉	×	×	○	○	○	○	○	○	○	6
	〈xamx〉	×	×	○	○	○	○	○	○	○	7
	〈sawx〉	×	×	○	×	○	×	○	×	×	3
	〈xawx〉	×	×	×	×	○	×	○	×	×	2
キャリア文中	〈alx〉	×	×	×	×	○	×	○	×	○	4
	〈njalx〉	×	×	×	×	○	×	○	○	○	4
	〈talx〉	×	×	×	×	○	○	○	×	○	4
	〈xalx〉	×	×	×	×	○	×	○	○	○	4
	〈erx〉	×	×	×	×	○	○	○	○	×	4
	〈šarx〉	×	×	×	×	○	×	○	○	×	3
	〈xamx〉	×	×	○	○	○	○	○	×	○	5
	〈sawx〉	×	×	×	×	×	○	○	×	×	2
	〈xawx〉	×	×	×	×	×	×	×	×	×	0

　名詞・形容詞は正書法上〈(C)VCx〉の構造を持ち、形動詞未来形に比べて x の前に母音が現れにくいことから、母音が現れる形がイレギュラーであるとみなすことができる。

　名詞・形容詞の中で最も多く母音が現れている語は xamx で、単独発話とキャリア文中を合わせて 18 回（2 回×9 名）のうち 12 回で母音が現れている。続いて talx（10 回）、njalx, erx, šarx（9 回）となる。

　xamx で母音が現れやすいのは、m が閉鎖性のある子音であるためだと考えられる。閉鎖性のある m から摩擦音の x に移行する際に、m の出わたり（off glide）が母音として発音される（あるいは、母音として聞こえる）と考えられる。

　一方、x の前の子音が m 以外の場合、一定の傾向は見られない。talx で

第Ⅱ部　母音体系

は母音が現れやすいが、同じく l が先行する alx ではそれほど母音が現れやすくはない。また、多くの語に母音を挿入する傾向にある話者でも、xawx には母音を挿入しないことが多い。これが x の前の子音 w に起因するとすれば、sawx でも同様の結果が見られることが予想されるが、実際にはそのような結果にはなっていない。これらのことから、「x の前の子音によって母音の有無が決まる」とは言い切れない。

次に形動詞未来形における母音の有無を表 3-9 に示す。表 3-8 と同様に、表中の○は母音が存在すること、×は母音が存在しないこと、計は母音が存在する例の数を表す。名詞・形容詞の場合と同様に、表 3-7 でカッコの中に入れたものも「母音あり」とみなしている。

名詞・形容詞とは逆に、形動詞未来形は正書法上〈(C)VCVx〉の構造を

表 3-9：形動詞未来形〈(C)VCVx〉における母音の有無

	インフォーマント	GM	BB	AR	BS	SC	DS	BC	ES	MC	計
単独	〈alax〉	○	○	○	○	○	○	○	○	○	9
	〈njalax〉	○	○	○	○	○	○	○	○	○	9
	〈talax〉	○	○	○	○	○	○	○	○	○	9
	〈xalax〉	○	○	○	○	○	○	○	○	○	9
	〈erex〉	○	○	○	○	○	○	○	○	○	9
	〈šarax〉	○	○	○	○	○	○	○	○	○	9
	〈xamax〉	○	○	○	○	○	○	○	○	○	9
	〈sawax〉	○	○	○	○	○	○	○	○	○	9
	〈xawax〉	○	○	○	○	○	○	○	○	○	9
キャリア文中	〈alax〉	×	×	○	○	○	○	○	○	○	7
	〈njalax〉	×	○	○	○	○	○	○	○	○	8
	〈talax〉	○	○	○	○	○	○	○	○	○	9
	〈xalax〉	×	×	×	○	○	○	○	○	×	5
	〈erex〉	○	×	○	○	○	○	○	○	○	8
	〈šarax〉	×	○	○	×	○	○	○	○	○	7
	〈xamax〉	○	○	○	○	○	○	○	○	○	9
	〈sawax〉	○	×	×	×	○	○	○	○	○	6
	〈xawax〉	○	×	×	×	○	○	○	○	○	6

持ち、x の前に母音が現れやすい傾向にあることから、母音が現れない形がイレギュラーであるとみなすことができる。

　形動詞未来形のうち最も母音が現れにくい語は xalax で、18 回（2 回×9 名）のうち 4 回で母音が現れていない。以下、xawax, sawax（3 回）、alax, šarax（2 回）と続く。

　x の前の子音が w の時に比較的母音が現れにくいが、これは w 自体が母音 [ʊ] [*13] として発音されることと関係する。

　形動詞未来形 -x は、動詞語幹が子音で終わる場合には母音が挿入される（26a）が、動詞語幹が母音で終わる場合には、-x がそのまま後続する（26b, c）。見方を変えると、「形動詞未来形 -x は直前に母音を伴う」と言える。

(26)　a.　bɔd-x [bɔdɔ̆χ]《思う-FP》
　　　b.　saa-x [saːχ]《搾乳する-FP》
　　　c.　xai-x [χaiχ]《探す-FP》

　一部のインフォーマントでは、形動詞未来形 -x の直前の子音 w が母音 [ʊ] で発音されることによって、「形動詞未来形 -x は直前に母音を伴う」という条件が満たされ、母音が挿入されないと考えられる[*14]。

(27)　saw-x [sawăχ] ～ [saʊχ]《打つ-FP》
　　　xaw-x [χawăχ] ～ [χaʊχ]《縫う-FP》

　一方、x の前の子音が w 以外の場合には、一定の傾向は見られない。特に子音が l の時は、語によって母音の有無に大きな差がある。このことから、「x の前の子音によって母音の有無が決まる」とは言い切れない。

　以上、名詞・形容詞においても動詞の形動詞未来形においても、x の前の子音が母音の有無に影響しているとは言えず、「語彙によって母音の有

---

*13　[ʊ] という音声表記は、筆者の聴覚印象と音韻論的解釈に基づいたものである。
*14　ただし、/aʊ/ という二重母音は認められないため、あくまでも音声的な現象である。

表 3-10：Sambuudorj（2012）と本調査の結果の違い

語彙	Sambuudorj（2012）	本調査 （母音が現れた回数）
alx	[alăxʌ]	8 回／18 回
šarx	[ʃarχă]	9 回／18 回
talx	[talxă]	10 回／18 回
xalx	[xalxă]	8 回／18 回

無に差がある」ということだけが明らかになった。この要因としては語の使用頻度が考えられるが、現段階では明らかでない。

　なお、(22)で述べたように、発音辞典である Sambuudorj（2012）でも語によって母音の有無に違いがあるが、Sambuudorj（2012）の表記と本調査の結果は異なっている。両者の違いは、表 3-10 に示した通りである。

　以上のことから、母音の有無は語によって正確に決まっているものではなく、ある程度ゆれがあるものであると推定される。

③キャリア文の有無による差異

　次に、語が単独で発音された場合と、キャリア文中で発音された場合を比較する。表 3-11 は表 3-7 を再掲したもので、母音の有無の回数をインフォーマント別に示したものである。

　表 3-11 から、名詞・形容詞、動詞の形動詞未来形いずれにおいても、またどのインフォーマントにおいても、単独の発音において母音が現れやすく、キャリア文中において母音が現れにくいことがわかる。

　3.3.1 節では、Svantesson et al.（2005）および Karlsson（2005）の指摘、すなわち「動詞の形動詞未来形 -x は、formal なスタイルでは直前に必ず母音を伴って発音されるが、casual なスタイルでは母音を伴わずに発音される」という指摘を見た。単独発話を formal、キャリア文中での発話を casual なスタイルと読み替えるならば[*15]、動詞の形動詞未来形に関しては、

---

*15　単独発話が formal、キャリア文中での発話が casual なスタイルだと断定できるか

表 3-11：母音の有無（インフォーマント別）(＝表 3-7 再掲)

インフォーマント	名詞・形容詞〈(C)VCx〉		形動詞未来形〈(C)VCVx〉	
	単独	キャリア文	単独	キャリア文
GM	0	0	8 (1)	3 (2)
BB	0	0	9	4
AR	8	1 (2)	8 (1)	5 (1)
BS	4	1 (1)	9	6
SC	6 (3)	6 (2)	8 (1)	7 (2)
DS	3 (1)	4	9	7 (2)
BC	8 (1)	7 (1)	9	9
ES	1 (1)	0	9	9
MC	5 (1)	5	9	7 (1)
計（割合）	35 (7) (51.9%)	24 (6) (37.0%)	78 (3) (100%)	57 (8) (80.2%)

本調査でも同様の結果が得られた。また、名詞・形容詞に関しても、単独発話（≒ formal なスタイル）では母音が挿入されるという点も明らかになった。

3.3.4 考察

前節では、インフォーマントや語彙、キャリア文の有無によって母音の出現の頻度が異なることを見たが、同条件（1 人のインフォーマントの単独発話どうし、キャリア文どうし）で比較すれば、「名詞・形容詞〈(C)VCx〉と動詞の形動詞未来形〈(C)VCVx〉は、発音上も母音の有無によるミニマルペアをなしている」ということが明らかになった。

第 2 音節以降の弱化母音を音韻的に認めないのであれば、名詞・形容詞と動詞の形動詞未来形は、x の直前に形態素境界が存在するか否かという

どうかは議論の余地があるが、単独発話では調査対象となる語彙の発音に注意が向きやすいと思われるため、キャリア文中に比べて調査語彙が「丁寧に」発音されることが予想される。その意味で、単独発話を formal、キャリア文中での発話を casual と読み替えることは不自然ではないと考えられる。

違いはあるものの、同じ音韻表示を持つ。それにもかかわらず、名詞・形容詞では母音挿入が起こらず、動詞の形動詞未来形では母音挿入が起こるということになる。

(28) a. 〈alx〉(N)　/alx/ [aɮχ]
　　 b. 〈alax〉(V)　/al-x/ [aɮăχ]

この事実は、3.3.1 節に示した母音挿入の規則では説明できない。では、両者の音声的な差異をどのように説明すればよいだろうか。

1つの案として、形態素境界の後ろには必ず母音が挿入される、という説明が考えられるが、この案は他の接尾辞の振る舞いによって否定される。例えば動詞の副動詞継続接尾辞 -ǰ (-č) は、ソノリティーの要請で母音が必要とされない限り、母音挿入は行われない(この点については、Svantesson et al. (2005) も認めている)。

(29) /al-ǰ/ [aɮdʒ] (*[aɮădʒ])

形態素境界の有無が母音の有無に関係ないのであれば、形動詞未来形に現れる母音は音韻的に指定しておく必要がある。もし第 2 音節以降に音韻的な母音が長母音しかないとすれば、形動詞未来形に現れる母音も長母音と解釈せざるを得ないが、この解釈も他の接尾辞の振る舞いによって否定される。例えば、動詞の副動詞完了形 -aad⁴ は、語幹が母音で終わる動詞に接続する際、母音連続を防ぐために子音 g が挿入されるが、形動詞未来形ではそのようなことは起こらない (30)。また、-aad⁴ では母音の弱化は起こらないが、形動詞未来形では母音の弱化が起こる (31)。

(30) a. [saːgaːd] < /saa-aad/《搾乳する-PFG》
　　 b. [saːχ] (*[saːgaːχ]) < */saa-aax/《搾乳する-FP》

(31) a. [aɮaːd] < /al-aad/《殺す-PFG》
　　 b. [aɮăχ] (*[aɮaːχ]) < */al-aax/《殺す-FP》

したがって、形動詞未来形に現れる母音を長母音とみなすことはできない。

残る方法として、形動詞未来形に現れる母音を短母音であるとみなす方法が考えられる。つまり、名詞・形容詞と動詞の形動詞未来形の間に見られる、母音の有無によるミニマルペアは、音韻的な短母音の有無によるものであり、名詞・形容詞は (32a) のように短母音なし、動詞の形動詞未来形は (32b) のように短母音を持つ -ax⁴ (-ax / -ɔx / -ex / -ɵx) という形であるということになる。

(32) a. /alx/ [aɮχ]
　　 b. /al-ax/ [aɮăχ]

　この方法であれば、(30) (31) に見られる形動詞未来形の -ax⁴ と副動詞完了形の -aad⁴ の振る舞いの違いも、短母音と長母音の違いとして解釈できる。すなわち、第 2 音節以降の短母音は音声的には弱化母音として現れ、長母音は弱化せず、そのまま長母音として実現する[*16]。

(33) a. /al-ax/ [aɮăχ]
　　 b. /al-aad/ [alaːd]

また、語幹が母音で終わる動詞に付くときは、-ax⁴ の短母音は削除され、-aad⁴ のような長母音であれば子音 g [g] が挿入される。

(34) a. /saa-ax/ [saːχ]
　　 b. /saa-aad/ [saːgaːd]

　副動詞完了形 -aad⁴ に含まれる母音は、Svantesson et al. (2005) の解釈によると「第 2 音節以降の音素的母音」であるが、第 2 章で述べたように、この母音は長母音であることが明らかである。このことから、形動詞未来形に含まれる母音を短母音として解釈することは全く不自然でない。
　以上、本節では、名詞・形容詞と形動詞未来形との間に弱化母音の有無によるミニマルペアが存在することを確認し、その事実を音韻的に説明す

[*16] 第 2 章で述べた通り、第 2 音節以降の長母音は持続時間が短くなる場合があるが、あくまでそれは音声的な現象である。また、持続時間が短くなったとしても、弱化しないことには変わりない。

第II部 母音体系

るには、第2音節以降にも短母音と長母音の両方を音韻的に認める必要があることを述べた。

3.4 母音挿入規則に従わない語彙

3.4.1 問題となる語彙

第2音節以降に現れる弱化母音の音価と位置は多くの場合、母音調和と音節化規則から予測できる。この事実が、「弱化母音は音韻的には存在せず、音声的に挿入される母音である」という解釈を可能にしている。しかし、3.2節では借用語、3.3節では形動詞未来形 -x について取り上げ、第2音節以降に現れる弱化母音の音価および位置が予測できない（あるいは予測と異なる結果となる）例を見てきた。本節では、本来語の単一形態素からなる語の中にも、そのような構造を持つ語彙があることを示す[*17]。

3.3.1節で述べたように、Svantesson et al. (2005) は「音節化規則」を立て、この規則に従って母音が挿入されると述べている。

(35) (= (13) 再掲) *Monomorphemic syllabification*
  (i) The phonological representation of the word is scanned from right to left and a maximal coda (possibly empty) is found.
  (ii) The coda is combined with the preceding vowel to make a rhyme. If the segment preceding the coda is a consonant, a schwa vowel is epenthesized as the nucleus of the rhyme.
  (iii) The preceding consonant becomes an onset, and the syllable is complete.
  (iv) If there are segments left, the procedure is repeated.

(Svantesson et al. 2005: 69 (6))

[*17] 本節で取り上げる「本来語」の中には、厳密には古い時代にチベット語などから借用された借用語も含まれている。しかし、音素配列上は本来語と違いがないという点で、近年借用されたいわゆる「借用語」とは特徴が異なる。母語話者の中にもおそらく借用語であるという意識はないと思われるため、これらの語彙も含めて「本来語」と呼ぶことにする。

Svantesson et al. (2005: 71) は、この音節化規則の「例外」として、語末に 2 つの有声子音 + s を持つ語を挙げている。この音韻構造を C_1C_2s（ただし C_1C_2 はともに有声子音）と表すとすると、C_2s はコーダを構成することができるため、(35) の音節化規則に従えば、挿入母音は C_1 と C_2 の間に現れ、音声的には $[C_1\text{ə}C_2s]$ として発音されるはずである[*18]。しかし、C_1C_2s の構造を持つ語の多くは、実際には挿入母音が s の直前に現れ、$[C_1C_2\text{ə}s]$ と発音される (36a)。ただし、C_1C_2s の構造を持つ語でも、音節化規則通り C_1 と C_2 の間に母音が挿入され、$[C_1\text{ə}C_2s]$ となる語もある (36b)。また、$[C_1C_2\text{ə}s]$ と $[C_1\text{ə}C_2s]$ の両方が見られる語もある (36c)。

(36) a. /tarws/ [tar.wəs]《スイカ》
　　　 /alms/ [aʤ.məs]《ダイヤモンド》
　　　 /xarʲgʲs/ [χarʲ.gʲəs]《残酷な》
　　　 /arʲwʲs/ [arʲ.wʲəs]《学識》
　　b. /alʲrs/ [a.ʤʲərs]《コケモモ》
　　c. /sarʲms/ [sarʲ.məs] ～ [sa.rʲəms]《ニンニク》
　　　 /nʊlʲms/ [nʊʤʲ.məs] ～ [nʊ.ʤʲəms]《涙》

（Svantesson et al. 2005: 71 (9) 表記は改変）

以上のように、Svantesson et al.（2005）も、挿入母音の位置が予測できない「例外」の存在を認めてはいるが、これらの語がなぜ例外的な振る舞いを見せるのか、この例外をどのように説明するのか、といった点に関しては何も述べていない。

さらに、角道（2016: 5-6）は C_1C_2s の構造を持つ語だけでなく、他の構造を持つ語にも、(35) の音節化規則に従わない例があることを指摘している。(37) にそれらの音韻構造と語例の一部を示す。

(37) a. /əwrmts/ [ɵ.wər.məts]《独特な》
　　b. /balmd/ [baʤ.məd]《狂人じみた人》

[*18] 本節では、挿入母音の位置のみが問題となり、音価は問題とならない。煩雑さを避けるため、本節では挿入母音を全て [ə] と表記する。

c. /burgd/ [bur.gəd]《鷲》
　　d. /xisms/ [xis.məs]《種のない緑のブドウ》

　角道（2016）は、これらの語では挿入母音の位置が予測とは異なる位置に現れるため、基底形に短母音を指定しておかなければならないと指摘している[*19]。

3.4.2　不規則語彙における弱化母音の音韻的扱い

　上記のような弱化母音の挿入規則に従わない語彙を「不規則語彙」と呼ぶとすると、このような不規則語彙の弱化母音は音韻的にどのような位置づけになるのだろうか。

　1つの方法として、不規則語彙の弱化母音をあくまでも挿入母音であるとみなし、音節化規則の方に修正を加えることも可能であろう。不規則語彙はその多くが語末にsを持っている。sは音節の内部構造において不規則な振る舞いをすることが知られている。例えば英語では、通常はオンセットの子音クラスターはソノリティーが上昇するもの、コーダの子音クラスターはソノリティーが下降するもののみが許されるが、sが含まれる場合には、sp-, sk- のようにソノリティーが下降するオンセットの子音クラスターや、-ps, -ks のようにソノリティーが上昇するコーダの子音クラスターを許す（窪薗・本間 2002: 118、Nathan 2008: 49 など）。モンゴル語においても、このようなsの特殊性により、sがコーダ子音に含まれる場合にはソノリティーとは別の制約に従って母音挿入が行われているという可能性がある。ただし、この解釈を取れば、角道（2016）の指摘したコーダ子音がdの例は説明できない。

[*19]　角道（2016）は、音節化規則に従わない例は多くが語末にsまたはdを持つ語であることを指摘し、この理由について、sとdは現代モンゴル語ではコーダにおける子音連続の後部要素になることができるが、かつては必ず直前に母音を必要としており、その名残で現代モンゴル語でもsとdの直前に母音が現れる傾向にあるのではないか、という仮説を提唱している。音韻体系における通時的な影響については、今後検討すべき問題である。

2つ目の可能性として、弱化母音が音韻的に存在するという解釈が考えられる。Svantesson et al. (2005) の母音体系をそのまま適用すると、第2音節以降には1種類の（つまり長短の対立のない）音素的母音しか存在せず、この母音は長母音であることが第2章で明らかになっていることから、音韻的に仮定できる母音がない。しかし、第2音節以降にも母音の長短を認めれば、不規則語彙の第2音節以降に現れる母音を短母音と仮定することができる。この解釈を取れば、(36) の音韻表示は (38) のようになる[*20]。

(38) a. /tarwas/ [tar.wăs]《スイカ》
　　　　/almas/ [aɮ.măs]《ダイヤモンド》
　　　　/xarʲgʲis/ [χarʲ.gʲĭs]《残酷な》
　　　　/arʲwʲis/ [arʲ.wʲĭs]《学識》
　　b. /alʲrs/ [a.ɮʲĭrs]《コケモモ》
　　c. /sarʲms/ [sarʲ.məs] ～ /sarʲims/ [sa.rʲĭms]《ニンニク》
　　　　/nolʲms/ [nolʲ.məs] ～ /nolʲims/ [no.ɮʲĭms]《涙》

3.3節で見た形動詞未来形の場合と同様、第2音節以降に位置する短母音は音声的に弱化する。

この解釈を取ると、3.2節および3.3節と同様に、第2音節以降に短母音を認めることになる。この不規則語彙のためだけに第2音節以降に短母音を仮定するとすれば経済性の面で問題が生じるが、借用語や形動詞未来形 -x と並行的に扱うことができるため、この解釈は不自然なものではない。

3.5　第2音節以降に短母音を認めることの意義と問題点

3.5.1　第2音節以降に短母音を認める意義

ここまで、第2音節以降に現れる短母音の音価または位置が予測できない（予測と異なる）ものとして、借用語、形動詞未来形 -x、不規則語彙の

[*20] 母音の音価は、口蓋化子音の直後にはiが現れ、それ以外の環境では母音調和によって決定される。

第Ⅱ部 母音体系

例を挙げてきた。そして、これらは全て、第2音節以降にも音韻的に短母音を認めれば説明できることが明らかになった。

第2章において、第2音節以降のいわゆる「音素的母音」は「長母音」であることを示したが、第2音節以降に短母音を認めることは、この解釈と矛盾しない。むしろ、第2音節以降においても長母音と短母音が音韻的に存在するという、極めて自然な音韻体系が想定されることになる。修正された母音体系を (39) に示す。

(39) 母音体系 (位置別)*21

第1音節			第2音節以降		
短母音	長母音	二重母音	短母音	長母音	二重母音
i　u	ii　uu	ui	i　u	ii　uu	ui
ʊ	ʊʊ	ʊi	ʊ	ʊʊ	ʊi
e　o	ee　oo		e　o	ee　oo	
a　ɔ	aa　ɔɔ	ai　ɔi	a　ɔ	aa　ɔɔ	ai　ɔi

第2音節以降にも短母音音素を認めることによって、借用語、形動詞未来形 -x、不規則語彙の例が全て説明できるだけでなく、母音体系も整然としたものになる。2.7節で述べたように、第2音節以降の「音素的母音」を「長母音」であることが明らかである以上、第2音節に短母音音素を認めないとすれば、第2音節における母音体系は「長母音」「二重母音」のみが存在することになり、一般言語学的な有標性の観点からは特異な体系を想定せざるを得ない。しかし、第2音節以降にも短母音を認めることにより、その特異性が解消する。

さらに、第2音節以降にも短母音音素を認めることで、母音体系が第1音節と同一のものとなり、位置による非対称性も解消する。つまり、(39) の母音体系は、さらに (40) のように簡略化される。

---

*21　Svantesson et al. (2005) は第1音節に短母音の /e/ を認めていないが、第4章の議論により、第1音節にも /e/ を認めるべきであることが明らかとなる。ここではその事実を踏まえ、第1音節にも /e/ が存在するものとして表示しておく。

(40) 母音体系（位置による区別なし）
　　　短母音　　長母音　　二重母音
　　　i　u　　ii　uu　　　　ui
　　　　ɔ　　　　oo　　　　oi
　　　e　o　　ee　oo
　　　a　ɔ　　aa　ɔɔ　　ai　ɔi

3.5.2　第 2 音節以降に短母音を認める問題点

前節では、第 2 音節以降に短母音を認めることの意義を述べた。本節では逆に、第 2 音節以降に短母音を認めることによって生じる問題点について 3 つの観点から考察し、結論として、第 2 音節以降に短母音を認める問題点よりもその意義の方が大きいことを述べる。

①頻度の問題

第 2 音節以降に短母音を認める必要があるのは、3.2 節で述べた借用語、3.3 節で述べた形動詞未来形 -x、3.4 節で述べた不規則語彙である。しかし、逆に言えば、他の例（ここでは「一般の語彙」と呼ぶことにする）では第 2 音節以降に短母音を認める必要がないとも言える。むしろ一般の語彙では、第 2 章でも述べたように、(41) のような弱化母音の位置の交替を説明するには、第 2 音節以降の短母音を認めない解釈の方が妥当である (42)。

(41)　　　　音韻解釈　　音声　　　　意味
　　a.　　　/arw/　　　［arăw］　　《10》
　　a'.　　　/arw-ŋ/　　［arwăŋ］　　《10-ATT》
　　b.　　　/ewr/　　　［ewĕr］　　《ツノ》
　　b'.　　　/ewr-eer/　［ewre:r］　　《ツノ-INST》

(42) ゼロと交替する弱化母音をはじめとして、形態音韻論的交替や発話スタイルの差による弱化母音の出現、消失などに至るまでを、一貫して説明することができるという利点を持つ。(城生 2005: 14)

一般の語彙において、第 2 音節以降に短母音を認める必要がない（認め

ない方が良い）以上、第2音節以降に短母音を認める必要がある例と、その必要がない例の数を比較すると、圧倒的に後者の方が多い。つまり、第2音節以降に短母音が現れるのは借用語、形動詞未来形、不規則語彙のみであり、頻度が非常に低いということになる。このような少数の例を説明するためだけに第2音節に音韻的に短母音を認める必要があるのか、という批判があり得る。

しかし、このことが問題となるのは、第1音節と第2音節以降に異なる母音体系を想定する場合である。この想定のもとでは、第2音節以降の短母音は確かに出現頻度が低く、そのような出現頻度の低い母音のために音韻的な母音を特別に用意するのは望ましくない。しかし、(40)に示した通り、本書の解釈では第1音節と第2音節以降は同じ母音体系である。つまり、第2音節の短母音は出現頻度の低いもののために特別に用意するものではなく、第1音節の短母音と同等のものであり、「第2音節以降においては使用頻度が低い」というだけである。音韻体系の複雑さから言うと、第2音節以降に短母音を仮定しても母音体系が複雑になるわけではなく、母語話者の負担が増えるわけでもない。

そして、この解釈は「一般的な語彙」において第2音節以降に現れる弱化母音を挿入母音であるとみなすことと矛盾しない。なぜなら、この場合は第2音節以降において短母音を「使わない」だけであり、この場合も母語話者の負担が増えるわけではないからである。

つまり、第1音節と第2音節以降に同じ母音体系を想定する以上、使用頻度の少なさは母音体系を構築する上での問題とはならない[*22]。

②語彙層の問題

3.2節で見たように、第2音節以降に短母音を認める根拠の1つが借用語の振る舞いである。形動詞未来形 -x や不規則語彙は数が限られること

[*22] ただし、第2音節以降に出現する頻度としては、短母音より長母音の方が頻度が高いということに変わりはない。このことが、類型論的な観点から自然であるかどうかは、改めて議論する必要があるかもしれない。

から、借用語が実質的には最も重要な例であると言える。

しかし、借用語が本来語とは異なる音韻的振る舞いを見せる現象は、広く知られている。例えば、日本語の連濁においては、和語＞漢語＞借用語の順に連濁が起こりやすいことが知られており、その違いは語彙層の違いによって説明される（Itô and Mester 1995、Ito and Mester 2003 など）。このような例と同様に、モンゴル語の第2音節以降の短母音についても語彙層の観点から説明する、という方法があり得る。すなわち、借用語に特有の母音体系を別個に想定するという方法である。この場合、形動詞未来形 -x と不規則語彙については、あくまで例外として扱うことになる。

借用語が本来語と異なる振る舞いを見せるという現象は、モンゴル語でも一部に見られる。例えば、本来語は母音調和の原則に従うのに対し、借用語は基本的に母音調和に従わない[*23]。また、/f/ や /k/ のように借用語にのみ現れる子音もあることから、子音体系は借用語を考慮に入れるか否かで変わってくる。このような事実を見れば、借用語をある種の例外として扱うのは不自然ではない。

しかし、「借用語音韻論」の観点からは、本来語の振る舞いからだけではわからない音韻現象が借用語の振る舞いによってこそ見えてくる、というのもまた事実である。借用語もモンゴル語の体系の一部をなしているわけであるから、借用語のデータを取り込んでなお整合性が取れるのであれば、その方が妥当である。

そのような視点で見れば、借用語の母音体系を別に想定することの問題点が見えてくる。1つには、子音の場合と異なり、借用語にのみ現れる母音音素が確認されないことである。そしてより大きな問題は、借用語の母音体系を別に想定するとしても、それは第2音節以降にしか必要でなく、結果的に位置による不均衡が生じるという点である。第1音節においては、借用語であってもストレスのある母音は長母音、ストレスのない母音は短母音として受容され、借用語のデータもモンゴル語の本来語の母音体系に

---

*23　借用語内部の母音調和については第7章で扱う。

第Ⅱ部　母音体系

収まる。つまり、第1音節においては、借用語に特有の現象は見つからず、借用語の母音体系を別に設定する理由はない。このような状況の中で、第2音節以降にのみ借用語のための母音体系を想定することは、第2音節以降に短母音を認めることと同じか、それ以上にアンバランスな体系をもたらす。

　このようなアンバランスな体系を想定するより、第1音節と第2音節以降に差を設けず、同じ母音体系を仮定する方がはるかに自然である。

③母音の弱化と母音調和の問題

　もう一点、第2音節以降に短母音を認めることで問題となる可能性があるのは、母音の弱化と母音調和である。第2音節以降に短母音を認める解釈において、3.2節で見た借用語では第2音節以降の短母音が基本的には弱化せず、母音調和の原則にも従わないのに対し、3.3節で見た形動詞未来形 -x および3.4節で見た不規則語彙では、第2音節以降の短母音が弱化し、母音調和の原則にも従うことになる。

(43) a. /eeksport/ > [eːkspɔrt] (*[eːkspɔrt], *[eːkspert])《輸出》
　　 b. /al-ax/ [alʒăχ]《殺す-FP》
　　 c. /tarwas/ [tar.wăs]《スイカ》

このように、同じ第2音節以降の短母音が、音声的に弱化するものとしないもの、母音調和に従うものと従わないものに分かれることになる。

　しかし、これはあくまで音声的な現象であり、音声実現のレベルで語彙層の違いが影響してくるのだと考えられる。つまり、(43a) は借用語であるため、音声的に短母音が弱化せず母音調和にも従わないのに対し、(43b, c) は本来語であるため、母音が弱化し母音調和にも従う。前節で語彙層について触れ、語彙層によって音韻的な母音体系が異なることの問題点について述べたが、音声的な実現に語彙層が関わっていることは十分考えられる。

　その傍証として、定着度の高い借用語の振る舞いが挙げられる。3.2.1

節で述べたように、借用語の中には本来語と同じように第2音節以降に弱化母音が現れる語があり、これらの借用語は音韻的に本来語化していると言える*24。

(44)（=（4）再掲）
　　pásport > [paːspərt]《パスポート》
　　dóllar > [dɔːɦər]《ドル》

この例から、「（音韻的に）本来語であること」と「母音が弱化すること」の間には並行性があることがわかる。

つまり、第2音節以降の短母音の弱化および母音調和の問題は、音声的な実現のレベルの問題であり、母音体系の問題とはならないと考えられる。

3.5.3　第2音節以降に短母音を認める意義と問題点のまとめ

前節では、第2音節以降に短母音を認めることの問題点について議論してきた。その結果、頻度の問題、語彙層の問題、母音の弱化および母音調和の問題が考えられるが、いずれも第2音節以降に短母音を認めることに対する決定的な問題とはならないことが明らかになった。

借用語の例、形動詞未来形の例、不規則語彙の例は、いずれも第2音節以降に短母音を認めなければ解釈できない。また3.5.1節で述べたように、第2音節以降に短母音を認めることには意義がある。以上のことから、第2音節以降に短母音を認める解釈を取るべきであると言える。

コラム5　借用語にだけ現れる音

本節では、モンゴル語の第2音節以降にも短母音を認めるべきであることを述べた。ただし、この母音は実質的に借用語にだけ現れるということに

---

*24 借用語の音韻的な本来語化については、第7章でも取り扱う。

なる。

　借用語にだけ現れる音と言えば、日本語では（単音のレベルではないが）「フィ」や「ティ」などが挙げられる。これらの音が入っていれば、その語が外来語（少なくとも「外来語的」なもの）であることがわかる。

　では、このような音は日本語の音韻体系には含まれないのだろうか。確かに、「勝つ（kat-）」の丁寧形は「勝ちます」であって「勝てぃます」ではないので、「ティ」が本来的な音素と全く同じように振る舞うとは言えないだろう。しかし一方で、北欧にある国は「フィンランド」であって「ヒンランド」ではないし、誕生日にするのは「パーティー」であって決して「パーチー」ではない。（ただし、思い切りふざけた時に、絶対に「パーチー」とか「パーテー」と言わないかと問われれば、自信はない。）このように、「フィ」や「ティ」も「安定して現れる」という意味では、それなりのステータスを持っていると思われる。このように安定して現れる「フィ」や「ティ」を完全に無視して、理想化された音韻体系だけを想定するのは、やはり大事なものを削ぎ落としている気がしてならない。

　ヒトやモノだけでなく大量の情報が国境を超えて行き交う現代においては、「語」の交流もどんどん行われている。もちろん、モンゴルにおいても例外ではない。そのような状況においては、借用語にだけ現れる音も次から次へと入ってくるはずである。そのような音を無視するのではなく、きちんと考慮に入れた方が、リアリチー、いやリアリティーのある音韻体系となるのではないだろうか。

3.6　第3章のまとめ

　本章では、Svantesson et al.（2005）の「第2音節以降に長母音と短母音の対立はなく、音素的母音と（音素的でない）挿入母音の区別だけがある」という解釈の妥当性について検証した。第2章で、第2音節以降に長母音が存在することが明らかになっているので、本章では「第2音節以降に

短母音を認めるべきか」「第 2 音節以降に母音の長短の対立を認めるべきか」を論じたことになる。

　3.2 節では借用語の例を取り上げ、借用語の第 2 音節以降に現れる母音は挿入母音として解釈できないこと、および原語のストレスの有無が第 1 音節のみならず第 2 音節以降でも母音の長短に対応していることを指摘した。3.3 節では形動詞未来形 -x の例を取り上げ、この接尾辞は必ず直前に母音を伴い、x の直前に母音を伴わない名詞・形容詞とミニマルペアをなすことを示した。3.4 節では、本来語の単一形態素からなる語彙においても、予測と異なる位置に弱化母音が現れる例（不規則語彙）がいくつかあることを述べた。

　以上の例は、いずれも第 2 音節以降に音韻的な短母音を認めることによって説明できる。そこで 3.5 節では第 2 音節以降の母音体系を再考し、第 2 音節以降に母音の長短の対立を認めることで、母音体系が第 1 音節と同じものとなることを示した。また、第 2 音節以降に長短の対立を認めることによって生じ得る問題点についても検討し、これらが決定的な問題とはならないため、第 2 音節以降に母音の長短の対立を認める解釈が妥当であることを主張した。このことにより、母音体系は以下のように整理される。

(45) 母音体系（位置による区別なし）(＝ (40) 再掲)

短母音		長母音		二重母音	
i	u	ii	uu	ui	
	ʊ		ʊʊ		ɔi
e	o	ee	oo		
a	ɔ	aa	ɔɔ	ai	ɔi

(45) の母音体系には位置による区別がないことになり、結果的にはモンゴル語学で伝統的に認められてきた母音体系（2.1.2 節参照）と見かけ上は同じになる。しかし、その意味するところは異なる。伝統的な解釈では、第 2 音節以降に現れる弱化母音を全て音韻的な短母音と認めていたが、本

書で示した解釈はそうではなく、弱化母音の位置と音価が完全に予測できる場合（一般の語彙）には弱化母音は音声的な挿入母音と解釈され、借用語など位置か音価（あるいはその両方）が予測できない場合には音韻的な短母音と解釈されるということになる。

　第2音節に長母音が含まれる例、短母音が含まれる例、挿入母音が現れる例の音韻解釈および音声実現は、それぞれ (46a) 〜 (46c) のようになる。

(46) a. /agaar/ [agaːr] 〜 [agaˑr] 《空気》
　　 b. /eeksport/ [eːkspɔrt] 《輸出》
　　 c. /ewr/ [ewĕr] 《ツノ》

本章の考察により、モンゴル語の母音は全体として (45) のような体系を持つことが明らかになったが、母音の音価についての詳細な検討はまだ行っていない。そこで第4章では母音 e、第5章では後舌母音の音価について検討する。

第4章

短母音 e の音価

本章では、モンゴル語の短母音 e の音価について、音声実験によって得られたデータをもとに、音声学的な観点から考察する。

Svantesson et al. (2005) は、第 1 音節の母音体系として以下のようなものを想定している。なお、第 1 音節と第 2 音節以降とで母音体系を分ける必要がないことは第 3 章で述べた通りである。

（1）Vowel phonemes in initial syllables (Svantesson et al. 2005: 22 (2))

short		long		diphthongs
i	u	ii	uu	ui
	ʊ		ʊʊ	ʊi
	o		ee oo	
a	ɔ	aa	ɔɔ	ai ɔi

ここで短母音に注目すると、/e/ がないことがわかる。つまり、Svantesson et al. (2005) は短母音音素として /e/ を認めていない。これは、/e/ が /i/ に合流したためであるとされている。しかし、本当に /e/ を認める必要はないのか、議論の余地がある。

本章では、短母音 /e/ の音価について音声データをもとに検討する。4.1 節で先行研究をまとめた上で問題点を明らかにしたのち、4.2 節では ［i］ と ［e］ が音声的に区別されていること、4.3 節では ［i］ と ［e］ が部分的に相補分布をなす可能性があること、4.4 節では ［i］ と ［e］ によるミニマルペアが見られることを示す。4.5 節では議論をまとめ、/i/ と /e/ はまだ完

第Ⅱ部　母音体系

全には合流してはおらず、短母音 /e/ を認める必要があることを主張する。

なお、本章では一貫してフォルマントパターンを用いて母音の音声的（音響的）特徴を記述している。Kent and Read（1992: 92-94）によれば、母音を区別する際にはフォルマントパターンに比べてスペクトルの方がより好都合だと主張する研究者もいるが、一方でフォルマントパターンが母音の音響的特徴をかなりの程度表し得ることも事実である。本書では、フォルマントパターンが母音の音響的特徴を最もよく表すという前提のもとで議論を進める。また、母音は音響的に、第 1 フォルマント（F1）、第 2 フォルマント（F2）のほか、第 3 フォルマント（F3）によって特徴づけられる場合もある（Reetz and Jongman 2009: 184）が、多くの場合 F1 と F2 のパターンのみにより母音を十分に記述できる。本研究では煩雑さを避けるため、F3 を分析対象とはしない。

4.1　先行研究

4.1.1　先行研究における記述

キリル文字による正書法では、短母音〈i〉と〈e〉の区別がある。この区別は元来 /i/ と /e/ の対立を表したものであることは疑う余地がない。しかし、モンゴル語ハルハ方言のうちウランバートルで話されている下位方言（以下、この下位方言を UB モンゴル語と呼ぶ）では、短母音の /i/ と /e/ が合流し、単一の音素 /i/ になったと言われている。例えば Möömöö and Mönx-Amgalan（1982: 82）は、（UB モンゴル語を含む）中部ハルハ方言では i と e が明確に区別されないため 1 つの音素になったと指摘している。

Svantesson（2003: 155-156）、Svantesson et al.（2005: 6）によると、短母音の i と e は UB モンゴル語において、正書法上は区別するが、発音上は [i] に合流した。それは、音声分析のほか、話者の直観によっても支持されるという。

(2) Auditory analysis as well as the intuition of native speakers suggests that the

114

short vowels written with the Cyrillic letters и <i> and э <è> (usually the reflexes of Old Mongolian *i and *e) have merged to a vowel with the quality [i] in Ulaanbaatar Halh. (Svantesson et al. 2005: 6)

　また Svantesson et al.（2005: 22）によると、音韻的にも第 1 音節において /i/ と /e/ は合流し、単一の母音音素 /i/ になっている。一方で、長母音の /e:/ は音素として存在し、/i:/ との合流は起こっていない。
　Janhunen（2012: 33-34）も、/i/ と /e/ は UB モンゴル語において、全ての位置で体系的に /i/ [i] に合流した、と主張している。
　以上の先行研究に従うと、以下の (3) の例は、正書法では ⟨i⟩ と ⟨e⟩ によるミニマルペアをなす語であるが、音声・音韻的には同音異義語であることになる。

(3)　⟨ix⟩ /ix/ [ix]《大きい》 vs. ⟨ex⟩ /ix/ [ix]《母》
　　　⟨xil⟩ /xil/ [xiɮ]《境界》 vs. ⟨xel⟩ /xel/ [xeɮ]《舌・言語》

　小沢編著（1994）『現代モンゴル語辞典』は、モンゴル語ハルハ方言の正書法の形を見出し語とし、蒙古語文語形を併記した辞典であるが、蒙古語文語形で e を持つ 1 つの語に対して、ハルハ方言で i を持つものと e を持つものの 2 つを見出しとして設けている場合がある。(4) にその例の一部を示す。

(4)　ハルハ方言見出し　　蒙古語文語形　　意味
　a.　iljig / eljig　　　　eljige-n　　　　《ろば》
　b.　nileed / neleed　　 neliyed　　　　《かなり》

　これらの例は、ハルハ方言で /i/ と /e/ が合流して区別がなくなり、正書法上も混同が起こっていることを示す例であると言える。
　また、蒙古語文語形における i に対し、ハルハ方言で i と e の両方の形が認められるという例も少なからず存在する。

(5)　ハルハ方言見出し　　蒙古語文語形　　意味
　　　isgex / esgex　　　 isgekü　　　　《発酵させる》

このような例は、蒙古語文語形の i が e になっているという点で先行研究の指摘とは逆の方向であるが、やはり i と e の混同が起こっていることを示す例であると言える。

4.1.2　問題の所在

前節では、UB モンゴル語で /e/ が /i/ に合流したことを主張、支持する先行研究を挙げた。しかし、この解釈には議論の余地がある。大きく分けると、次の 2 点を検討しなければならない。

(6) a. 音声的に、[i] と [e] の区別は本当にないのか
　　b. 音韻的に、/i/ と /e/ の区別は本当にないのか

(2) に示したように、/e/ が /i/ に合流したと考える根拠として、⟨i⟩ と ⟨e⟩ がともに [i] として発音されるという事実、つまり [i] と [e] の音声的な区別がないという事実が挙げられている。しかし、[i] と [e] の音声的な区別に関して問題となるデータが存在する。モンゴル語の発音辞典である Sambuudorj (2012) によると、正書法上 ⟨e⟩ と書かれるものはほとんどの場合 [e] で発音される。(7c) のように [i] で発音される語もあるがごく少数であり、しかも [e] の発音も併記されている。

(7) a. ed [ed]《財産》
　　b. ner [ner]《名前》
　　c. xer [xer, xir]《限界》

この辞典はモンゴル語話者によって編纂されたものであるため、(2) に挙げた「母語話者の直観では [e] は [i] に合流している」という記述に関しては議論の余地がある。(7) のように、UB モンゴル語でも [e] が現れる可能性は残されている。

もっとも、[e] が現れ得るという根拠のみをもって、/e/ が /i/ と合流せずに残っていると結論付けることはできない。[e] が /i/ の異音である可能性が残されているためである。[i] と [e] の音声的な区別が確認された

第 4 章 短母音 e の音価

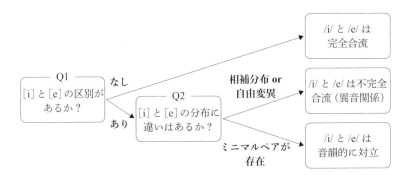

図 4-1：i と e の音声的な区別と音韻的な対立の関係

場合には、「音声的に [e] が [i] に合流した」という主張が誤りであることのみが結論付けられ、/i/ と /e/ の音韻的な区別の有無については改めて論じる必要がある。実際、UB モンゴル語の正書法では〈i〉と〈e〉の両方が認められるものの、その分布には偏りがあり、部分的には相補分布をなす（詳しくは 4.3.2 節で述べる）。正書法と同様、音声的にも [i] と [e] が相補分布をなす、あるいは自由変異である可能性は十分考えられる。この場合、[i] と [e] は異音関係にあることになり、音韻的には 1 つの音素 /i/ であると解釈される（以下、この状況を「不完全合流」と呼ぶこととする）。一方、[i] と [e] の違いによるミニマルペアが一定数以上存在することが確認された場合は、/i/ と /e/ の合流は起こっておらず音韻的な対立をなすと結論付けられる。まとめると、図 4-1 のようになる。

　次節以降では、図 4-1 の Q1 と Q2 についてそれぞれ検討することで、モンゴル語の /i/ と /e/ が合流しているかどうかを論じる。4.2 節では、Q1「[i] と [e] の区別があるか」について検討し、正書法上〈i〉と〈e〉で書き表される母音に音声的な区別があることを示す。続く 4.3 節と 4.4 節では、Q2「[i] と [e] の分布に違いはあるか」について検討する。4.3 節では、正書法の〈i〉と〈e〉は分布に偏りがあることを示し、[i] と [e] についても部分的に相補分布をなす可能性があることを述べる。そして 4.4 節では、正書法上で〈i〉と〈e〉のみによって区別されるミニマルペアは、音

声的にも [i] と [e] の対立を残している場合があることを示す。4.5 節では議論をまとめ、UB モンゴル語でも /i/ と /e/ の合流が完全には起きておらず、短母音 /e/ を認める必要があることを示す。

4.2 [i] と [e] の音声的な区別

4.2.1 調査の前提

4.1.1 節で述べたように、Svantesson（2003）などによると、UB モンゴル語では正書法上の〈i〉と〈e〉はいずれも [i] と発音され、音韻的には /i/ であると解釈される。この記述からは、音声 [e] は全く現れないことが示唆される

しかし、既に 4.1.2 節で述べたように、モンゴル語の発音辞典である Sambuudorj（2012）によると、正書法上〈e〉と書かれるものの発音はほとんどの場合 [e] であると表記されている。このことから、UB モンゴル語でも [e] が現れる可能性は残されている。

そこで、正書法において短母音の〈i〉または〈e〉を第 1 音節に含む語を対象に、当該母音のフォルマント構造を分析することで、UB モンゴル語に [i] と [e] の区別が存在するか否かを考察する。

4.2.2 調査内容(調査 4-1)

正書法において短母音の〈i〉または〈e〉を第 1 音節に含む語、および比較対象として、音韻的な対立のある〈ii〉(= /ii/) と〈ee〉(= /ee/) を第 1 音節に含む語を調査語彙とし、当該母音のフォルマント構造を分析する。具体的な調査語彙は表 4-1 の通りである。

本調査は、第 2 章で述べた調査 2-3 と同時に行っている[*1]。調査 2-3 の調査語彙と表 4-1 の調査語彙が含まれたリストをインフォーマントに見せ、

[*1] 正確に言えば、調査 2-3 を目的に録音したデータを再分析し、調査 4-1 にも利用した。調査語彙が少ないのはそのためである。

第 4 章　短母音 e の音価

表 4-1：調査語彙（調査 4-1）

〈i〉を含む語	〈e〉を含む語
i̠der《若い》	de̠rged《隣に》
xi̠len《ビロード》	e̠rweexei《蝶》
i̠ld-eer《剣-INST》	se̠ree《フォーク》
	xe̠l-eerei《言う-IMP》
〈ii〉(=/ii/)を含む語	〈ee〉(=/ee/)を含む語
xi̠il-ex《膨らませる-FP》	de̠erd-ex《良くなる-FP》

キャリア文 (8) に調査語彙を組み込んだ文を 2 度ずつ読み上げてもらった。

(8) tend ＿＿＿ gej bič-eestei bai-na.《そこに＿＿＿と書いてある》
　　そこに ＿＿＿ QUOT 書く-ST ある-NPST

調査 2-3 では発話速度と母音の持続時間との関係を探るため、「ふつう」「ゆっくり」「速い」の 3 種類の速度で読み上げが行われたが、ここでは発話速度は関係がないため、「ふつう」の発話速度のデータのみを用いる。

i と e の合流が問題となるのは UB モンゴル語であるため、インフォーマントはウランバートル出身の話者に限られる。具体的には、調査 2-3 に参加したインフォーマントのうちウランバートル出身である以下の 5 名である。

表 4-2：インフォーマント（調査 4-1）

名前	年齢	性別	出身
OG	17	男	ウランバートル
UB	17	男	ウランバートル
DN	18	男	ウランバートル
ET	18	男	ウランバートル
ST	28	女	ウランバートル

読み上げられた文を録音し、praat を用いて分析した。フォルマントの

分析は以下のような手順で行った。

(i) 音声波形とスペクトログラムから母音の定常部を同定する。
(ii) 母音の定常部の中間地点において[*2]、第1フォルマント（F1）と第2フォルマント（F2）の値を計測する。計測時の設定は、表4-3の通りである。

表4-3：フォルマント計測時の設定（調査4-1）

Time step [s]	0.0 (=auto)
Max number of formants	5
Maximum formant [Hz]	5500（女性）/ 5000（男性）
Window length [s]	0.025
Pre-emphasis from [Hz]	50

"Maximum formant"については、女性と男性で設定値を変えている（Shirai 2009: 3）。その他の設定項目については、標準値を採用している。

4.2.3 調査結果（調査4-1）

まずはインフォーマントごとに、音韻的な対立を持つ長母音 /ii/, /ee/ に対応する音声（すなわち [iː], [eː]）の F1 と F2 の値を算出する。次に、短母音字 ⟨i⟩ および ⟨e⟩ に対応する音声の F1 と F2 の値を算出し、長母音 [iː], [eː] の F1, F2 の値と比較することで、[e] という音声が現れるかどうかを判定する[*3]。

[*2] 分析に当たり、母音の中間地点付近のフォルマント値が著しく不安定である例が1例あった。この例に限り、フォルマント値が安定している部分（中間地点よりやや前方）に測定場所を移動させた。

[*3] 長母音と短母音では、対応する母音の間でもフォルマントの値が異なることが知られている（Maddieson 1984, Behne et al. 1999, Hirata and Tsukada 2009 など）。したがって、厳密には長母音 ii, ee と短母音 i, e で直接 F1, F2 の値を比較することはできないが、大まかな傾向として両者を比較することはできるため、短母音を分析するための基準として長母音のフォルマント値を用いる。

図4-2～図4-6は、5名のインフォーマントそれぞれに、長母音［iː］, ［eː］のF1, F2（2回の発話の平均値）と、⟨i⟩, ⟨e⟩に対応する音声（計7語×2回）のF1, F2の値をプロットしたものである。なお、Ladefoged（1975）は舌の正確な位置とフォルマント周波数との関係を表すため、F2とF1の差の値とF1の値との関係をプロットしている（Raphael et al. 2011も参照）が、ここではiとeの区別のみが問題であって舌の正確な位置を推定する必要はないため、より一般的なF1とF2のプロット図を用いる。

　図4-2～図4-6から、いずれのインフォーマントでも、長母音/ee/［eː］に近いフォルマント構造を持つ短母音、つまり［e］が存在することが明らかである。さらに、多くのケースにおいて、正書法上の⟨i⟩に対応する母音は［i］に近く、⟨e⟩に対応する母音は［e］に近く発音されている様子が読み取れる。

　そこで、正書法上の⟨i⟩, ⟨e⟩が［i］,［e］に対応しているか否かを統計的に判定する。表4-4は、各インフォーマントのF1とF2の平均値および標準偏差（カッコ内）を示したものである。また、⟨i⟩と⟨e⟩に対応する母音のフォルマント値に有意差があるか否かを判定するため、t検定におけるP値も示している。

　表4-4から、いずれの話者でも⟨e⟩に対応する母音の方が⟨i⟩に対応する母音よりも、F1の値が高く、F2の値が低い傾向にあることがわかる。一般に、狭母音ほどF1が低く、前舌母音ほどF2が高い（Ladefoged and Johnson 2011:196）ので、この結果は一般的な［i］と［e］の区別に合致している。また、インフォーマントOGを除き、F1かF2の少なくとも一方に、少なくとも5%の水準で統計的な有意差がある。

　以上のことから、UBモンゴル語においても［e］が現れ得るばかりか、5名のうち4名で［i］と［e］の区別が明確に存在し、それは正書法上の⟨i⟩と⟨e⟩にほぼ対応することがわかる。

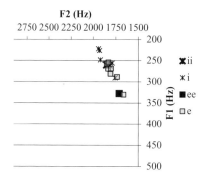

図4-2：iとeのF1-F2 (OG)

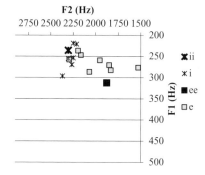

図4-3：iとeのF1-F2 (UB)

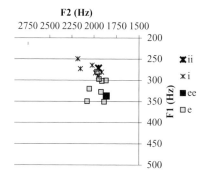

図4-4：iとeのF1-F2 (DN)

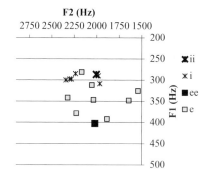

図4-5：iとeのF1-F2 (ET)

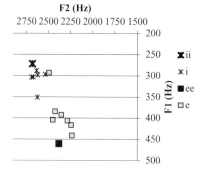

図4-6：iとeのF1-F2 (ST)

表 4-4：⟨i⟩ と ⟨e⟩ に対応する母音のフォルマントの平均値

インフォーマント	フォルマント	⟨i⟩	⟨e⟩	t test
OG	F1	250.9 (25.3)	278.7 (25.7)	$p=.08$
	F2	1858.0 (80.2)	1789.2 (65.7)	$p=.13$
UB	F1	252.5 (29.5)	264.8 (17.4)	$p=.39$
	F2	2275.5 (54.8)	1985.8 (248.2)	$p<.05$
DN	F1	273.6 (14.9)	315.9 (25.6)	$p<.01$
	F2	2035.1 (111.0)	1952.6 (77.1)	$p=.16$
ET	F1	296.4 (8.2)	340.7 (35.4)	$p<.05$
	F2	2183.6 (167.5)	1983.3 (276.8)	$p=.12$
ST	F1	307.0 (22.2)	391.3 (46.9)	$p<.01$
	F2	2631.6 (54.7)	2353.1 (104.8)	$p<.01$

4.3 [i] と [e] が相補分布をなす可能性

4.3.1 頭子音と [i], [e] の分布との関係

　前節では、Q1「[i] と [e] の区別があるか」を検討した結果、UB モンゴル語においても [i] と [e] の区別があることが明らかになった。しかし、4.1.2 節でも述べたように、[e] が /i/ の異音である可能性が残されているため、[i] と [e] の区別があることをもって「/i/ と /e/ が音韻的にも対立する」と結論付けることはできない。そこで本節では、Q2「[i] と [e] の分布に違いはあるか」という点について検討し、[i] と [e] の分布に頭子音（つまり、i, e の直前に位置する子音）の種類が関わっている可能性を指摘する。

　調査 4-1 では、短母音字 ⟨e⟩ を持つ語として、derged《隣に》、erweexei《蝶》、seree《フォーク》、xel-eerei《言う-IMP》の 4 語を調査語彙とした。このうち xel-eerei《言う-IMP》は、5 名のインフォーマントの 2 回の発音のいずれにおいても [i] に近く発音された。反対に、seree《フォーク》は比

第Ⅱ部　母音体系

較的 [e] に近い音声で発音される場合が多かった。また、調査語彙ではないが、キャリア文に含まれる tend《そこに》および gej《～と》の母音については、どの話者でも比較的 [e] に近く発音された。音声の傾向は以下のようにまとめられる。

(9) a. ⟨xeleerei⟩ [xiʑe:re:]
　　b. ⟨derged⟩ [dirgĕd] ～ [dergĕd]
　　　 ⟨erweexei⟩ [irwe:xe:] ～ [erwe:xe:]
　　c. ⟨seree⟩ [sere:]
　　　 ⟨tend⟩ [tend]
　　　 ⟨gej⟩ [gedʒ]

ここで ⟨e⟩ の直前に現れる子音に注目すると、(9a) では軟口蓋摩擦音 x となっている。4.1.2 節では発音辞典である Sambuudorj (2012) の記述について述べたが、正書法上 ⟨e⟩ と書かれる語で [i] の発音が記載されている語の中には xer《限界》という語があり、この語においても e の直前の子音は軟口蓋摩擦音 x である。

(10) (= (7) 再掲)
　　a. ed [ed]《財産》
　　b. ner [ner]《名前》
　　c. xer [xer, xir]《限界》

さらに、個別的な事例ではあるが、学習者用の教材である川越（2005）の音声資料でも ner《名前》と xen《誰》に現れる e の音声は異なり、前者が [e]、後者が [i] として発音されている[*4]。

(11) tanii　　　 ner [ner]　xen [xiŋ]　be?[*5]　《あなたの名前は何ですか？》
　　 2.SG.GEN　 名前　　　誰　　　　 INT

[*4] あくまで筆者による聴覚印象であるが、筆者は音声学的な訓練を受けており、また i と e の対立を持つ日本語を母語としているため、ある程度の信頼性は担保される。

[*5] 疑問助詞 be は、正書法上 ⟨be⟩ と綴られるが、発音上は長母音 [be:] となるので、短母音 [e] の発音の分析対象からは外れる。

直前の子音と［i］,［e］の分布に関しての体系的な調査は行っていないので断定することはできないが、以上の例から判断すると、直前の子音と［i］,［e］の分布には何らかの関係があり、特に直前の子音が軟口蓋摩擦音 x の場合には〈e〉は［i］として現れやすいようである。

直前の子音の種類によって［i］,［e］の分布が決まっているとすれば、［i］と［e］は環境によってどちらが現れるか決まる、つまり相補分布をなすことになる。どの子音の後にどちらの母音が現れるか、という分布の全体像はデータが不足しているためここでは示すことができないが、分布の制限に正書法が関わっている可能性がある。以下では、特に直前の子音が歯茎音・歯茎硬口蓋音である場合について、正書法上の〈i〉と〈e〉の間に分布の制限があることを述べたのち、［i］と［e］の分布の制限との関係について考察する。

4.3.2 正書法における分布の制限

モンゴル語の正書法において〈i〉と〈e〉はともに頻繁に用いられるが、両者が現れる位置には若干の制限がある。具体的には、č, j, š（歯茎硬口蓋破擦音および摩擦音）の直後に短母音〈e〉が現れることはなく、〈i〉が現れる。一方で、ts, dz, s（歯茎破擦音および摩擦音）の直後には短母音〈i〉が現れることがなく、〈e〉が現れる（Ariunjargal 2012: 21）。また、正書法で定められている規定ではないものの、歯茎閉鎖音 t, d の直後に短母音の〈i〉が現れる例は、借用語を除けば極めて少ない。小沢編著（1994）『現代モンゴル語辞典』（見出し語数は約 25,000 語）の見出し語の中から、語頭の CV[*6] が te/de および ti/di である語彙（いずれも母音が長母音である語彙を除く）を抽出すると、その数は表 4-5 のようになる。（　）内の数値は、借用語であると明記されている語彙の数である。

[*6] 議論の対象となるのは第 1 音節における i と e の対立であり、モンゴル語には語頭子音クラスターは存在しないので、「直前の子音＋母音」を「語頭の CV」と読み替えて差し支えない。

第Ⅱ部　母音体系

表 4-5：te/de および ti/di から始まる語彙の数 (小沢編著 1994)

語頭の CV	te	de	ti	di
語彙数 （うち借用語の数）	207 (0)	296 (5)^{*7}	4 (1)	25 (19)

以上をまとめると、歯茎および歯茎硬口蓋阻害音の直後という環境において、⟨i⟩ と ⟨e⟩ は相補分布をなす。まとめると、表 4-6 のようになる。

表 4-6：正書法における ⟨i⟩, ⟨e⟩ の分布の制限

先行子音		後続母音
č, ǰ, š	歯茎硬口蓋破擦・摩擦音	⟨i⟩
ts, dz, s	歯茎破擦・摩擦音	⟨e⟩
t, d	歯茎閉鎖音	⟨e⟩

表 4-6 を一見すると、i の前に現れ得る子音の調音位置が歯茎硬口蓋であることから、この分布は「後続母音 i によって条件付けられた子音の口蓋化現象」のように見える。事実、歴史的にはそのように捉えられるべきものである。しかし、現代モンゴル語では、歯茎硬口蓋系列の /č, ǰ, š/ とその他の系列の /ts, dz, s, t, d/ はともに独立した音素であるので、あくまで「母音の分布の制限」と捉える必要がある。この点について、次節で説明する。

4.3.3　歴史的な経緯

Svantesson et al.（2005）は、13 ～ 15 世紀にウイグル文字、漢字、アラビア文字、パスパ文字の 4 つの文字で記録されたテキストから Old Mongolian を再建している[*8]。破擦音に関して言えば、Old Mongolian には

[*7]　語頭の CV が te, de である借用語の数が少ないが、これはロシア語からの借用語に現れる /e/ がキリル文字っ⟨e⟩ ではなく e ⟨je⟩ で表記されることが多いためである。

[*8]　Svantesson et al.（2005: 99）によると、Old Mongolian は Proto-Mongolic と同一ではないが非常に近いものである。

後部歯茎破擦音 *č, *ǰ のみが存在し、歯茎破擦音 ts, dz は存在しなかった。しかし後に、*č, *ǰ が i 以外の母音の前で ts, dz になる変化（脱口蓋化）が起こったことにより、č, ǰ の直後には i、ts, dz の直後には e という分布になった (Svantesson et al. 2005: 200)。(12a) は、č, ǰ が i 以外の母音の前に現れるために脱口蓋化が起こった例、(12b) は i の前に位置するために脱口蓋化が起こらなかった例である。

(12) a. *čeke > tsex《まっすぐな》   *ǰem > dzem《罰》
     b. *čiki-n > čix《耳》   *ǰim > ǰim《芝生》

この段階では、ts と č、dz と ǰ は同一音素の条件異音であると解釈できる。仮にこれらの音素をそれぞれ /c/, /z/ とすると、以下のような規則が考えられる。

(13) /c/, /z/ > [č], [ǰ] / _ i
     /c/, /z/ > [ts], [dz] / elsewhere

しかし、第1音節の i が後続の母音の影響を受けて変化するという、いわゆる「i の折れ」が起こった結果、č, ǰ の直後に i 以外の母音も現れ得ることになった。「i の折れ」の例を (14) に示す[*9]。

(14) a. *čida-qu > čadax《できる》
     b. *ǰira-n > ǰar《60》

この「i の折れ」が起こった結果、č, ǰ と ts, dz は、後続母音によって条件付けられた異音であると解釈できなくなった。現代モンゴル語ではこれらのいずれも音素として認められる。このことは、(15) のようなミニマルペアによって例証される。

(15) a. čadax《できる》- tsadax《満腹になる》
     b. ǰar《60》- dzar《通知》

摩擦音に関しても同様のことが言える。Old Mongolian において、歯茎

[*9] 「i の折れ」に関しては栗林 (1981b; 1982) などを参照されたい。

第Ⅱ部　母音体系

摩擦音 */s/ は、*i の前では後部歯茎摩擦音［š］、それ以外の位置では［s］という異音を持っていた（Svantesson et al. 2005: 202）。

(16)　*/sira/［šira］《黄色い》　*/sara/［sara］《月》

しかし、こちらも i の折れにより、i 以外の前にも［š］が現れ得ることになった。現代モンゴル語では s と š は異なる音素として認められる。このことも、以下のようなミニマルペアによって例証される。

(17)　šar《黄色い》 - sar《月》

一方、破裂音 t, d については、モンゴル語のかなり古い段階で分布に制限があったと考えられる。ウイグル式のモンゴル文字で記される言語を蒙古文語と称し、保守的な綴り字であるという特徴を持つ（樋口 2001: 1039）が、蒙古文語において語頭に ti / di を持つ語は非常に少ない[*10]。蒙古文語の代表的な辞典である Lessing（ed.）(1960) に見出し語として記載されている語彙の中から、語頭の CV が te / de である語と ti / di である語彙の数をそれぞれ数えると、表 4-7 のようになる。

表 4-7：te/de および ti/di から始まる語彙の数 (Lessing (ed.) 1960)

語頭の CV	te	de	ti	di
語彙数	366	364	11	23

表 4-7 からわかるように、蒙古文語においても語頭の CV が ti, di である語彙は非常に少ない。しかも、そのうちの大半は借用語（18a, b）や、他の綴り方が主流である語彙（18c）である。

(18)　a.　tijater < Ru. teatr《映画館》
　　　b.　dijan < Ch. tien（店）《宿屋》

[*10] 蒙古文語の字形に〈t〉と〈d〉の区別はないが、現代語との対応などから *t, *d が再建されるため、文字転写においても音韻的な対立を反映して〈t〉と〈d〉を区別することが多い。

c. tinggim ⇒ tangkim《大広間》

以上のことから、モンゴル語のかなり早い段階で、語頭に ti, di を持つ語彙はほとんどなかったと推定される。

しかし、ここでも (19) のようなミニマルペアの存在により、現代モンゴル語において歯茎破裂音 t, d と歯茎硬口蓋破擦音 č, ǰ はともに独立した音素として認める必要がある。

(19) a. tanax《切って縮める》- čanax《煮る》
　　 b. dar《押す (IMP)》- ǰar《60》

以上見てきたように、歴史的には歯茎硬口蓋音と歯茎音は異音関係にあったが、現代モンゴル語においては /č, ǰ, š/ と /ts, dz, s, t, d/ が異なる音素であることは明らかである。したがって、表 4-6 に示した i, e の分布の制限は、子音の口蓋化による異音であるとみなすことはできず、あくまで母音の分布の制限であると捉える必要がある。

4.3.4　正書法における分布の制限と音韻解釈との関係

4.3.2 節および 4.3.3 節では、正書法上 ⟨i⟩ と ⟨e⟩ の分布に制限があり、部分的な相補分布をなすことを確認した。では、⟨i⟩ と ⟨e⟩ の正書法上の分布の制限は、そのまま [i] と [e] の分布の制限にも合致するのだろうか。

結論から言えば、[i] と [e] が部分的な相補分布をなす可能性は高い。(9) に示したように、[i], [e] の分布と直前の子音の種類との間には関係がある。

(20) (= (9) 再掲)
　　 a. ⟨xeleerei⟩ [xiʒeːreː]
　　 b. ⟨derged⟩ [dirgĕd] ∼ [dergĕd]
　　　　⟨erweexei⟩ [irweːxeː] ∼ [erweːxeː]
　　 c. ⟨seree⟩ [sereː]
　　　　⟨tend⟩ [tend]
　　　　⟨gej⟩ [gedʒ]

ここで初頭子音とeとの関係に注目すると、正書法上の規定としてiの直前には現れないsが初頭子音の場合（(20c)のseree）では、直後の母音の音声も[i]にはならず[e]が保たれている。また、正書法上の規定はないがiの直前に現れないt, dが初頭子音の場合、[e]が現れやすい傾向にある[11]。正書法による〈i〉,〈e〉の分布の制限と〈e〉に対応する音声との間には、表4-8のような関係があると推察される。

表4-8：〈i〉,〈e〉の分布の制限と音声の傾向[12]

初頭子音	直後の母音字	〈e〉に対応する音声の傾向
ts, dz, s	〈e〉	[e]
t, d	〈e〉	[e]
その他	〈i〉/〈e〉	[i]

4.4 [i]と[e]によるミニマルペアの有無[13]

4.4.1 正書法上のミニマルペアの存在

4.3.2節で述べたように、〈i〉と〈e〉には特定の環境で分布の制限があるが、語頭や無声軟口蓋摩擦音xの直後など、〈i〉と〈e〉の両方が現れ得る環境も残されている。その結果、少なくとも正書法上では、〈i〉と〈e〉によるミニマルペアが少なからず存在する。表4-9にミニマルペアの例を

- [11] (11)に示したように、初頭子音がnの場合も直後に[e]が現れやすい可能性がある。正書法上、nの直後には〈i〉も〈e〉も現れ得るため、この例は正書法との関係では説明できないが、nもtやdと同じ歯茎音であることは注目に値する。このことから、歯茎音・歯茎硬口蓋音と[e]に親和性が高い可能性が考えられる。
- [12] ただし、本調査では(20b)のdergedのように初頭子音がdであるにもかかわらず直後に[i]が現れる例や、(20c)のgejのように初頭子音がgであるにもかかわらず直後に[e]が現れる例が見られたことから、表4-8によって全てが説明されるわけではない。初頭子音と母音[i], [e]の発音との関係については、今後検討すべき課題である。
- [13] 本節は植田(2014a)に基づくが、データを再分析したうえで大幅に加筆、修正を施している。

示す。

表 4-9：⟨i⟩ と ⟨e⟩ のミニマルペア

⟨i⟩ を持つ語	⟨e⟩ を持つ語
bileg《象徴》	beleg《贈り物》
ix《大きい》	ex《母》
xil《境界》	xel《舌・言語》

　Svantesson et al. (2005) や Janhunen (2012) によると、⟨e⟩ は [i] と発音されるため、上記のミニマルペアは全て同音異義語ということになる。しかし、4.2.3 節ではモンゴル語に [e] が出現することを見た。表 4-9 のようなミニマルペアは /i/ と /e/ が合流しているか否かを決定する重要な語であるので、本当に音声的に区別されず同音異義語になっているのか、慎重に検討する必要がある。そこで、これらのミニマルペアの音声分析を行う。

4.4.2　調査内容（調査 4-2）

　正書法上 ⟨i⟩ と ⟨e⟩ のミニマルペアをなす語が実際にどのように発音されており、両者に音声的な対立があるか否かを明らかにするため、実験音声学的な調査を行った。調査語彙は、以下の表 4-10 に示すミニマルペア 13 組 26 語である。なお、4.1.1 節の（4）（5）挙げたように、⟨i⟩ と ⟨e⟩ の両方の綴り字が認められるような語も存在するが、ここでは Demberel et al. (eds.) (2012) の表記を基準にしている[*14]。

　また、比較のため、音韻的な対立がある /ii/, /ee/ によるミニマルペア（表 4-11 に示す 5 組 10 語）も加え、計 36 語を調査語彙とした。

[*14] Demberel et al. (eds.) (2012) は学習者向けの『日本語－モンゴル語　モンゴル語－日本語　ポケット辞典』であり、研究用の文献ではないが、見出し語数が少ないぶん、より基本的な形が掲載されていると判断し、語彙収集のための辞典として採用した。

第Ⅱ部　母音体系

表 4-10：⟨i⟩ と ⟨e⟩ のミニマルペア

⟨i⟩ を持つ語	⟨e⟩ を持つ語
bileg《象徴》	beleg《贈り物》
id《真っ最中》	ed《財産》
ileg《スエード革》	eleg《肝臓》
im《家畜の耳に付ける目印》	em《薬》
ir《刃》	er《男・雄》
ir-ex《来る-FP》	er-ex《探す-FP》
irgen《市民》	ergen《環境》
iruul-ex《来させる-FP》[15]	eruul《健康》
isg-ex《発酵させる-FP》	esg-ex《裁断する-FP》
iš《取っ手》	eš《基本》
ix《大きい》	ex《母》
xil《境界》	xel《舌・言語》
xir《埃》	xer《限界》

表 4-11：/ii/ と /ee/ のミニマルペア

/ii/ を持つ語	/ee/ を持つ語
biir《筆》	beer《マイル》
tiiš《あちらへ》	teeš《荷物》
xii《気体》	xee《模様》
xiil《バイオリン》	xeel《賄賂》
diil-ex《勝つ-FP》[16]	deel《デール》

　調査に際し、調査語彙とダミーの語がキリル文字で書かれ、ランダムに配列されたリストを2種類（リスト①とリスト②）用意した。リスト①とリスト②は配列順序が異なるが、いずれのリストでもミニマルペアは隣り合

---

[15] このペアは、疑似ミニマルペアとなっている。iruulex は動詞であり、命令形 iruul を用いれば完全なミニマルペアになるが、命令のフォーカスが置かれる可能性を考慮し、形動詞未来形 iruulex を調査語彙とした。

[16] このペアも疑似ミニマルペアである。

わないように配慮し、i と e を意識的に区別する状況をできる限り排除している。

インフォーマントは、1つの語につき、語単独での読み上げとキャリア文に語を入れての読み上げを連続して行った。キャリア文は以下の通りである。(21a) はリスト①に対するキャリア文、(21b) はリスト②に対するキャリア文である。

(21) a. bid _____ gej bič-sen.《私たちは_____と書いた》
    1.PL.NOM   QUOT 書く-PP
   b. minii duu _____ gej xel-sen.《私の弟は_____と言った》
    1.SG.GEN 弟   QUOT 言う-PP

したがって、それぞれの語は、単独発話2回、キャリア文中2回の計4回発音されることになる。

インフォーマントは以下の4名である[*17]。

表4-12：インフォーマント (調査 4-2)

名前	年齢	性別	出身
SB	16	男	ウランバートル
MT	17	女	ウランバートル
OE	19	女	ウランバートル
SG	28	女	ウランバートル

読み上げられた文を録音し、praat を用いて分析した。フォルマントの分析は以下のような手順で行った。

[*17] 調査自体は、計5名を対象に行った。しかし、フォルマントの値を分析したところ、1名のデータにおいて、音韻的な対立がある長母音の /ii/ と /ee/ の間にフォルマントの明確な差が見出されなかった。この原因としては録音不全が考えられるため、このインフォーマントのデータを分析対象から外し、残り4名のデータのみを分析対象とする。

(i) 音声波形とスペクトログラムから母音区間を同定、そこから前後の分節音等の影響が大きい部分を取り除き、比較的フォルマントが安定している部分を計測区間とする。「分節音等の影響」とみなしたのは、母音の開始直後および終了直前において、フォルマントやインテンシティーの変動が大きい部分である。

(ii) 計測区間の第1フォルマント（F1）と第2フォルマント（F2）の中央値[*18]を算出する。計測時の設定は、表4-13の通りである。

表4-13：フォルマント計測時の設定（調査4-2）

Time step [s]	0.0 (=auto)
Max number of formants	4
Maximum formant [Hz]	5500（女性）/ 5000（男性）
Window length [s]	0.025
Pre-emphasis from [Hz]	50

"Max number of formants"の標準値は5であるが、5に設定した場合、音韻的な対立があるはずの /ii/ と /ee/ に関して明らかな異常値が多く現れたため、設定を4に変更した。また、"Maximum formant"については、女性と男性で設定値を変えている（Shirai 2009: 3）。その他の設定項目については、標準値を採用している。

算出したF1とF2の中央値をもとに、正書法上〈i〉であるものと〈e〉であるものの間に差異があるかを判定する。

4.4.3 調査結果（調査4-2）

i, e のフォルマント値を比較するための前提として、音韻的な対立があ

[*18] 通常、フォルマントの計測においては、母音の定常部の中間地点の値を計測することが多い。しかし、本調査で得られたデータにはしばしば明らかな外れ値が現れるため、ある1点の値を測定する方法は採用しなかった。平均値ではなく中央値を用いたのも、同じ理由による。

第 4 章　短母音 e の音価

る長母音 /ii/ と /ee/ のフォルマントの値を示したのち、短母音 ⟨i⟩, ⟨e⟩ の
フォルマント値の全体的な傾向、およびミニマルペアどうしのフォルマン
トの比較を示す。

①長母音 ii, ee のフォルマント

以下の図 4-7〜図 4-10 は、4 名のインフォーマントそれぞれに、全調
査語彙（5 組 10 語 × 4 回 = 40 トークン）[19] の F1 と F2 の値をプロットした
ものである。また表 4-14 は、各インフォーマントの F1 および F2 の値の
平均値と標準偏差（カッコ内）を示したものである。/ii/ と /ee/ の間のフォ
ルマントの平均値に有意差があるか否かを判定するため、t 検定の P 値も
示している。

図 4-7〜図 4-10 および表 4-14 から、話者によって値が大きく異なる
ことがわかる。特に、インフォーマント SB の値が他 3 名の値と大きく異
なっているが、これは SB のみ性別が異なる（SB のみ男性）ことに起因す
ると考えられる。以下ではインフォーマント間の数値の違いには注目せず、
母音の種類によるフォルマント値のインフォーマント内部での違いにのみ

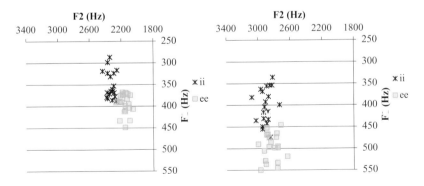

図 4-7：/ii/ と /ee/ の F1-F2 (SB)　　図 4-8：/ii/ と /ee/ の F1-F2 (MT)

---

[19] ただし、インフォーマント OE のデータにおいて、明らかな外れ値（2 倍の値を算
　　出したと考えられる値）が 2 例見られた。これらは分析対象から除外している。

第Ⅱ部　母音体系

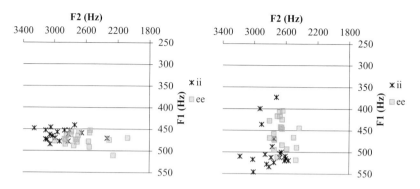

図 4-9：/ii/ と /ee/ の F1-F2 (OE)　　図 4-10：/ii/ と /ee/ の F1-F2 (SG)

表 4-14：/ii/ と /ee/ のフォルマントの平均値

インフォーマント	フォルマント	/ii/	/ee/	t test
SB	F1	349.7 (30.7)	395.1 (23.7)	$p<.01$
	F2	2330.4 (45.7)	2155.4 (52.9)	$p<.01$
MT	F1	401.9 (39.8)	496.3 (30.8)	$p<.01$
	F2	2904.0 (76.2)	2832.5 (93.1)	$p<.05$
OE	F1	462.8 (12.5)	473.5 (13.9)	$p<.05$
	F2	2923.1 (212.5)	2653.0 (228.4)	$p<.01$
SG	F1	496.0 (44.4)	456.5 (34.5)	$p<.01$
	F2	2782.9 (161.6)	2645.7 (109.2)	$p<.01$

注目する。

　インフォーマント内部で見ると、いずれのインフォーマントも、/ii/ と /ee/ の間で F1 および F2 の値に、少なくとも 5% 水準で有意な差が見られる。このうち 3 名（インフォーマント SB, MT, OE）では、/ii/ は /ee/ に比べて F1 が低く、F2 が高いという結果になっている。一般に、狭母音ほど F1 が低く、前舌母音ほど F2 が高い（Ladefoged and Johnson 2011: 196）ので、この結果は一般的な [i] と [e] の区別に合致している。ただし、イン

フォーマント SG の F1（表中の網掛け部分）では、/ii/ よりも /ee/ の方が高い数値になっており、この部分に関しては一般的な［i］と［e］の区別に合致しない。この原因としては録音環境の不全が考えられるが、F2 の値は正常な値（/ii/ が /ee/ よりも高い）となっているので、インフォーマント SG に関しては F1 を分析対象から外し、F2 のみを分析対象とする。

②**短母音 i, e のフォルマント**

続いて、長母音のフォルマント値を基準に、短母音の /i/ と /e/ の対立が見られるかという点について分析する。長母音の場合と同様、インフォーマントごとに、全調査語彙（13 組 26 語 × 4 回 = 104 トークン）[20] の F1 と F2 の値をプロットしたものを図 4-11〜図 4-14 に示す。また、各インフォーマントの F1 および F2 の平均値と標準偏差（カッコ内）、t 検定の結果を表 4-15 に示す。

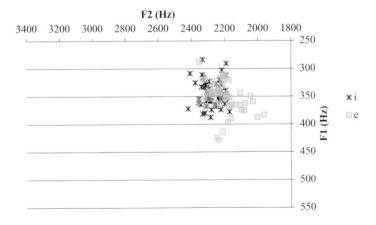

図 4-11：i と e の F1-F2 (SB)

---

[20] ここでも、インフォーマント OE のデータにおいて、明らかな外れ値（2 倍もしくは 2 分の 1 の値を算出したと考えられる値）が 6 例見られた。これらを分析対象から除外している。

第Ⅱ部　母音体系

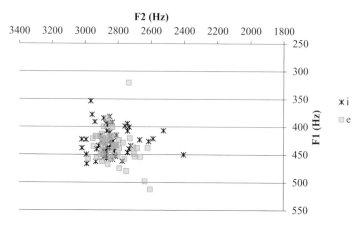

図4-12：iとeのF1-F2 (MT)

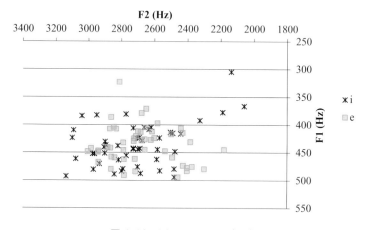

図4-13：iとeのF1-F2 (OE)

　図4-11〜図4-14と表4-15から、短母音では長母音ほど明確にiとeを区別していないことがわかる。統計的に見ても、有意差があるのはインフォーマントSBとSGのF2の値のみである。

　しかし逆に言えば、2人のインフォーマントに関しては、iのF2の値が

第4章 短母音eの音価

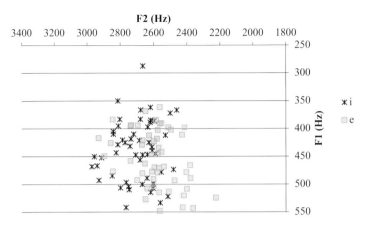

図4-14：iとeのF1-F2 (SG)

表4-15：iとeのフォルマントの平均値

インフォーマント	フォルマント	i	e	t test
SB	F1	346.0 (23.8)	351.9 (28.3)	$p=.25$
	F2	2279.0 (58.6)	2206.5 (87.5)	$p<.01$
MT	F1	425.3 (25.2)	435.6 (29.0)	$p=.05$
	F2	2833.6 (119.8)	2823.8 (89.0)	$p=.64$
OE	F1	437.9 (39.6)	439.0 (39.8)	$p=.89$
	F2	2675.8 (306.5)	2683.2 (198.3)	$p=.89$
SG	F1	439.9 (54.1)	452.7 (50.6)	$p=.22$
	F2	2703.9 (126.3)	2589.0 (142.4)	$p<.01$

eのF2の値よりも有意に高いという結果が出た、と捉えることができる。Svantesson et al. (2005: 6) によると、iとeのF1とF2の値には、5%水準で統計的な有意差がない（または、話者によってはeが有意に高いF2の値を持つ）とされており、本調査の結果とは異なる。したがって、Svantesson et al. (2005) の「[i] と [e] を区別していないという音声的事実」をその

まま受け入れることはできない。

③ミニマルペアどうしのフォルマントの比較

ここまでは、語ごとのフォルマント構造には注目せず、全体的な傾向を述べてきたが、次にミニマルペアをなす語どうし（例えば bileg と beleg）の i と e のフォルマントを比較する。典型的には、i は低い F1 と高い F2 によって特徴づけられ、e は i に比べて F1 が高く F2 が低い。つまり、F2 と F1 の差（F2–F1）は i の方が e よりも大きくなる。本節では F2–F1 の値をもとに、ミニマルペアをなす語の i と e のフォルマント構造に違いがあるかを検討する。

まずは F2–F1 の平均値と標準偏差、t 検定の結果を表 4-16 に示す。

表 4-16：i と e の F2–F1 の値

インフォーマント	i	e	t test
SB	1933.0 (64.2)	1854.5 (100.9)	$p<.01$
MT	2408.3 (123.0)	2388.2 (100.8)	$p=.36$
OE	2237.9 (302.8)	2244.3 (202.9)	$p=.90$
SG	2263.9 (133.1)	2136.3 (167.1)	$p<.01$

前節の結果と同様、インフォーマント SB と SG では i と e の F2–F1 の値に統計的な有意差があるが、残りの 2 名では有意差がない。この結果からも、インフォーマント SB と SG では i と e を発音上も区別しているのに対し、インフォーマント MT と OE では明確な区別をしていないことがわかる。

続いて、ミニマルペアをなす語どうしの F2–F1 の値を比較する。図 4-15〜図 4-18 は、ミニマルペアをなす語の i と e それぞれの F2–F1 の値を、インフォーマントごとに示したものである。なお、図の見やすさを重視するため、F2–F1 の値を示す縦軸のスケールは統一していない。

第 4 章　短母音 e の音価

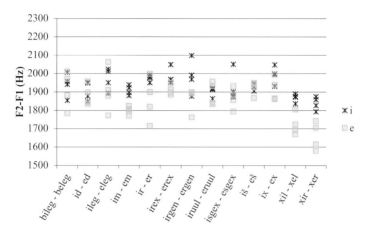

図 4-15：ミニマルペアの F2-F1 の値 (SB)

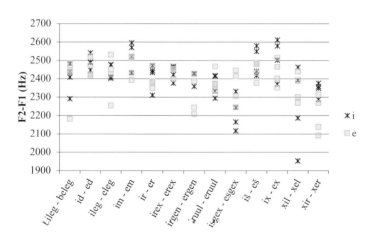

図 4-16：ミニマルペアの F2-F1 の値 (MT)

　図 4-15 と図 4-18 から、やはりインフォーマント SB と SG ではそれぞれのミニマルペアにおいても、例外はあるものの全体的に i の方が e よりも F2–F1 の値が高い傾向にあることがわかる。それに対し、図 4-16 と図 4-17 から、やはりインフォーマント MT と OE ではそれぞれのミニマル

141

第Ⅱ部　母音体系

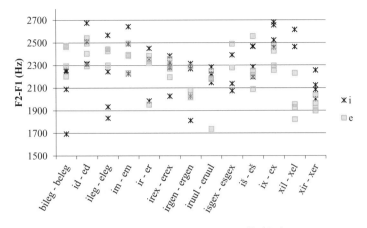

図 4-17：ミニマルペアの F2–F1 の値（OE）

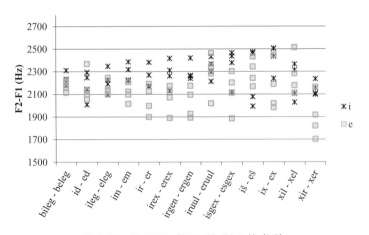

図 4-18：ミニマルペアの F2–F1 の値（SG）

ペアにおいても、i と e の F2–F1 の値に差は見られないことがわかる。

4.4.4　考察

　F1 と F2 の平均値からも、ミニマルペアにおける F2–F1 の値の分布か

らも、iとeを区別するインフォーマントと区別しないインフォーマントに分かれることがわかる。インフォーマントはいずれもウランバートル出身の若年層であるため、この違いは方言差や年代差ではなく個人差であると考えられる。つまり、短母音字〈i〉と〈e〉の違いによるミニマルペアは、話者によっては [i] と [e] の区別によって保たれていると言える。

4.5　第 4 章のまとめ

先行研究では「UB モンゴル語では /i/ と /e/ が完全に合流した」とされているが、この解釈には議論の余地があり、Q1「[i] と [e] の区別があるか」、Q2「[i] と [e] の分布に違いがあるか」という 2 つの点を検討する必要があることを 4.1.2 節で述べた。Q1 に関しては、4.2 節で述べたように、明らかに [i] と [e] の区別があると言える。このことから、「/i/ と /e/ が完全に合流した」という先行研究の主張をそのまま受け入れることはできない。次に Q2 に関しては、直前の子音の種類によって [i] と [e] が部分的な相補分布をなす可能性があること（4.3 節）、話者によっては [i] と [e] によるミニマルペアを保持しており、/i/ と /e/ の音韻的な対立を残していること（4.4 節）が明らかになった。まとめると、図 4-19 のような状

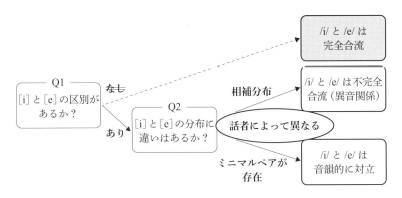

図 4-19：i と e の音声的な区別と音韻的な対立の実情

第Ⅱ部 母音体系

況にある。

確かに、話者によっては /i/ と /e/ のミニマルペアが見られず、モンゴル語として /e/ が /i/ に合流しつつあるのは事実である。しかし、モンゴル語に [e] の発音が現れ、しかも [e] は正書法の 〈e〉 に対応する場合が多いことや、[i] と [e] のミニマルペアを保持している話者が存在することを考えれば、「/i/ と /e/ が完全に合流した」と言い切るのは尚早であろう。したがって、少なくとも現段階では、モンゴル語の母音体系に短母音の /e/ を認めるべきであると言える。

第5章

後舌母音の音価

　本章では、Svantesson et al.（2005）において「後舌母音」とされる4つの母音、/u, ʊ, o, ɔ/ の音価について検討する。

　本書ではここまで、モンゴル語の母音体系について考察してきた。Svantesson et al.（2005）の提示する母音体系をベースに、ここまでの議論（第1音節と第2音節以降の体系を区別する必要はないこと、および短母音 /e/ も認めるべきであること）を踏まえた母音体系を示すと、(1) のようになる。

(1) 母音体系（ここまでの議論を踏まえたもの）

短母音		長母音		二重母音
i	u	ii	uu	ui
	ʊ		ʊʊ	ʊi
e	o	ee	oo	
a	ɔ	aa	ɔɔ	ai ɔi

　Svantesson et al.（2005）ではモンゴル語の後舌母音として /u/, /ʊ/, /o/, /ɔ/ が挙げられているが、このうち /o/ の音価は典型的な［o］とは大きく異なり、むしろ /ʊ/ で表される母音の音声が［o］に近い。音韻表記は必ずしも音声表記と同一である必要はないが、無用な誤解を避け、後の研究において有用な資料とするためには、音声的な特徴を正確に捉えた上で最も適切な表記を採用することが望ましい。例えば Crothers（1978）や Maddieson（1984）はさまざまな言語の音声について言語類型論的な観点から考察しているが、そのような研究で用いられる資料が音声事実を正確に反映した

ものでなければ、導かれる結論も誤ったものとなる恐れがある。Svantesson et al. (2005) は音声学的な実験に基づいた音韻論的解釈を行っているものの、後舌母音については再考の余地がある。本章ではこれらの母音のうち特に /o/ に着目し、音声的特徴および音韻的解釈について検討する。

5.1 節で先行研究の記述をまとめ、問題点を整理する。続く 5.2 節ではフォルマント分析を行い、/o/ が音声的には中舌性を持っていることを明らかにする。その結果を受け、5.3 節では /o/ の音韻的な位置づけについて考察し、/o/ が中舌性を持っているという音声事実に加え、/ʊ/ との混同を避けるという観点から、音韻的には /ɵ/ と解釈することが妥当であることを主張する。5.4 節では議論をまとめ、本書が想定する完全な形の母音体系を提示する。

なお、本節の主な目的は Svantesson et al. (2005) の音韻解釈を再考することにあるため、Svantesson et al. (2005) の表記を使用することは望ましくないが、先行研究ではそれぞれ独自の表記法が用いられており、そのままの表記では比較するのが困難であるので、表記を一貫させる目的で Svantesson et al. (2005) の表記を適宜用いる。また、本章においても第 4 章と同様、第 1 フォルマント (F1) と第 2 フォルマント (F2) が母音の音響的特徴を最もよく表すという前提のもと、F1 と F2 のみを用いて母音の音声的(音響的)特徴を記述している。

5.1 後舌母音に関する先行研究

5.1.1 後舌母音の歴史的由来

Svantesson (1985) や Janhunen (2012) は歴史言語学的な観点から、各母音の由来と歴史的な推移について検討している。本節では両者の記述をまとめ、4 つの後舌母音の由来と音変化について述べる。

彼らによると、u, ʊ, o, ɔ の各母音はそれぞれ ü, u, ö, o に由来する。そして、前舌母音 ü, ö が後舌母音の方向に、後舌母音 u, o が広母音の方向

に移動する"vowel rotation"によって、現在の母音体系となった。この状況をまとめると図5-1のようになる。

$$ü \longrightarrow u \quad u$$
$$\downarrow$$
$$\quad\quad\quad\quad\quad ʊ$$
$$ö \longrightarrow o \quad o$$
$$\downarrow$$
$$\quad\quad\quad\quad\quad ɔ$$

図 5-1：vowel rotation

これらの母音の推移は正しいと思われるが、現在の母音の音価については先行研究によって記述が若干異なる。次節では、これらの母音の音価について述べた先行研究の記述をまとめる。

5.1.2 後舌母音の音声に関する先行研究

Tsoloo (1976) では、/ʊ/, /ɔ/ は後舌母音、/u/, /o/ は中舌母音とみなされている。表 5-1 に Tsoloo (1976) の母音体系を示す。表記は Svantesson et al. (2005) のものに合わせて改変している。

表 5-1：Tsoloo (1976: 89) に示された母音体系 (表記は改変)

	前舌		中舌		後舌	
	円唇	非円唇	円唇	非円唇	円唇	非円唇
狭	-	i	u, uː	iː	ʊ, ʊː	-
中	-	e, eː	o, oː	-	ɔ, ɔː	-
広	-	äː	-	a	-	a, aː

表 5-1 には非円唇広母音 äː や中舌母音の a があるなど、Svantesson et al. (2005) の解釈とは異なる点もいくつかあるが、ここでは上記の 4 つの母音のみに注目する。Tsoloo (1976) の記述によると、4 つの母音の音声は以下のようなものであると推定される。

第Ⅱ部　母音体系

表 5-2：Tsoloo (1976) の母音の音価

	中舌	後舌
狭	u [ʉ]	ʊ [u]
中	o [ɵ]	ɔ [o]

注目すべきは、u, o がともに中舌母音として特徴づけられている点である。先述したように、u, o はそれぞれ *ü, *ö に由来することから、Tsoloo (1976) は古い形を記している可能性がある。

　塩谷・プレブジャブ（2001: 6-7）は「発音上注意すべき事柄」として、4つの円唇母音（/u/, /ʊ/, /o/, /ɔ/）の発音について詳しく解説している。その記述によれば、/ʊ/ の音価は [o] であり、[o] の位置から口の形をそのままにしてやや前よりに移動させ、中舌母音として発音するのが /o/ [ɵ] ということになる（同: 7）。図 5-2 に、4 つの母音の調音位置の概念図を示す。なお、図は塩谷・プレブジャブ（2001: 7）からの引用であるが、母音記号はキリル文字から Svantesson et al. (2005) に基づいた表記に改変している。また、塩谷・プレブジャブ（2001）では、短母音と長母音の音声の違いについては特に述べられていない。

中舌	後舌	
	u [u]	高
o [ɵ] ←	ʊ [o] ↓ ɔ [ɔ]	中

図 5-2：4 つの母音の調音位置 (塩谷・プレブジャブ 2001: 7 をもとに作成)

図 5-2 から、o が中舌母音とみなされていることが読み取れる。

　城生（2005）はモンゴル語の母音調和に関する分析を行うことを目的に、各母音の音響的特徴を詳細に記述している[*1]。図 5-3 に、城生（2005）に示

[*1] 城生（2005）は生理音声学的研究として呼気流量の測定とそれに基づく母音調和の

第 5 章　後舌母音の音価

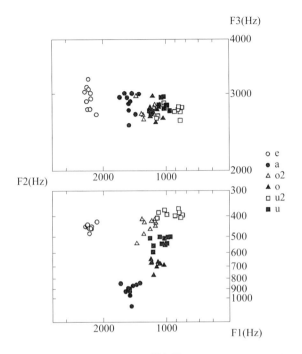

図 5-3：城生のフォルマント散布図 (城生 2005: 75、図 2-18)

された各母音の F1-F2 および F2-F3 の散布図を挙げる。なお、城生 (2005) では 3 名の話者を対象に音声実験を行っているが、ここでは 1 名の話者の結果を代表として提示する。図中の o2, o, u2, u はそれぞれ o, ɔ, u, ʊ に対応している。

城生 (2005) はこの結果に対し、以下のような考察を加えている。

(2) a. /u/ と /ü/（本書の /ʊ/ と /u/）では、F1 でこそ前者が高いと言えるが、F2 に関しては後者が若干低めの傾向性を示す程度で、それほど顕著な差とはなっていない。このことから、相対的に /u/（=/ʊ/）が開口度

分析を行っているが、このアプローチは本書の研究範囲を超えるため、ここでは取り上げない。

クラスで /ü/ (=/u/) に勝っている点は明らかだが、一方 /ü/ (=/u/) が後舌性で /u/ (=/ʊ/) に勝っているとは必ずしも言い切れない。
  b. /o/ と /ö/（本書の /ɔ/ と /o/）では、いずれも F1 において前者が高く、F2 において後者が高い。このことから、相対的に /o/ (=/ɔ/) は開口度クラスで /ö/ (=/o/) に勝り、一方 /ö/ (=/o/) は中舌性を示しているのに対し /o/ (=/ɔ/) は後舌性を示していることが窺える。

（城生 2005: 79-80、カッコ内は筆者による。）

また図 5-3 から、/o/（図中の△）は /ʊ/（図中の■）と比較しても F2 が高い、つまり舌の位置が前寄りであることがわかる。以上のことから、城生 (2005) の音声実験の結果に従えば、/o/ は「中舌性」を持っていると言える。一方、/u/, /ʊ/ は「後舌性」を持っている。

Svantesson et al. (2005) は、短母音と長母音の差異にも注目しながら音声分析を行っている。その記述によれば、o は短母音と長母音で音価が大きく異なり、精密表記ではそれぞれ [ɵ], [ɔː] と書き表される。Svantesson et al. (2005) に提示されている各母音のフォルマント分析の結果を以下に示す。図 5-4 は第 1 音節の長母音と短母音の F1, F2 をプロットしたもの（ある 1 人の話者から得られたデータの平均値）であり、縦軸が F1、横軸が F2 を表す。なお、○で囲まれたものは長母音を表す。

図 5-4 から、短母音 /o/ は F2 の値が高く、中舌母音と解釈しうるのに対し、長母音 /oo/ は F2 の値がかなり低く、後舌母音に近いということが読み取れる。精密音声表記 [ɵ], [ɔː] はこの事実を記したものである。また図 5-4 によると、/o/, /oo/ が /ʊ/, /ʊʊ/ よりも F1 の値が低い、つまり舌の位置が高い。これは、一般的な IPA 記号 [o] と [ʊ] の使い方とは異なる。

一方、/u/ は F2 の値が低く、後舌母音として発音されるという結果が出ている。/ʊ/ は /u/ よりも F1 が高く、/u/ と同等以上に F2 の値が低い。つまり、/ʊ/ は /u/ よりも開口度が大きく、後舌性を持つということを意味する。

Janhunen (2012) は、モンゴル諸語の母音体系について歴史的な推移を踏まえて詳しく解説している。Janhunen (2012: 31-32) によると、モンゴ

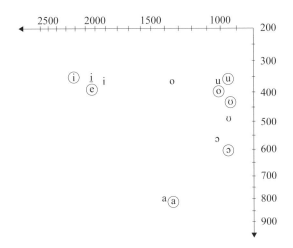

図 5-4：Svantesson et al. のフォルマント分布図
(Svantesson et al. 2005: 4, Figure 1.3)

ル語の /o/ は円唇前舌半狭母音 ö に由来する。この母音は中舌化して [ɵ] になり、さらに完全に軟口蓋化して [o] になった（ただし、[ɵ] を保っている方言も多い）。/u/ は円唇前舌狭母音 ü に由来し、中舌母音 [ʉ] を経由して、完全に [velar] の素性を持つ母音 [u] に移行したが、中舌母音 [ʉ] を残している方言もあり、またモンゴル語の古い記述の中には [ʉ] が通常の発音として挙げられているものもあるという。これは、先ほど挙げた Tsoloo (1976) などのことを指しているものと思われる。また /ʊ/ については、円唇後舌狭母音 u に由来し、higher mid-range quality [ʊ]、または半狭母音 [o] に移行した。これらの記述から、/o/ と /ʊ/ はともに [o] と発音される（発音され得る）ことになる。これは両者が合流していることを意味すると考えられるが、その点についての詳細な記述はない。なお、IPA の [ʊ] という表記は、この母音が咽頭性[*2]を持つ母音であることを表さない点、およびモンゴル語の母音の質に無関係な laxness という概念を連

---

*2 咽頭性については、第 6 章で詳しく扱う。

想させる点で、不正確で誤解を招く表記だと指摘し、音韻的な解釈においてはこの母音に ou という表記を当てている。このように、Janhunen (2012) には音声に関する詳細な記述はあるが、フォルマント構造など音響的なデータは示されていない。

ここまで、先行研究における母音の音声的特徴の記述について見てきた。/u/, /ʊ/, /o/ の音声的特徴について先行研究で述べられていることをまとめると、表 5-3 のようになる。

表 5-3：先行研究における音声的特徴の記述

先行研究	/u/	/ʊ/	/o/
Tsoloo (1976)	中舌母音 [ʉ]	後舌母音 [u]	中舌母音 [ɵ]
塩谷・プレブジャブ (2001)	後舌母音 [u]	後舌母音 [o]	中舌母音 [ɵ]
城生 (2005)	後舌母音 [u]	後舌母音 ([o])	中舌母音 [ɵ]
Svantesson et al. (2005)	後舌母音 [u]	後舌母音 [ʊ]	短：中舌母音 [ɵ] 長：後舌母音 [oː]
Janhunen (2012)	後舌母音 [u]	後舌母音 [ʊ～o]	後舌母音 [o]

5.1.3 /o/ の音韻的解釈

/o/ は伝統的に、*ö に由来することを重視し、音韻的に /ö/ と解釈されることが多い。しかし、Svantesson et al. (2005) はこの母音を /o/ と解釈している。音韻表記が必ずしも音声的特徴を反映しているとは限らないが、/o/ という表記を採用していることから、Svantesson et al. (2005) はこの母音を後舌母音と解釈しており、その解釈は長母音 /oo/ が [oː] と発音されることを基盤としていると考えられる[*3]。

[*3] なお、Janhunen (2012) はこの母音に対して、転写の実用性から eu という表記を採用している。音韻的には1つのセグメントであることは強調されているが、こ

もっとも、Svantesson et al. (2005) は Wood (1975; 1979) に従い、母音の位置素性として［back］や［front］ではなく［palatal］(P)、［velar］(V)[*4]、［pharyngeal］(F) を設定しているため、後舌性は必ずしも重要ではない。Svantesson et al. (2005) はモンゴル系諸言語に現れる母音を以下のように素性指定している（R は［round］、O は［open］素性を表す）。

(3) *Features and vowels* (Svantesson et al. 2005: 44 (2))

		–	R	O	OR
P	palatal	i	y	e	ø
PF	pharyngealized palatal	ɪ	ʏ	ɛ	œ
PV	velar	ɯ	u		
PVF	pharyngealized velar	ʊ			
V	uvular			ɤ	o
VF	pharyngealized uvular				ɔ
F	pharyngeal			a	

この素性指定では舌の前後は本質的ではない。しかしながら、/o/ は uvular の指定を持っていることから、舌の前後や開口度といった一般的な母音の分類を当てはめるとすれば、/o/ を後舌母音と解釈して差し支えないと思われる。

5.1.4 後舌母音の音声的特徴と音韻的解釈に関する問題点

ここまで、主に /u/, /ʊ/, /o/ の音声的特徴と /o/ の音韻的解釈について述べてきた。表 5-3 からもわかるように、先行研究によって音声的特徴に関する記述が異なっており、モンゴル語の母音の音声の特徴が完全に明らかであるとは言えない状況である。また、Janhunen (2012) が述べているように /o/ と /ʊ/ がともに [o] で発音されているとすれば、両者が合流し

の母音を音韻的にどのように解釈しているかはわからない。

[*4] 後に示す (3) を見ると、[V] のみを持つ母音は uvular であり、[V] と [P] を同時に持つと velar となっていることから、[V] は [velar] ではなく [uvular] を表すのではないかと思われるが、ここでは原文に従う。

ている可能性もあるが、この点について詳細な記述は行われていない。

第6章でも述べるように、モンゴル語には母音調和があるが、母音調和に関わる素性について議論するためには、理論的な整合性のみを追い求めるのではなく、各母音の音声的な特徴を十分検討したうえで音韻体系を構築する必要がある。本書では、/u/, /ʊ/, /o/, /ɔ/ の4つの母音を対象にフォルマント分析を行い、これらの母音の相対的な調音位置に注目しながら音声的特徴を明らかにする。次いで、主に /o/ および /u/ の音韻的な解釈について検討する。

フォルマント分析自体は城生 (2005) や Svantesson et al. (2005) でも行われ、一定の成果を得ているが、両研究とも F1 と F2 の散布図を用いている。しかし、Ladefoged (1975: 173-174) によると、後舌性は F2 の値よりも F2 と F1 の差の値（F2–F1）との相関が強く、フォルマントによって正確な舌の位置を表すには F2–F1 と F1 との関係をプロットする方が適切である。本研究ではこの方法を採用し、より精密に各母音の調音位置および音声的特徴を記述する。なお、フォルマントの値と舌の位置は必ずしも1対1に対応するものではなく、同じ F1、F2 を持つ母音を発声する方法はいくつかあることが知られている（田窪ほか 1998: 144）。例えば、F2 の低下は舌を後ろに引く方法のほか、唇を突き出すことによっても実現される。しかし、ここで分析対象となる母音は全て円唇母音であり、円唇性の違いによる F2 の差異はあまり大きくないと思われる。本書では議論を簡潔にするため、F1、F2 および F2–F1 の値は舌の位置に対応するものとみなして議論を進める。

5.2 フォルマント分析

5.2.1 調査内容（調査 5-1）

後舌母音 /u/, /ʊ/, /o/, /ɔ/ のフォルマント構造を調べるため、短母音 /u/, /ʊ/, /o/, /ɔ/ および長母音 /uu/, /ʊʊ/, /oo/, /ɔɔ/ を第1音節に含む語を調査語彙とし、音声産出実験を行った。具体的な調査語彙は表 5-4 の通りである。

第5章　後舌母音の音価

表 5-4：調査語彙（調査 5-1）

母音の種類	短母音（第 1 音節）	長母音（第 1 音節）
u	zuleg《芝生》	zuuleg《バカな》
ʊ	dʊlaan《暖かい》	dʊʊl-ax《歌う-FP》
o	xorgogč《冷蔵庫》	xoor-son《飛び立つ-PP》
ɔ	dɔrnɔd《東》	dɔɔrd-ɔx《下降する-FP》

なお、この調査は第 2 章で述べた調査 2-3 と同時に行っており、調査語彙は調査 2-3 の調査語彙の部分集合となっている。表 5-4 の調査語彙が含まれたリストをインフォーマントに見せ、キャリア文（4）に調査語彙を組み込んだ文を 2 度ずつ読み上げてもらった。

(4) tend _____ gej　bič-eestei　bai-na.《そこに_____と書いてある》
　　そこに　　　QUOT　書く-ST　ある-NPST

調査 2-3 では発話速度と母音の持続時間との関係を探るため、「ふつう」「ゆっくり」「速い」の 3 種類の速度で読み上げが行われたが、フォルマントに関しては発話速度による大きな差はなかったため、全てのデータを分析対象とした。

読み上げられた文を録音し、表 5-4 の下線部の母音を対象に、praat を用いてフォルマントの値を算出し分析した。フォルマントの分析は以下のような手順で行った。

(i)　音声波形とスペクトログラムから母音の定常部を同定する。
(ii)　母音の定常部の中間地点において、第 1 フォルマント（F1）と第 2 フォルマント（F2）の値を計測する。

ただし、データの中には母音の中間地点付近のフォルマント値が著しく不安定であるものが少なからずあった。その場合は、フォルマント値が安定している部分があれば測定場所をその部分に移動させ、安定している部

第Ⅱ部　母音体系

分が抽出できなければ、母音区間全体のフォルマント値の平均値を取っている。

計測時の設定は、以下の通りである。

表 5-5：フォルマント計測時の設定

Time step [s]	0.0 (=auto)
Max number of formants	5
Maximum formant [Hz]	5500（女性）/ 5000（男性）
Window length [s]	0.025
Pre-emphasis from [Hz]	50

"Maximum formant" については、女性と男性で設定値を変えている (Shirai 2009: 3)。その他の設定項目については、標準値を採用している。

インフォーマントは調査 2-3 と同じ 14 名である（以下に再掲する）。

表 5-6：インフォーマント（調査 5-1）

名前	年齢	性別	出身
OG	17	男	ウランバートル（UB）
UB	17	男	ウランバートル（UB）
DN	18	男	ウランバートル（UB）
ET	18	男	ウランバートル（UB）
ST	28	女	ウランバートル（UB）
CZ	18	男	ヘンティー（UB から東へ約 300 キロ）
CT	17	男	ウブルハンガイ（UB から南西へ約 370 キロ）
XT	17	男	ウブルハンガイ（UB から南西へ約 370 キロ）
AB	18	男	ウブルハンガイ（UB から南西へ約 370 キロ）
BG	18	男	アルハンガイ（UB から西へ約 450 キロ）
TJ	30 代前半	女	アルハンガイ（UB から西へ約 450 キロ）
OE	18	男	フブスグル（UB から北西へ約 630 キロ）
NM	17	女	ゴビアルタイ（UB から南西へ約 800 キロ）
DG	18	男	オブス（UB から西へ約 1300 キロ）

5.2.2 調査結果(調査 5-1)

本節では、後舌母音の音声的特徴を明らかにするため、各母音のフォルマント構造を比較していく。まずは /o/ のフォルマント構造を /ɔ/ および /ʊ/ のフォルマント構造と比較することによって、/o/ の音声的特徴を明らかにする。続いて、狭母音 /u/, /ʊ/ のフォルマント構造比較し、両者の音声的特徴を明らかにする。

なお、フォルマントの値は男性と女性で異なることが知られている (Kent and Read 1992 など)。本調査から得られたデータにおいても、男性 (11名) と女性 (3名) で数値が大きく異なっていた。以下では、男性のデータと女性のデータを分けて分析したのち、両データを合わせて考察する。

① /o/ の音声的特徴―男性のデータ

男性のインフォーマント (11名) から得られたデータをもとに、/o/ の音声的特徴を観察する。

まずは、母音調和で /o/ とペアをなす /ɔ/ との比較を示す。図 5-5 と図 5-6 は、F1 を縦軸に、F2 と F1 の差 (F2–F1) を横軸に取り、それぞれの母音のフォルマント値をプロットした図である。図 5-5 は短母音 /o/ - /ɔ/、

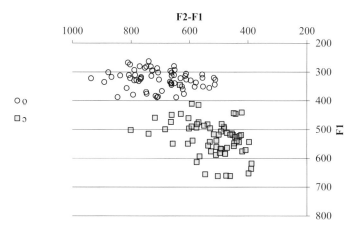

図 5-5：短母音 /o/, /ɔ/ のフォルマント分布図 (男性)

第Ⅱ部　母音体系

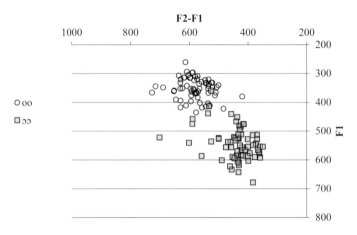

図5-6：長母音 /oo/, /ɔɔ/ のフォルマント分布図（男性）

図5-6は長母音 /oo/ - /ɔɔ/ について示したものである。データの総数はそれぞれの母音につき、2回発話 × 3つの発話速度 × 11名の計66となる。また、表5-7にF1、F2、F2–F1の平均値と標準偏差、t検定の結果を示す。

表5-7：/o/, /ɔ/ のフォルマントの平均値（男性）

フォルマント	o	ɔ	t test
F1	325.5 (32.1)	528.2 (64.5)	$p<.01$
F2	1028.8 (98.6)	1048.6 (88.1)	$p=.23$
F2–F1	703.3 (98.4)	520.4 (90.3)	$p<.01$
フォルマント	oo	ɔɔ	t test
F1	351.7 (36.3)	543.2 (57.5)	$p<.01$
F2	931.4 (60.0)	985.2 (71.5)	$p<.01$
F2–F1	579.7 (53.2)	442.0 (65.9)	$p<.01$

図5-5、図5-6では、図の左側に行くほどF2–F1の値が大きい、つまり舌の位置が前寄りになり、図の下に行くほどF1の値が大きい、つまり

第 5 章　後舌母音の音価

舌の位置が低くなることを示している。このことをふまえれば、図 5-5、図 5-6 から、/o/, /oo/ は /ɔ/, /ɔɔ/ に比べ舌の位置が高く、やや舌が前寄りであることが見て取れる。統計的には表 5-7 に示した通り、短母音 /o/ と /ɔ/ の間では F1 および F2–F1 の値、長母音 /oo/ と /ɔɔ/ の間では F1、F2、F2–F1 の値の全てにおいて 1% 水準で有意差がある。/o/ と /ɔ/ では開口度が異なるので F1 の値に有意な差が出るのは当然である。一方 F2 に関しては、短母音では統計的な有意差がなく、長母音では /o/ の方が低い値を示している。Svantesson et al.（2005）はこの事実をもって /o/ を後舌母音とみなしていると思われる。しかし、F2–F1 の値を見てみると、短母音においても長母音においても /o/ の値が /ɔ/ よりも有意に高い。舌の前後の位置をより正確に反映するのは F2 ではなく F2–F1 の値であるという Ladefoged（1975）の指摘を考慮すると、/o/ は /ɔ/ に比べて舌の位置が前寄りにあると言える。

次に、/o/ と舌の高さが近いと思われる /ʊ/ を取り上げ、両者のフォルマント構造を比較する。図 5-7 は短母音 /o/ - /ʊ/、図 5-8 は長母音 /oo/ - /ʊʊ/ の F1 と F2–F1 の値をプロットしたもの、表 5-8 は F1、F2、F2–F1 の平均値と標準偏差、t 検定の結果を示したものである。

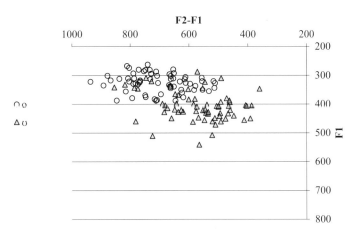

図 5-7：短母音 /o/, /ʊ/ のフォルマント分布図（男性）

第Ⅱ部　母音体系

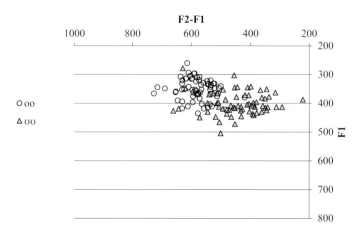

図 5-8：長母音 /oo/, /ʊʊ/ のフォルマント分布図（男性）

表 5-8：/o/, /ʊ/ のフォルマントの平均値（男性）

フォルマント	o	ʊ	t test
F1	325.5 (32.1)	407.2 (50.1)	$p<.01$
F2	1028.8 (98.6)	975.9 (108.6)	$p<.01$
F2–F1	703.3 (98.4)	568.7 (110.5)	$p<.01$
フォルマント	oo	ʊʊ	t test
F1	351.7 (36.3)	401.1 (39.1)	$p<.01$
F2	931.4 (60.0)	841.5 (94.5)	$p<.01$
F2–F1	579.7 (53.2)	440.4 (86.0)	$p<.01$

　図 5-7、図 5-8 から、/o/, /oo/ は /ʊ/, /ʊʊ/ に比べ舌の位置がやや高く、舌の位置が前寄りであることが見て取れる。統計的には表 5-8 に示した通り、短母音と長母音のいずれにおいても、F1、F2、F2–F1 の値の全てにおいて 1% 水準で有意差がある。このことは、/o/, /oo/ と /ʊ/, /ʊʊ/ では舌の高さにおいても舌の前後の位置においても違いがあり、舌の前後の位置に関して言えば /o/, /oo/ は /ʊ/, /ʊʊ/ よりも前寄りにあることを意味する。

第 5 章　後舌母音の音価

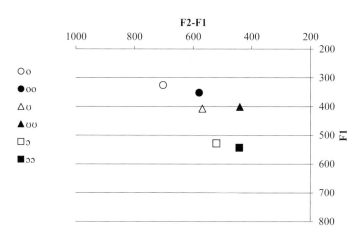

図 5-9：/o/, /ɔ/, /ʊ/ のフォルマントの平均値 (男性)

　ここまでの結果をまとめるため、/o/, /oo/, /ɔ/, /ɔɔ/, /ʊ/, /ʊʊ/ のフォルマントの平均値をプロットした図を図 5-9 に示す。

　図 5-9 から、/o/, /oo/ は他の母音に比べて F2–F1 の値が高い、つまり舌がより前寄りにあることが見て取れる。特に短母音 /o/ はかなり前寄りで発音されており、[ɵ] と書き表すのが妥当である。一方、長母音 /oo/ は短母音に比べると後舌性を保っており、一見すると確かに Svantesson et al. (2005) の指摘の通り [oː] と書き表すのが妥当であるようにも思われる。しかし、同じく長母音の /ʊʊ/ と比較すれば、より前寄りで調音されていることが明らかである。また、対応する短母音と長母音の位置関係を見ると、/o/ と /oo/ の差は /ʊ/ と /ʊʊ/ の差とほぼ同じである。対応する長短の母音を比較すると、多くの言語で短母音よりも長母音の方が母音空間の周辺に位置する (後舌母音の場合はより後舌性が強くなる) ことが知られている (Maddieson 1984、Hirata and Tsukada 2009 など)。/ʊ/ - /ʊʊ/ および /ɔ/ - /ɔɔ/ のペアでも、長母音の方が F2 が低く、より後舌性が強いという結果が出ており、/o/ - /oo/ のペアもこの傾向に従っているに過ぎないと考えられる。

　また、長母音 /oo/, /ʊʊ/ のみを対象に、全データのうち平均値との乖離

第Ⅱ部　母音体系

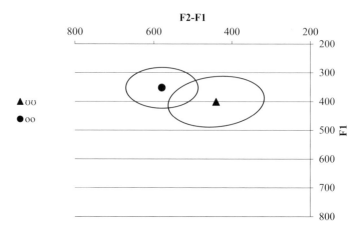

図 5-10：/ʊʊ/ と /oo/ の分布の範囲（男性のデータ）

が小さいものから 8 割（66 トークンのうち 53 トークン）を選び出し、それらが現れる範囲を図示すると、図 5-10 のようになる。

図 5-10 を見ると、/oo/ と /ʊʊ/ は主に後舌性の違いによって区別され、/oo/ の方が /ʊʊ/ よりも舌の位置が前方にあることがわかる。

以上のことから、/oo/ は必ずしも［oː］として現れるとは言い切れず、むしろやや中舌寄りの［ɵː］として現れる方が典型的であると言える。

② /o/ の音声的特徴─女性のデータ

続いて女性のインフォーマント（3 名）から得たデータをもとに、/o/ のフォルマント構造を他の母音と比較する。まずは母音調和でペアをなす /ɔ/ との比較を示し、次いで舌の高さが近いと思われる /ʊ/ との比較を示す。

図 5-11 は短母音 /o/ - /ɔ/、図 5-12 は長母音 /oo/ - /ɔɔ/ の F1 と F2–F1 の値をプロットしたものである。データの総数はそれぞれの母音につき、2 回発話 × 3 つの発話速度 × 3 名の計 18 となる。表 5-9 は F1、F2、F2–F1 の平均値と標準偏差、t 検定の結果を示したものである。

図 5-11 と図 5-12 を見ると、/o/, /oo/ と /ɔ/, /ɔɔ/ の舌の高さは当然異な

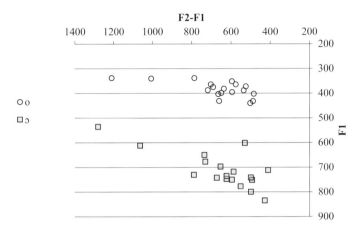

図 5-11：短母音 /o/, /ɔ/ のフォルマント分布図（女性）

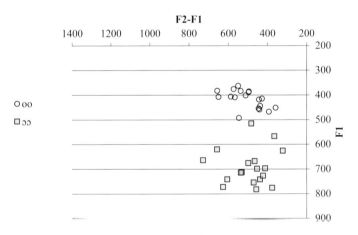

図 5-12：長母音 /oo/, /ɔɔ/ のフォルマント分布図（女性）

るものの、前後方向の舌の位置はほとんど違いがないことがわかる。表 5-9 からも、/o/, /oo/ と /ɔ/, /ɔɔ/ の間で F1（および F2）には 1% 水準で統計的な有意差があるが、F2–F1 の値には有意差がないことが読み取れる。

　長母音 /oo/ と /ɔɔ/ の後舌性に違いがなく、ともに後舌母音として実現

表5-9：/o/, /ɔ/ のフォルマントの平均値（女性）

フォルマント	o	ɔ	t test
F1	383.7 (31.5)	711.8 (73.8)	$p<.01$
F2	1051.9 (166.3)	1365.8 (170.2)	$p<.01$
F2–F1	668.2 (184.6)	654.0 (218.5)	$p=.83$
フォルマント	oo	ɔɔ	t test
F1	417.0 (36.4)	691.8 (73.0)	$p<.01$
F2	923.1 (71.1)	1183.2 (133.5)	$p<.01$
F2–F1	506.1 (83.8)	491.5 (106.8)	$p=.64$

するという結果は、言い換えれば /oo/ は ［oː］と書き表されることを意味し、Svantesson et al.（2005）の指摘と一致する。しかし、短母音については、Svantesson et al.（2005）では /o/ は［ɵ］として現れると指摘されているのに対し、本調査では /o/ と /ɔ/ の後舌性に差がなく、ともに後舌母音であるという結果が得られた。

次に、短母音 /o/ - /ʊ/、長母音 /oo/ - /ʊʊ/ の F1 と F2–F1 の値をプロッ

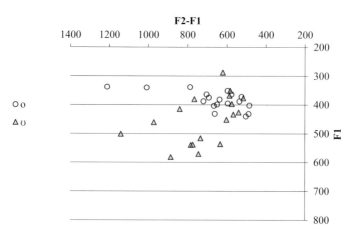

図5-13：短母音 /o/, /ʊ/ のフォルマント分布図（女性）

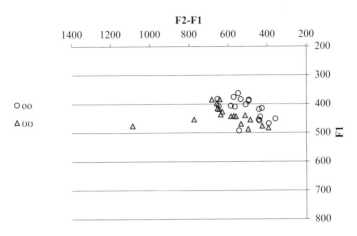

図 5-14：長母音 /oo/, /ʊʊ/ のフォルマント分布図（女性）

表 5-10：/o/, /ʊ/ のフォルマントの平均値（女性）

フォルマント	o	ʊ	t test
F1	383.7 (31.5)	451.7 (84.0)	$p < .01$
F2	1051.9 (166.3)	1165.5 (220.3)	$p = .09$
F2–F1	668.2 (184.6)	713.7 (167.3)	$p = .44$
フォルマント	oo	ʊʊ	t test
F1	417.0 (36.4)	440.3 (32.0)	$p < .05$
F2	923.1 (71.1)	1051.7 (149.4)	$p < .01$
F2–F1	506.1 (83.8)	611.3 (152.5)	$p < .05$

トしたものをそれぞれ図 5-13、図 5-14 に示す。表 5-10 は F1、F2、F2–F1 の平均値と標準偏差、t 検定の結果を示したものである。

　舌の高さに関しては、/o/, /oo/ は /ʊ/, /ʊʊ/ 比べて舌の位置が高いという結果となり、これは男性のデータと同様である。一方、前後方向の位置に関しては、短母音と長母音でやや状況が異なる。短母音 /o/ と /ʊ/ では、F2–F1 の値に統計的な有意差はないため、同程度の後舌性を持っていると

第Ⅱ部　母音体系

解釈できる。対して長母音 /oo/ と /ʊʊ/ では、前者の F2–F1 の値が 5% 水準で有意に低いことから、/oo/ の方がより後舌性が強いと言える。前節で示した男性のデータからは、/o/, /oo/ は /ʊ/, /ʊʊ/ に比べて舌が前寄りにあるという結果が出たが、ここではその逆になっている。

女性のデータについても、/o/, /oo/, /ɔ/, /ɔɔ/, /ʊ/, /ʊʊ/ の各フォルマントの平均値をプロットした図を図 5-15 に示す。

図 5-15 から、女性のデータでは男性と異なり、/o/, /oo/ の F2–F1 の値が低く、かなり後舌寄りであることが見て取れる。特に長母音 /oo/ はかなり後舌寄りで発音されており、[oː] と書き表すのが妥当である。一方の短母音 /o/ は、長母音よりも前寄りではあるものの、他の短母音とほぼ同じ後舌性を持っており、他の母音に比べて中舌寄りであるという事実は確認できない。

また図 5-15 から、/o/ (/oo/) と /ʊ/ (/ʊʊ/) の位置が非常に近いことが見て取れる。それぞれの母音について、平均値からの乖離が少ない 8 割（18 トークンのうち 14 トークン）のデータが含まれる範囲を図示すると、図 5-16 のようになる。

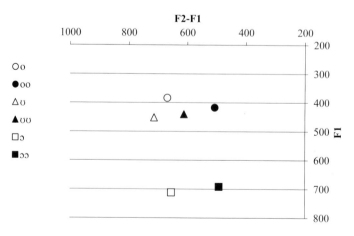

図 5-15：/o/, /ɔ/, /ʊ/ のフォルマントの平均値（女性）

第 5 章　後舌母音の音価

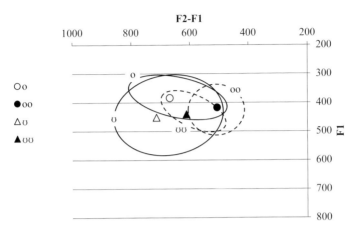

図 5-16：各母音の分布の範囲（女性のデータ）

　図 5-16 から、特に短母音の /o/ と /ʊ/ が現れる範囲がほぼ重なっていることがわかる。5.1.2 節で述べたように、Janhunen（2012）は /o/ と /ʊ/ がともに [o] として発音されることがあると指摘しており、/o/ と /ʊ/ が合流している可能性があるが、ここで示したデータはその可能性を支持するものである。しかし、両者が音響的に区別できないのか、それともフォルマント構造以外の要因によって区別されているのかは定かでない[*5]。この点を明らかにするためには、知覚的な観点からの実験が必要である。今後の研究が俟たれる。

③ /u/, /ʊ/ の音声的特徴—男性のデータ

　次に、/u/ と /ʊ/ のフォルマント構造について考察する。ここでも男女別に、まずは男性のデータについて、母音調和でペアをなす /u/ と /ʊ/ のフォルマントの分布図を示す。図 5-17 は短母音 /u/ - /ʊ/、図 5-18 は長母

[*5]　本研究において、/o/ と /ʊ/ の取り得るフォルマントの値がほぼ同じになったのは、女性のデータのみである。女性のデータは絶対数が少ないことから、データの不備という可能性も考えられる。

第Ⅱ部　母音体系

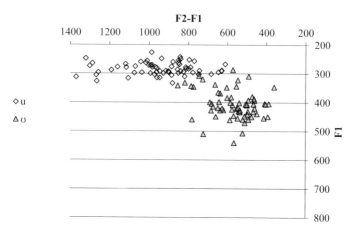

図 5-17：短母音 /u/, /ʊ/ のフォルマント分布図（男性）

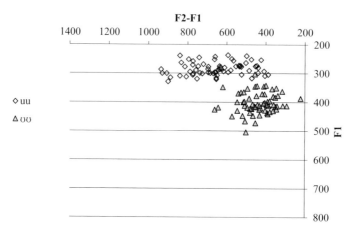

図 5-18：長母音 /uu/, /ʊʊ/ のフォルマント分布図（男性）

音 /uu/ - /ʊʊ/ の F1 と F2–F1 の値をプロットしたもの、表 5-11 は F1、F2、F2–F1 の平均値と標準偏差、t 検定の結果を示したものである。

　/u/, /uu/ は狭母音であることから、F1 が低いのは当然である。F2–F1 の値に注目すると、/u/, /uu/ は特に短母音でかなりばらつきがあるが、全体

表5-11：/u/, /ʊ/ のフォルマントの平均値（男性）

フォルマント	u	ʊ	t test
F1	283.2 (21.4)	407.2 (50.1)	$p<.01$
F2	1224.0 (178.6)	975.9 (108.6)	$p<.01$
F2–F1	940.8 (176.6)	568.7 (110.5)	$p<.01$
フォルマント	uu	ʊʊ	t test
F1	284.0 (22.6)	401.1 (39.1)	$p<.01$
F2	934.6 (148.2)	841.5 (94.5)	$p<.01$
F2–F1	650.6 (142.8)	440.4 (86.0)	$p<.01$

的に /ʊ/, /ʊʊ/ よりも値が大きい、つまり舌の位置が前寄りであることがわかる。この点で、5.1.2 節で挙げた先行研究の中では、u を中舌母音とした Tsoloo（1976）の結果に近い。また、表 5-11 からわかるように、本研究では F2 においても /u/, /uu/ の方が /ʊ/, /ʊʊ/ よりも有意に高い値を示している。5.1.2 節で述べたように、F1 と F2 の関係から母音の音声的特徴を記述した城生（2005）ならびに Svantesson et al.（2005）においては、u と ʊ の F2 の値はそれほど変わらないと報告されているが、本研究の結果は異なる。

　データのばらつきが大きいことから、「u は中舌母音である」という結論を導くことは控えるべきであるが、少なくとも音声的には u に中舌寄りのバリエーションがあり、u は従来言われているほどには後舌性が強くないのではないかと推察される。

④ **/u/, /ʊ/ の音声的特徴―女性のデータ**
　続いて女性のデータについて、/u/ と /ʊ/ のフォルマントの分布図を示す。図 5-19 は短母音 /u/ - /ʊ/、図 5-20 は長母音 /uu/ - /ʊʊ/ の F1 と F2–F1 の値をプロットしたもの、表 5-12 は F1、F2、F2–F1 の平均値と標準偏差、t 検定の結果を示したものである。

第Ⅱ部　母音体系

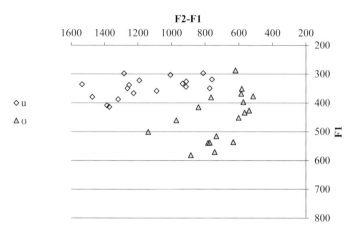

図 5-19：短母音 /u/, /ʊ/ のフォルマント分布図（女性）

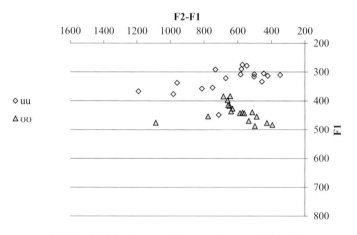

図 5-20：長母音 /uu/, /ʊʊ/ のフォルマント分布図（女性）

　F2–F1 の値に注目すると、短母音 /u/ では /ʊ/ よりも値が大きい、つまり舌の位置が前寄りであることがわかる。フォルマントの絶対的な数値が調音音声学的な舌の位置をそのまま表すわけわけではないが、一般的にF2–F1 の値が 1,000 を超えるともはや後舌とは呼べず、中舌あるいは前舌

表5-12：/u/, /ʊ/ のフォルマントの平均値 (女性)

フォルマント	u	ʊ	t test
F1	345.9 (34.7)	451.7 (84.0)	$p<.01$
F2	1484.8 (266.1)	1165.5 (220.3)	$p<.01$
F2–F1	1138.8 (246.0)	713.7 (167.3)	$p<.01$
フォルマント	uu	ʊʊ	t test
F1	327.4 (42.2)	440.3 (32.0)	$p<.01$
F2	981.0 (246.5)	1051.7 (149.4)	$p=.31$
F2–F1	653.7 (222.0)	611.3 (152.5)	$p=.51$

とも言える位置となる。その意味では、u を中舌母音とした Tsoloo (1976) の結果に近い。しかし、ここでもデータのばらつきが大きいことを考慮に入れれば、「u は中舌母音である」とは言い切れず、「u は必ずしも後舌性が強くない」という結論となろう。

一方、長母音 /uu/ では /ʊʊ/ とほぼ同じ値を取り、統計的な有意差はないことから、両者は同程度の後舌性を持つことがわかる。

5.3 音韻的解釈

前節では、男性と女性のデータをそれぞれ分析してきた。本節ではそれぞれの結果をまとめ、両者を比較したうえで、主に /u/ と /o/ の音韻的解釈について考察する。

以下に、各母音のフォルマントの平均値をプロットした図を示す。図 5-21 は男性、図 5-22 は女性のデータである。

図 5-21 と図 5-22 を踏まえ、これまでに述べてきた /u/, /uu/ および /o/, /oo/ の音声的特徴をまとめると、それぞれ (5) (6) のようになる。

第Ⅱ部　母音体系

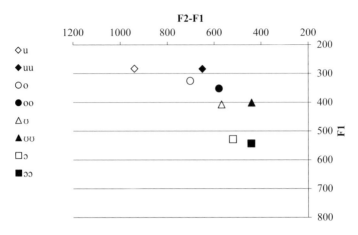

図 5-21：/u/, /ʊ/, /o/, /ɔ/ のフォルマントの平均値（男性）

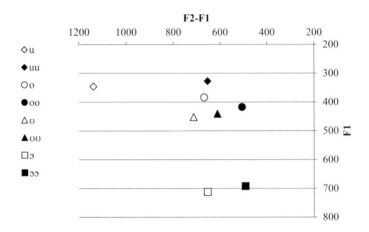

図 5-22：/u/, /ʊ/, /o/, /ɔ/ のフォルマントの平均値（女性）

(5) a. /u/ はかなり前寄りで発音されることがあり、必ずしも後舌母音であるとは言い切れない。
　　 b. /uu/ は、男性のデータでは /ʊʊ/ に比べて前寄りであるが、女性のデータでは /ʊʊ/ と同程度の後舌性を持つ。

(6) 男性のデータでは /o/ と /oo/ はともにやや前寄りに位置するのに対し、女性のデータでは /o/ と /oo/ はともに後舌性を持つ。

(5) からは、/u/, /uu/ が中舌母音なのか、後舌母音なのかという問題が生じ得る。しかし、これらの母音が狭母音であることは明らかであり、同じ舌の高さで対立をなす母音は前舌母音 i 以外には存在しないため、/u/, /uu/ が中舌か後舌かということは大きな問題とはならない。また、狭母音では舌の取り得る範囲が広いため、ある程度のバリエーションがあることも不自然ではない。以上のことから、この母音は後舌狭母音 /u/, /uu/ であると解釈して差し支えない。

一方（6）からは、/o/, /oo/ が中舌母音なのか後舌母音なのかという問題が生じる。/o/, /oo/ は後舌母音 /ʊ/, /ʊʊ/ と近接するため、舌の前後方向の位置は大きな問題となり得る。また、男性と女性で母音の音韻的な位置づけが異なることは考えにくいため、男女のデータの差をどのように解釈するかが問題となる。

本調査のインフォーマントは男性が 11 名、女性が 3 名であり、男性のデータの方が多い。さらに、男性のデータの方がばらつきが少なく[*6]、より信頼できる数値が現れていると考えられる。以上のことから、男性のデータから得られた結論、すなわち「/o/, /oo/ は中舌母音である」という結論の方が、より実態に近いと思われる。

この点を考慮に入れれば、この母音を o と表記することは誤解を招く恐れがある。この母音は /ʊ/ よりも前舌寄りで発音され、舌の高さ（F1 の値）だけでなく舌の前後方向（F2–F1 の値）でも両者が区別されていること、しかも /ʊ/ は後舌母音であり［o］と表されるような音声であることがその理由である。Svantesson et al. (2005) の解釈による混同の状況をまとめると表 5-13 のようになり、下線部にミスマッチが生じる。

したがって本書では、Svantesson et al. (2005) が /o/, /oo/ と解釈した母

[*6] この要因として、男性の方が基本周波数が低く、フォルマント値の算出の際の誤差が少ないことが考えられる。

表 5-13：音声と音韻表記のミスマッチ

実際の音声	Svantesson et al. (2005)
[ɵ ~ o]	/o/
[ʊ ~ **o**]	/ʊ/

音を /ɵ/, /ɵɵ/ と解釈することを提案する。o という表記を用いないことによりミスマッチがなくなり、誤解を避けることができる。

なお ʊ という表記に関しては、Janhunen (2012) が指摘したように、モンゴル語に本質的でない laxness を連想させる。また、国際音声記号（IPA）の定義によると [ʊ] は第 1 次基本母音 [u] よりも中舌寄りである。モンゴル語の /ʊ/ は /u/ よりも F2–F1 の値が低く、[o] のように発音されることを考えると、ʊ という表記が必ずしも適切ではないことは確かである。しかし、上述したミスマッチの問題を考えれば、/o/ という表記を使うことは避けるべきである。また、前方舌根性（ATR）による後舌狭母音の対立（特に母音調和による対立）を表す際、[+ATR] の母音を u、[–ATR] の母音を ʊ と書き表すことが一般的に行われている（Nevins 2010 など）ため、IPA との齟齬はさほど大きな問題とはならない。したがって、本書でもこの母音を /ʊ/ と解釈する。

以上をまとめると、Svantesson et al. (2005) において /u, ʊ, o, ɔ/ とされていた各母音は、それぞれ /u, ʊ, ɵ, ɔ/ と解釈されることになる。

5.4　第 5 章のまとめ

本章では /u/, /ʊ/, /o/, /u/ の音価について検討した。とりわけ /o/ の音声的特徴に注目したところ、/o/ は音声的には中舌性を持っていることがフォルマント分析から明らかになった。そして、この音声的特徴および /ʊ/ との混同を避けるという観点から、この母音は音韻的には /ɵ/ と解釈するのが妥当であることを主張した。

本章の議論を踏まえた母音体系は、(7) のようになる[*7]。

(7) 母音体系（完全版）

	短母音		長母音		二重母音	
i		u	ii		uu	ui	
e	ɵ	ʊ	ee	ɵɵ	ʊʊ	ɵi
	a	ɔ		aa	ɔɔ	ai	ɔi

コラム 6 モンゴル語の「ウ」と「オ」

　モンゴル語には、日本語の「ウ」と「オ」に対応する母音が 4 つ (u, ʊ, ɵ, ɔ) ある。塩谷・プレブジャブ (2001: 6-7) にも「発音上注意すべき事柄」として挙げてあるように、この 4 つの母音の区別は日本語母語話者には難関で、混乱してしまうこともままある。

　冗談半分の話ではあるが、モンゴル在住の日本人の奥様方の間では、「ウフリーン・マハ」と「ヌフリーン・マハ」、「ホニニー・マハ」と「フニー・マハ」を言い間違える、ということが話題になった。ウフリーン・マハ (uxriin max) は「牛の肉」であるが、ヌフリーン・マハ (nøxriin max) は「夫の肉」(!) である。また、ホニニー・マハ (xɔninii max) は「羊の肉」だが、フニー・マハ (xunii max) は「人の肉」(!!) である。子音 n の有無の違いのほか、モンゴル語としては母音も異なるので間違うことはないのだろうが、日本語母語話者には u と ɵ、ɔ と u などは、結構混乱してしまうのである。

[*7] 本研究では母音 a のフォルマント構造について分析していないため、母音 a がどこに配置されるべきであるかについては改めて議論する必要があるが、本書では母音調和に基づいた音韻論的解釈によって (7) のように位置づけることとする。すなわち、e, ɵ, a, ɔ は母音調和においては全て広母音と解釈され、円唇性においてeとɵ、aとɔがそれぞれペアをなす。この関係を重視し、e-ɵ の位置関係と並行的に a-ɔ を位置づけている。なお、母音調和については次章で議論する。

第Ⅱ部　母音体系

　　一方、モンゴル語母語話者にとっては、5つしかない日本語の母音の区別は比較的簡単であろう。ただし、日本語のoは、モンゴル語ではɔとして取り入れられるため、かなり広い母音（「あ」に近い音）となる。以前、日本語ペラペラのモンゴル人と日本語で話をしている最中、筆者の発言に対して「そーですね」という返答があったのだが、その時の「そー」が [sɔː] と発音されているのを聞いて、「モンゴル語っぽい！」と妙に感動したのを覚えている。

　　また、第4章で見たように、ウランバートルのモンゴル語ではeがiに合流するという現象が起こっている。本書での結論は「iとeの合流は完全には起こっていない」というものだったが、もしiとeの合流がさらに進み、どんな音環境でもeが必ずiになるところまで達したとすれば、日本語のiとeを混同し「そーでぃすに」と返答するモンゴル人が現れるかもしれない。

　　学習者の言語に母語の影響が見られるという現象は「母語の転移」と呼ばれ、言語教育や第二言語習得の観点から注目されているが、音韻論研究に対しても有用なデータを与えてくれそうである。

第III部

母音調和

車窓からの眺め

第6章

接尾辞の母音調和

　本章および次章では、モンゴル語の母音調和について検討する。本章では特に接尾辞の母音調和に注目し、母音調和に関わる理論的な問題について検討する。

　母音調和の定義は研究者により様々であるが、子音をまたいで起こる母音間の同化の一種である点（Rose and Walker 2011: 251）、主として語をドメインとした母音の共起制限である点（Vago (ed.) 1980: XI、亀井ほか編著 1996: 1263）、母音体系内の各母音が2つのセットに分かれる点（Nevins 2010: 1）などが、母音調和に共通する特徴であると思われる。

　モンゴル語は典型的な母音調和の体系を持っており、これまでに数多くの研究がなされてきたが、モンゴル語の母音調和の特徴の記述やその理論的分析にはいまだ不十分な点も残されている。特に理論的な問題点として、具体的には以下のようなものが挙げられる。

(1) a. 語幹内の調和と接尾辞の調和は同じ原理に従っているか。
　　 b. 母音調和における2つのクラスは同じステータスを持つのか。

　本章では(1)のような問題点について、主に借用語に対する母音調和の振る舞いをデータとして、音韻論的に分析する。

　6.1節ではモンゴル語の母音調和について概観し、モンゴル語の母音調和には咽頭性の調和と円唇性の調和の2種類があること、両者が自律分節理論の枠組みでは素性［pharyngeal］、［round］のスプレッドであると分析されることを確認する。6.2節では、借用語に対する接尾辞の母音調和に

ついて取り上げ、接尾辞の調和において e が透明（transparent）な母音として働くこと、およびアクセントは接尾辞の調和に影響を及ぼさないことを述べる。続く 6.3 節では、接尾辞の調和において e が透明な母音として働くという事実から浮かび上がる理論的な問題について考察し、e の透明性は語幹内の調和と接尾辞の調和を同じものとみなす分析では説明できず、両者を区別する必要があることを示す。6.4 節では e がなぜ透明な母音として働くかを考察し、女性母音が全て母音調和に関して透明な母音であるという仮説を立てる。それを受けて、6.5 節ではロシア語からの借用語に見られる母音 u の振る舞いを観察し、女性母音 u も母音調和に関して透明な母音である可能性が高いことを述べる。さらに 6.6 節では、モンゴル語の母音調和においては男性母音と女性母音、咽頭性の調和と円唇性の調和に非対称性が見られることを指摘する。6.7 節はまとめである。

　母音調和の理論的な分析としては、Svantesson et al. (2005: 53) が述べているように、自律分節理論（autosegmental theory）による分析が標準的なものだと考えられる。しかし一方で、自律分節理論による母音調和の分析の限界や非妥当性も議論されており（Anderson 1980、Nevins 2010 など）、近年では contrastive hierarchy theory（Dresher 2009, Ko 2011, Godfrey 2012）や Search-and-Copy procedure（Nevins 2010）などの理論による母音調和の分析も盛んに行われている。本書では基本的に Svantesson et al. (2005) による自律分節理論を用いた分析をベースに据え、筆者が得た新たなデータが自律分節理論によって分析可能かどうかを検討し、母音調和の分析における自律音節理論の有用性と限界を明らかにする。他の理論の妥当性の検討は適宜行うが、自律分節理論に代わる新たな理論の構築は、本書の目的とする範囲を超えているため行わない。

6.1 母音調和の実態

6.1.1 舌の調和

　伝統的に、モンゴル語の母音は母音調和の観点から「男性母音」「女性

母音」「中性母音」の3つのクラスに分類される。各クラスに所属する母音を、第5章で提示した母音表記を用いて示すと、表6-1のようになる。

表6-1：母音調和のクラス分け

男性母音	女性母音	中性母音
ʊ	u	i
ɔ	ɵ	
a	e	

これらの母音の間には「舌の調和」と呼ばれる共起制限がある。

(2) a. 男性母音と女性母音は、同一語内において共起しない。
　　b. 中性母音は、男性母音と女性母音の両方と共起しうる。ただし、第1音節に中性母音が現れる場合には、後続する母音は女性母音または中性母音に限られる。
　　（いずれも、借用語や複合語を除く。）

(2)のような「舌の調和」が、音声学的、音韻論的にはどのような特徴（素性）によるものであるかという点について、これまでにいくつかの提案がなされてきた。古くは服部（1975）やHattori（1980; 1982）が、男性母音は対応する女性母音よりも開口度が大きいという事実から、この調和を「広・狭の調和」（open-close harmony）とみなしている。Goldsmith（1985）は舌の調和を"Front Harmony"と捉え、素性［+front］のスプレッドであると解釈しているが、音声的な事実については何も述べていない。

一方、van der Hulst and Smith（1987）は［ATR］（advanced tongue root）を調和素性とみなしている。Ko（2011）は［RTR］（retracted tongue root）を調和素性とみなすほか、Svantesson（1985）およびSvantesson et al.（2005）は、咽頭に狭めがあることを示す素性［pharyngeal］を採用したうえで、この素性が［RTR］にほぼ相当することを述べている。このように、調和素性に関して細かい解釈の違いはあるものの、近年ではモンゴル語の舌の調和を「舌根性の調和」と見る解釈が優勢である。他方、城生（2005）は音響

音声学的な調査から「舌根性の調和」に関して否定的な見解を示し、「放射方向調和」を提唱している。

このように、モンゴル語の舌の調和に対して様々な解釈がなされているものの、上記の中で最も詳細に音韻論的な分析を行っているのはSvantessonによる一連の研究であり、モンゴル語の舌の調和を「咽頭性（舌根性）」の調和であるとする分析には妥当性がある。母音の素性としては［pharyngeal］よりも［RTR］の方が一般的であると思われるが、モンゴル語の母音調和は一部子音の調和とも関連しており、母音と子音を共通の素性で捉えることが望ましい[*1]。したがって、以下ではSvantesson et al. (2005) に基づき、モンゴル語の舌の調和を「咽頭性の調和」とみなして論を進める。

また、Svantesson et al. (2005: 53) は「母音調和の標準的な分析は、関係する素性の自律分節的スプレッド（autosegmental spreading）である」と述べている。次節ではSvantesson et al. (2005) に基づき、自律分節理論によるモンゴル語の咽頭性の調和の分析を概観する。

6.1.2　自律音節理論による咽頭性の調和の分析

Svantesson et al. (2005: 44) は、モンゴル語の母音素性はある素性が＋もしくは－の値を取るという二項的対立ではなく、ある素性を持つか持たないかという欠如的対立（privative）であると捉え、その理由として、素性の有無が調音に関する筋肉運動の有無と連動している点を挙げている。二項的対立と欠如的対立のどちらが音韻論的に妥当かという問題はvan der Hulst and Weijer (1995: 503-505) や高橋 (2005: 139-140) などで述べられており、議論が必要であるが、モンゴル語の母音調和に関する分析においては、上記の筋肉運動の有無との連動に説得力がある点、二項的対立によ

[*1] 一般音声学および音韻論的な立場からも、母音と子音の調音が連続的である点、母音と子音に相互作用がある点などを考慮すると、両者を共通の素性で表示することには意味があると思われる。この考えは要素理論（element theory, Backley 2011）などの形で議論されている。

る表示では説明できない現象がある点（6.3.2節）、および咽頭性の調和には素性の有標性と関わる非対称性があり（6.6.1節）、有標性の表示は欠如的対立の表示と親和性が高い点から、本書でも欠如的対立に基づく素性表示を採用する。

Svantesson et al. (2005) によると、モンゴル語の7つの母音は、素性 [F] (pharyngeal)、[R] (round)、[O] (open) の有無により同定される。

(3) Vowel classes
  non-pharyngeal vowels *pharyngeal vowels*
  i [ ]
  u [R]   ʊ [FR]
  e [O]   a [FO]
  ɵ [OR]   ɔ [FOR]
          （Svantesson et al. 2005: 46 (7)、表記は一部改変）

男性母音は [F] を持つ母音（pharyngeal の母音）、女性母音と中性母音は [F] を持たない母音（すなわち non-pharyngeal の母音）となる。

なお、e, ɵ は素性 [O] (open) を持つ。これらの母音は、音声的には広母音であるとは言えないが、母音調和において e は a と、ɵ は ɔ とそれぞれペアをなすこと、および non-pharyngeal の母音の中では i, u に比べると広い母音であることから、音韻論的には素性 [O] を持つ母音であると考えることに問題はない。

咽頭性の調和は、初頭音節の母音からの素性 [F] のスプレッドとして捉えられる。第2音節以降の母音は、咽頭性 [F] に関して無指定である。初頭音節の母音が素性 [F] を持っていれば、素性 [F] が後続する母音にスプレッドし、結果として全ての母音が素性 [F] を持つことになる (4a)。一方、初頭音節の母音が素性 [F] を持っていない場合、スプレッドは起こらず、結果として全ての母音が non-pharyngeal の母音として実現する (4b)。

(4) a. agaːr《空気》　　b. emeːl《鞍》*2

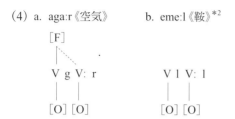

　母音 i は位置素性（place feature）を持たない。素性階層理論の考え方に基づくと、i は V-place node を持たないということになるため、i は母音調和のターゲットとならない（van der Hulst and van de Weijer 1995: 508）。その結果、素性［F］を受け取らない（5a）。これが、i が母音調和に関して透明（transparent）な母音（中性母音）であり、男性母音とも女性母音とも共存できる理由である。一方、初頭音節に i がある場合、i は素性［F］を持たないため素性［F］のスプレッドは起こらず、結果として後続母音は素性［F］を持たないことになり、non-pharyngeal の母音として実現する（5b）。(2b) において、i は中性母音であるものの、i が初頭音節に現れた場合には男性母音が後続しないという事実を述べたが、素性［F］のスプレッドはこの事実を理論的に説明している。

(5) a. aǰiltaŋ《労働者》　　b. nisleg《飛行》

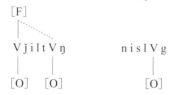

6.1.3　唇の調和

　モンゴル語には舌の調和に加え、「唇の調和（円唇性の調和）」と呼ばれ

---

*2　長母音は本来 VV で表すが、ここでは記述の煩雑さを避けるため Vː で代用させている。以下同様に表示する。

る調和現象があり、円唇広母音[*3] ɵ/ɔ の分布に制限がある。具体的には、第 2 音節以降において、円唇広母音 ɵ/ɔ は同一の母音が先行する場合にのみ現れる。

Svantesson et al. (2005) によると、円唇性の調和は広母音をターゲットにした円唇素性 [R] のスプレッドである。円唇性の調和を図式化すると、(6) のようになる。第 2 音節以降の広母音は、先行する母音から素性 [R] を受け取った場合にのみ円唇母音 ɵ/ɔ として現れ (6a)、[R] を受け取らなければ非円唇母音 e/a として現れる (6b)。なお、i は円唇性の調和に関しても透明 (transparent) な母音である (6c)。

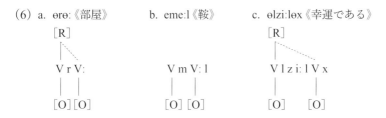

円唇性の調和に関しては、不透明性 (opacity) が観察される。円唇狭母音 u/ʊ は、それ自身は素性 [R] を持つにもかかわらず、[R] のスプレッドを引き起こさない (7a)。また、円唇狭母音 u/ʊ に先行する母音が素性 [R] を持っており、かつ後続する母音が広母音 (つまり円唇性の調和のターゲットになる母音) であったとしても、素性 [R] のスプレッドをブロックする (7b)。言い換えれば、u/ʊ は円唇性の調和に関して不透明 (opaque) な母音である。この不透明性により、狭母音 u/ʊ に後続する広母音は必ず非円唇母音 e/a となる。

---

*3 前節で述べたように、ɵ (および e) は音声的には広母音ではないが、母音調和においては素性 [O] を持つ母音であると解釈される。ここでは、これらの母音も「広母音」と呼ぶ。

第Ⅲ部　母音調和

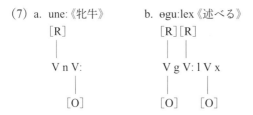

(7b) において、初頭音節の素性 [R] が第 3 音節の母音にスプレッドしないのは、連結線が交差してはいけないという自律分節理論の一般的な原理に従うためである (Goldsmith 1976)。しかし、(7a) の初頭音節、(7b) の第 2 音節に位置する狭母音から素性 [R] がスプレッドしない点については、Svantesson et al. (2005: 54) においても「アドホックな規則を設けない限り説明できない」と述べられている。狭母音 u/ʊ が円唇性の調和に参加しないのは、これらの母音と円唇性のみにおいて対立する母音がないためであると考えられ、Ko (2011) や Godfrey (2012) などでは対立階層 (contrastive hierarchy) の概念を用いた分析によって説明がなされている。しかし、自律分節理論では「ある素性のみにおいて対立する母音のペアが体系の中に存在するか否か」は表現できない。なお、円唇性の調和に関する理論的な分析については、6.6.2 節でも再考する。

咽頭性の調和と円唇性の調和により、語内において許される母音配列は表 6-2 のようになる。

表 6-2：許容される母音配列

初頭音節	後続音節	さらに後続する音節
i, u, e	i, u, e	
ɵ	i, ɵ	
	u	i, u, e
ʊ, a	i, ʊ, a	
ɔ	i, ɔ	
	ʊ	i, ʊ, a

コラム7　母音の数と母音調和

　日本語の基本母音は、「アイウエオ（a, i, u, e, o）」の5つである。筆者の氏名には、この5母音が全て含まれている（u̱e̱ta̱ na̱o̱ki）。筆者の経験では、氏名に5母音全てが含まれている人の割合は、だいたいクラスに1～2人ぐらい。非常に珍しいとは言えないが、かといってそれほど多いわけでもない。

　モンゴル語の母音は7つであるが、母音調和の現象があるので、1つの語の中に全ての母音が含まれることはまずない。さらに、モンゴル語では母音連続（hiatus）は基本的に許されない。片や筆者の氏名には2か所も母音連続が含まれている（ue と ao）。その観点から見ると、筆者の氏名はモンゴル語的には「むちゃくちゃ」である。このような名前を持つ者がモンゴル語の母音の研究をしてよいものかと悩むところではあるが、自分の名前が言えない言語に興味を持つのは必然だったのかもしれない。

6.1.4　母音調和の領域

　母音調和は、複合語には適用されない。また借用語も、古い時代に借用されて実質的に本来語化したものを除き、基本的には母音調和に従わない。もっとも、Svantesson et al.（2005: 32-33）や Önörjargal（2013）が述べているように、近年借用された語の中にも母音調和に従う形に音韻構造が変化した語は存在する[*4]。しかし、次々と新しい語が借用されていく現代にあっては、母音調和に従って音韻構造が改変される例はむしろ少数派である。彼らは借用語が必ず音韻構造の変化を伴うとも取れるような書き方をしているが、事実はそうではない。

[*4] このような借用語内の母音調和については第7章で議論する。

第Ⅲ部　母音調和

　モンゴル語は膠着型の言語であり、語幹に接尾辞が次々と後続するタイプの言語である。母音調和は接尾辞にも適用され、ほとんどの接尾辞は母音調和による交替形を持つ。通常、広母音を持つ接尾辞では咽頭性と円唇性の調和に従って4つ、円唇狭母音のみを持つ接尾辞では咽頭性の調和に従って2つの交替形を、それぞれ有する。i はどちらの調和に関しても透明な母音であるため、i を持つ接尾辞に交替形はない。代表的な例として、奪格接尾辞 -aas[4]、複数接尾辞 -ʊʊd[2]、対格接尾辞 -iig の例を挙げる。

(8)　　　　　　-aas[4]　　　-ʊʊd[2]　　　-iig
　gar《手》　　gar-aas　　gar-ʊʊd　　gar-iig
　nɔm《本》　　nɔm-ɔɔs　　nɔm-ʊʊd　　nɔm-iig
　ger《家》　　ger-ees　　ger-uud　　ger-iig
　xөl《足》　　xөl-өөs　　buu-lex　　xөl-iig

結果として、接尾辞まで含めて表6-2に示した母音配列の制限が守られることになる。

6.1.5　借用語に対する接尾辞の調和の問題

　前節で見たように、モンゴル語の母音調和は近年の借用語には適用されない。また、母音調和のドメインは接尾辞にまで及び、接尾辞は母音調和による交替形を持つ。この2つの事実から、「母音調和の原則に従わない借用語に接尾辞が付与される場合、どの交替形が選ばれるのか」という疑問が生じる。

　以下では、まず借用語に対する接尾辞の母音調和に関して、筆者が行った調査に基づく結果を述べる。次に、その結果から浮かび上がる理論的な問題について考察する。

6.2 接尾辞の母音調和[*5]

6.2.1 接尾辞の調和の原則

上述したように、接尾辞は母音調和による交替形を持ち、語幹の母音に調和する接尾辞が選ばれる。固有語では語幹内も母音調和の原則に従っているため、本来語に接尾辞が付与される際、接尾辞の母音が語幹内のどの母音と調和しているかは必ずしも自明ではない[*6]。一方、母音調和の原則に従わない借用語に接尾辞が付与される場合に接尾辞の母音が語幹のどの母音と調和するかは、植田（2012; 2013）で詳しく述べられている。植田（2013）によると、基本的には i, e を除いて最も語末に近い母音が接尾辞の調和を引き起こすと一般化できる。

(9) iimpǝrt-ɔɔs《輸入-ABL》
ankeet-aas《アンケート-ABL》

しかし、実際にはこの一般化から逸脱する例も見られる。植田（2013）は、上述の一般化と競合する複数の規則があることを指摘している。植田（2013: 65）に挙げられた複数の規則と、それらが適用されうる語の例をまとめると、以下のようになる。

(10) a. 定着度の高い語では、最終音節のアクセントのない母音が弱化した上で、それより前の母音が調和を引き起こす。
(Ru. pásport > [paːspǝrt-aːs]《パスポート-ABL》)
b. i, e がアクセントを持っている場合、調和を引き起こす。
(Ru. ofitsér > ɔfitseːr-eːs《将校-ABL》)
c. 語末付近に i, e が連続する場合、それらが調和を引き起こす。

[*5] 本節は、植田（2015b）を再分析し、加筆、修正を施したものである。
[*6] 理論的には、特定の母音と調和しているのではなく、語幹自体が持っている [pharyngeal] [round] 素性と調和しているという分析も可能である。素性が特定の母音に連結されているのか、語幹自体に語彙素性として付与されているのかという点については Binnick (1980) などが論じている。本書では、素性は特定の母音に連結されているという立場を取る。

第Ⅲ部　母音調和

　　　　（Eg. márketing > maːrketing-eːs《マーケティング-ABL》）
　　d. 定着度の低い語では、最終音節の i, e が調和を引き起こす。
　　　　（Jp. iwate > iwate-g-eːs《岩手-EPN-ABL》）
　　e. 上記 c, d と同じ条件下で、デフォルトの母音 a が選ばれることがある。
　　　　（Jp. hokkaidoː > xɔkkaidɔː-g-aːs《北海道-EPN-ABL》）
　　f. 聞こえ度の低い母音 u は無視される。
　　　　（Jp. oːtsu > ɔːtsu-g-ɔːs《大津-EPN-ABL》）

（10a）〜（10f）は条件が揃えば必ず適用される規則だというわけではなく、語や話者によって規則が適用されるか否かが異なるため、結果としてバリエーションが生じると指摘している。

　（10d）〜（10f）は主に日本語の地名から得られたデータであり、モンゴル語において一般的に用いられる語であるとは言い難いため、本書での考察から除外する。ここで（10a）（10b）に注目すると、アクセントが接尾辞の調和に関わっていると述べられている。アクセントを持つ母音が接尾辞の調和を決定する可能性がある点については、植田（2012; 2013）のほか橋本（1982）や Svantesson（1985）でも言及されているが、いずれも「可能性がある」ことを述べたにすぎず、アクセントが母音調和にどの程度関わっているかは明らかでない。同様に、植田（2012; 2013）では接尾辞の調和に影響を及ぼす可能性のある要因について列挙されているが、どの要因がどの程度の影響を及ぼしているかは明らかでない。さらに、植田（2012; 2013）では主に綴り字を用いた調査が行われたが、音声的な情報を用いた調査は行われなかった。以上を踏まえ、モンゴル語の接尾辞の母音調和がどのような原理に従っているか、特にアクセントの影響はどの程度見られるか明らかにすることを目的に、音声刺激を用いた調査を行った。

6.2.2　調査内容(調査 6-1)

　本調査では音声刺激を用いるため、まず調査語彙の録音が行われた。調査語彙は、ロシア語および英語からの借用語である。

第 6 章　接尾辞の母音調和

表 6-3：調査語彙①（調査 6-1）

語彙	予想される奪格接尾辞の形式	
	通常	アクセント
akadémi《学士院》	-aas	-ees
amérik《アメリカ》	-aas	-ees
argentín《アルゼンチン》	-aas	-ees
antén《アンテナ》	-aas	-ees
baxréin《バーレーン》	-aas	-ees
brazíl《ブラジル》	-aas	-ees
kafé《カフェ》	-aas	-ees
kapitalízm《資本主義》	-aas	-ees
manekén《マネキン》	-aas	-ees
stratég《戦略》	-aas	-ees
witamín《ビタミン》	-aas	-ees
dɔminík《ドミニカ》	-ɔɔs	-ees
kɔktéilʲ《カクテル》	-ɔɔs	-ees
kɔntsért《コンサート》	-ɔɔs	-ees
mɔtɔtsíkl《オートバイ》	-ɔɔs	-ees
ɔfitsér《将校》	-ɔɔs	-ees
xɔkkéi《ホッケー》	-ɔɔs	-ees

　調査語彙は、大きく 2 つのグループに分けられる。1 つ目（調査語彙①）は（10b）に対応するもので、最終音節の i, e, ei にアクセントを持ち[*7]、かつ先行する母音が a または ɔ の語である。これらの語では、アクセントを持つ母音が接尾辞の調和を引き起こすのであれば接尾辞の母音には e が選ばれ、引き起こさないのであれば接尾辞の母音には a または ɔ が選ばれることが予想される。つまり、アクセントが接尾辞の調和に影響を及ぼしているか否かを明確に判定できる語ということになる。具体的には、表 6-3

---

*7　最終音節より前にアクセントを持つ語であっても、後続する母音が i, e のみであれば、最終音節にアクセントを持つ語と同様の振る舞いが見られる。したがって、調査語彙にはこのような語も含まれているが、用語を簡潔にするため、この語も含めて「最終音節にアクセントを持つ語」と呼ぶことにする。

第Ⅲ部　母音調和

の 17 語である。各語に対して予想される奪格接尾辞 -aas[4] の形式についても示しており、表中の「通常」はアクセントが接尾辞の調和に無関係である場合に現れることが予想される接尾辞の形式を、「アクセント」はアクセントを持つ母音が接尾辞の調和を引き起こした場合に予想される接尾辞の形式を、それぞれ表している。

2 つ目の調査語彙グループ（調査語彙②）は（10a）にほぼ対応するもので、以下の条件を全て満たす語である。

(11) a. アクセントが最終音節より前にある。
    b. 最終音節の母音が a または ɔ である。
    c. アクセントを持つ母音と最終音節の母音が異なる。

以上の条件を満たす語もまた、接尾辞の母音がアクセントを持つ母音と調和しているか、最終音節の母音と調和しているかによって結果が異なるため、アクセントが接尾辞の調和に影響を及ぼしているか否かを明確に判定できる語ということになる。具体的には、表 6-4 の 9 語である。表中の「通常」と「アクセント」の意味するところは表 6-3 と同様である。

表 6-4：調査語彙②（調査 6-1）

語彙	予想される奪格接尾辞の形式	
	通常	アクセント
átɔm《原子》	-ɔɔs	-aas
pásport《パスポート》	-ɔɔs	-aas
rádiɔ《ラジオ》	-ɔɔs	-aas
dóllar《ドル》	-aas	-ɔɔs
béisbɔl《野球》	-ɔɔs	-ees
éksport《輸出》	-ɔɔs	-ees
ímpɔrt《輸入》	-ɔɔs	-ees
telewízɔr《テレビ》	-ɔɔs	-ees
wídeɔ《ビデオ》	-ɔɔs	-ees

調査語彙①②の計 26 語[*8] を、モンゴル語ハルハ方言話者（ウランバートル出身の 20 代女性）に読み上げてもらい、その音声を録音した。

ここで、借用語のアクセントの実現について述べておく。ロシア語からの借用語は、原語でアクセントを持つ母音が長母音として発音される（塩谷・プレブジャブ 2001、Önörjargal 2013 のほか、本書 3.2.3 節も参照）。長母音にはストレスが置かれ（Hangin 1968）、音声的には相対的に高いピッチで実現する。したがって、ロシア語でアクセントを持つ母音は、長く、高く発音される。読み上げを行った話者は、ロシア語のアクセント位置を忠実に保ち、アクセントを持つ母音を長母音かつ高いピッチで発音した。

一方、借用語では分節音や音節構造の改変などが行われ、原語と異なる発音となることがある。特に、3 音節以上の語でアクセントのない母音が脱落し、2 音節に改変されることが少なくない。

(12) Ru. awtomát > Mo. awtma:t《自動の》
　　 Ru. molokó > Mo. mɔlkɔ:《（コンデンス）ミルク》

本調査でも、読み上げを行った話者が音節構造を改変した形で発音した例があった。

(13) akadémi > [akdʒe:m]《学士院》
　　 witamín > [ʋitmi:ŋ]《ビタミン》

また (10a) にもあるように、定着度が高い（と考えられる）語ではアクセントのない母音が弱化する場合がある。こちらも調査語彙の中で母音が明らかに弱化した例があった。

(14) átɔm [a:tɔ̃m]《原子》
　　 pásport [pa:spɔ̃rt]《パスポート》
　　 dóllar [dɔ:ɬɔ̃r]《ドル》
　　 telewízɔr [teɬeʋi:zɔ̃r]《テレビ》

[*8] 実際には、接尾辞の調和に対する別の要因の影響も調査するため、調査語彙には他の語も多数含まれていたが、本論とは関係がないため割愛する。

dóllar《ドル》では母音の音価も変わっている。結果を先取りして述べれば、この発音の変化と接尾辞の調和との間に関係がある。詳しくは 6.2.3 節で検討する。

　以上のような音声刺激を用いて、接尾辞の選択実験が行われた。方法は、録音された借用語の音声刺激を 2 度インフォーマントに聞かせ、その語に奪格接尾辞を付与した形を即座に発音してもらう、という方法である。提示される刺激は音声刺激のみで、文字情報は全くない。

　インフォーマントは、モンゴル語ハルハ方言話者 22 名である。本調査は音声産出実験ではないため、インフォーマントの詳細な情報は割愛する。

6.2.3　調査結果（調査 6-1）

　調査語彙①と調査語彙②に対する結果を順に述べる。

①調査語彙①に対する結果

　調査語彙①の各語に対して、どの交替形がどのくらいの頻度で選ばれたかを表 6-5 に示す。数字はインフォーマントのうち何人がその接尾辞を選んだかを表す。「その他」は、発音が不明瞭であったり言い直したりしたために母音の音価が判断できない例、および「通常」「アクセント」のいずれからも予測できない形式が現れた例の合計である。順序は、アクセントを持つ母音と接尾辞の母音が調和した回数が多い語から順になるように並べ替えてある。

　表 6-5 から、確かにアクセントを持つ母音と接尾辞の母音が調和している例もあるものの、それが多数を占めるわけではないことがわかる。

　witamin《ビタミン》では、アクセントを持つ母音と接尾辞の母音を調和させる話者が多かったが、これは 6.2.2 節で見た発音の変化が関係していると思われる。(13) に示したように、この語は音節構造の改変を受けて [ʋitmiːŋ] と発音されることがあり、実際に本調査の音声刺激でもそのように発音されている。モンゴル語の本来語では、第 2 音節に短母音を持つ開音節が現れることは非常にまれであることから、この音節構造の変化は

第6章 接尾辞の母音調和

表6-5：調査語彙①に対する結果

調査語彙	通常		アクセント		その他
witamín《ビタミン》	-aas	12	-ees	9	1
kɔktéilʲ《カクテル》	-ɔɔs	16	-ees	6	0
stratég《戦略》	-aas	14	-ees	5	3
akadémi《学士院》	-aas	19	-ees	3	0
manekén《マネキン》	-aas	18	-ees	3	1
kɔntsért《コンサート》	-ɔɔs	19	-ees	3	0
antén《アンテナ》	-aas	19	-ees	2	1
kafé《カフェ》	-aas	19	-ees	2	1
dɔminík《ドミニカ》	-ɔɔs	17	-ees	2	3
baxréin《バーレーン》	-aas	20	-ees	1	1
kapitalízm《資本主義》	-aas	21	-ees	1	0
mɔtɔtsíkl《オートバイ》	-ɔɔs	20	-ees	1	1
xɔkkéi《ホッケー》	-ɔɔs	20	-ees	1	1
ɔfitsér《将校》	-ɔɔs	21	-ees	1	0
amérik《アメリカ》	-aas	22	-ees	0	0
argentín《アルゼンチン》	-aas	22	-ees	0	0
brazíl《ブラジル》	-aas	22	-ees	0	0

借用語が本来語の音韻構造に近づく変化、すなわち音韻的な本来語化であると言える。

　この変化が生じた場合、語内に現れる母音がiのみとなるので、接尾辞はiに調和する形式である -ees が選ばれることが予想される。つまり、この語には音節構造を改変しない形（witamin）と改変した形（witmin）の2種類が想定され、話者によって認識が異なっているため、接尾辞にも2種類が似たような頻度で現れると考えられる。

　実際に本調査でも、この語に対して接尾辞に -aas を選んだ話者は、音節構造を改変しない（[a]のある）形で発音する傾向にあったのに対し、接尾辞に -ees を選んだ話者は全員が音節構造を改変した（[a]のない）形で発

第Ⅲ部　母音調和

音した*9。この事実は注目すべきものである。

(15) a. ［ʋitamiːnaːs］*10
　　 b. ［ʋitmiːneːs］

　以上より、witamín《ビタミン》でアクセントを持つ母音と接尾辞の母音が調和するように見えるのは、アクセントを持つことが要因になっているのではなく、音節構造の改変が行われていることが要因になっていると言える。

　strateg《戦略》は、綴り字のバリエーションとして語末に〈i〉を持つ形が存在しており、この語を strategi と認識している話者がいる可能性がある。また、kokteilʲ《カクテル》は語末が口蓋化子音で i の要素を持つ。これらの語の語末に母音 i の要素が存在するとすれば、語末から 2 音節にわたって i, e が連続することになる。(10c) に示したように、語末付近に i, e が連続する場合にはそれらが調和を引き起こす場合があることが指摘されており、これらの語でもこの要因によって i と調和する接尾辞 -ees が選ばれるようになったと考えられる。

　このように、アクセントを持つ母音が接尾辞の調和を引き起こしているように見える語は、同時に音節構造の改変など他の要因も関わっている。反対に、他の要因がない語では、アクセントを持つ母音と接尾辞の母音が調和する例は非常に少ない。このことから、接尾辞の調和にアクセントが影響を及ぼしているわけではないと結論付けられる。言い換えれば、アクセントがあろうとなかろうと、i, e, ei は接尾辞の調和に関して透明な母音である、ということである。

---

*9　ただし、音節構造を改変しながらも接尾辞に -aas を選択し、［ʋitmiːnaːs］と発音した話者も少数ながらいたことから、「音節構造の改変」と「接尾辞 -ees の選択」は完全に一致するわけではない。

*10　語頭の /w/ には［ʋ］,［β］,［v］など様々なバリアントがあるが、ここでは［ʋ］で代表させておく。また、語幹末の［ŋ］は母音から始まる接尾辞が後続する場合、［n］として現れる。

②調査語彙②に対する結果

調査語彙②の各語に対して、どの交替形がどのくらいの頻度で選ばれたかを表 6-6 に示す。順序は、アクセントを持つ母音と接尾辞の母音が調和した回数が多い語から順になるように並べ替えてある。

表 6-6 からは、語によって結果が大きく違うことが読み取れる。dóllar《ドル》、átɔm《原子》、telewízɔr《テレビ》では、アクセントを持つ母音と接尾辞の母音が調和する方が、最終音節の母音と調和するよりも優勢であり、pásport《パスポート》では両者が拮抗している。他方、その他の語では、アクセントを持つ母音と接尾辞の母音が調和する頻度は低い。この結果から、アクセント自体が接尾辞の調和を引き起こしていると見るよりも、他の要因が接尾辞の選択に影響を及ぼしていると考えるのが妥当である。

その要因とは、母音の弱化および音価の変化である。(10a) でも指摘されているように、アクセントを持つ母音と接尾辞の母音が調和する場合、同時に最終音節のアクセントのない母音が弱化している。本調査でもこの事実が確認され、アクセントを持つ母音と接尾辞の母音が調和する傾向を示す上述の 4 語は、音声刺激においても母音が弱化している。特に、最もその傾向が強い dóllar《ドル》においては、母音の音価も母音調和の原則に従って変化している。

表6-6：調査語彙②に対する結果

	通常		アクセント		その他
dóllar《ドル》	-aas	1	-ɔɔs	20	1
átɔm《原子》	-ɔɔs	6	-aas	15	1
telewízɔr《テレビ》	-ɔɔs	9	-ees	12	1
pásport《パスポート》	-ɔɔs	11	-aas	10	1
rádiɔ《ラジオ》	-ɔɔs	18	-aas	3	1
béisbɔl《野球》	-ɔɔs	19	-ees	2	1
ímpɔrt《輸入》	-ɔɔs	19	-ees	2	1
éksport《輸出》	-ɔɔs	20	-ees	1	1
wídeɔ《ビデオ》	-ɔɔs	22	-ees	0	0

(16) (=(14) 再掲)
　　átɔm [aːtɔ̃m]《原子》
　　páspɔrt [paːspɔ̃rt]《パスポート》
　　dóllar [dɔːɬɔ̃r]《ドル》
　　telewízɔr [teɫeʋiːzɔ̃r]《テレビ》

本調査の音声刺激においてこのような音声が得られたのは偶然ではない。Sambuudorj (2012) によると、これらの語は母音調和に従ってアクセントのない母音の音価が変わるようである[*11]。

(17) dɔllar [dɔːɬɔr], [dɔːɫɔr]
　　atɔm [aːtam]
　　paspɔrt [paːspart]

また、多くのインフォーマントはこれらの語のアクセントのない母音を弱化させ、一部では母音の音価を変化させた形で発音した。そして、母音の弱化や音価の変化が起こった場合、接尾辞の調和もその変化に応じたものになることがほとんどである[*12]。

(18) [paːspərt-aːs]《パスポート-ABL》
　　[dɔːɬɔr-ɔːs]《ドル-ABL》

以上の事実を合わせて考えると、これらの語は原語とは異なる音声でモンゴル語に定着していると結論付けられる。この発音の変化は、音韻的な本来語化であると言える。本来語においては、第2音節以降に現れる挿入母音は弱化母音であり、その音価は母音調和に従って決定されている。定着度の高い借用語に見られる母音の弱化や音価の変化は、音韻的に本来語化が起こり、アクセントのない母音が挿入母音として扱われることによって生じたものであるとみなすことができる。

---

*11　telewizɔr は、Sambuudorj (2012) には記載がない。
*12　ただしここでも、母音の弱化を起こすにもかかわらず、弱化した母音と接尾辞が調和する例もわずかながら見られ、母音の弱化と接尾辞の選択が完全に1対1に対応するとまでは言えない。

以上をまとめると、アクセントを持つ母音が接尾辞の母音を決定しているように見えるのは、借用語が音韻的に本来語化することによるものであり、アクセント自体が接尾辞の母音調和を引き起こしているわけではないと言える。

6.2.4　接尾辞の調和のまとめ

調査 6-1 では、調査語彙①②のいずれにおいても、アクセントが接尾辞の調和を引き起こしているように見える例は、借用語が音韻的に本来語化したために偶然そのように見えるに過ぎないことが明らかになった。この事実から、少なくとも接尾辞の母音調和に関しては、アクセントは関係していないと言える。すると、接尾辞の調和の原則は、以下のような形に簡略化される。

(19)　接尾辞の母音は、i, e を除く語幹末の母音と調和する。ただし、語幹末に 2 音節以上 i, e が連続するときには、この母音が接尾辞の調和を引き起こす場合がある。

調査 6-1 によって、アクセントの有無にかかわらず、母音 e が透明な母音として機能していることが確認された。このことは、借用語をデータとして取り入れることによって初めて明らかになる。なぜなら、本来語では語幹内の母音配列も母音調和の原則に従っていることにより、語幹末に女性母音 e が現れる際には必ず同じ女性母音が先行しているため、e が透明であるか否かを判断する環境が得られないからである。語幹内の母音配列が母音調和の原則に従っていない借用語をデータとして取り入れることによって、e が透明な母音であるということが明らかになる。ここに、本研究の特徴である「借用語音韻論」の有用性が見て取れる。

次節以降では、(19) で得られた原則が、本来語の母音調和や語幹内の母音調和を含め、モンゴル語の母音調和全体の理論的分析をする際にどのような意味を持つか、という点について検討する。とりわけ、以下の点が重要である。

第Ⅲ部　母音調和

(20) i だけでなく e も透明な母音であるという事実が、理論的にどういう意味を持つか。

この点について、次節で詳しく検討する。

コラム8　借用語の「偽装」

　本節では、借用語が音韻的に本来語化する現象を取り上げた。音韻的に本来語化した借用語は、pasport《パスポート》のように借用語特有の子音 /p/ を持つ語や、dollar《ドル》のように外国のものであることが明らかな語はともかく、そうでなければ徐々に「借用語である」という意識が薄れていくと予想される。古い時代にチベット語や中国語からモンゴル語に入った借用語は、まさにそのような運命を辿っている。例えば「モンゴル料理」として有名な「ボーズ（buʊz）」は、小麦粉でできた皮で羊の肉を包んで蒸したものであるが、これは明らかに中国語の「包子」に由来する。だが、おそらく現代モンゴル語の話者に「buʊz は借用語である」という意識は薄い（もしくは全くない）と思われる。

　ただし、ある語が借用語であるかどうかという意識は話者によって異なる。bilet《チケット》という語はロシア語からの借用語なのだが、あるモンゴル人の若者はこの語を本来語だと思い込んでいたらしく、モンゴル人の先生に「ロシア語だよ、知らないの!?」と言われていた。確かに、この語に含まれる子音 /b, l, t/ はいずれもモンゴル語の本来語に現れる音であるし、この語は（たまたま）母音調和の原則にも従っているので、モンゴル語だと「偽装」するには完璧な音韻構造なのである。

　考えてみれば、日本語では音韻的に日本語化した外来語でも、表記上はカタカナで書くことがほとんどなので（カタカナ語という用語まである）、字形を見れば外来語であることが意識される。それに対してモンゴル語のキリル文字表記では、借用語を表す表記法などは存在しないので、音韻構造がモ

> ンゴル語に適合したものであれば、それはあっという間に本来語と認識されるようになるのかもしれない。

6.3 母音 e の透明性から見る母音調和の理論的考察

6.3.1 母音 e の透明性がもたらす理論的問題

6.1 節でも述べたように、モンゴル語の母音調和において i が透明 (transparent) な母音であることはよく知られている。このことは、最終音節の母音が i である語に接尾辞が付与された際、接尾辞の母音が i に調和するのではなく、先行する母音に調和するという事実によって例証される (21)。

(21) zɵgiin-ɵɵs (*zɵgiin-ees)《ミツバチ-ABL》

この振る舞いは、前節で見た借用語における母音 i, e の振る舞いと全く同じである。

(22) a. braziil-aas (*braziil-ees)《ブラジル-ABL》
    b. ankeet-aas (*ankeet-ees)《アンケート-ABL》

逆に言えば、少なくとも借用語に対する接尾辞の調和においては、i のみならず e も透明な母音として働くということである。

しかし、e の振る舞いは、i の振る舞いと完全に同じではない。本来語に関して言えば、i は同一語内においてどの母音とも共起できるという意味で完全に中立な母音であるが、e はそうではなく、男性母音 a, ɔ, ʊ とは共起しない。つまり、i は透明な母音であると同時に中性母音 (neutral vowel) でもあるが、e は中性母音ではないということになる。

さらに、i は素性 [pharyngeal] のみにおいて対立するような別の母音、すなわち母音調和のペア (例えば母音 ɨ) を持っていない。そのため、接尾

第Ⅲ部 母音調和

辞においても i は他の母音と交替することがない。一方、e には母音調和のペアとなる母音 a があり、接尾辞においても e は他の母音と交替する。その意味において、e は母音調和に参加するが、i は参加していない。

この事実は、6.1.2 節で示した自律分節理論による母音調和の分析の問題点を浮かび上がらせる。Svantesson et al.（2005）の分析に従って（22b）の例を表示してみると、以下のようになる。

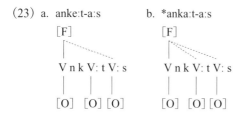

（23a）は実際に現れる語形であるが、第 2 音節の母音は母音素性［O］を持っており、咽頭性の調和のターゲットになる母音であるにもかかわらず、なぜ素性［F］を受け取らないのだろうか。素性のスプレッドによって予想される形式は、（23b）のように第 2 音節の母音も素性［F］を受け取る形であるはずだが、これは実証されない形式である。この事実はどのように説明されるのであろうか。

この事実の説明としては、以下の 3 つの方法が考えられる。

(24) a. 第 2 音節の母音に［–F］を指定しておく
　　 b. 本来語と借用語を区別し、借用語の母音を完全指定しておく。
　　 c. 語幹内と接尾辞の調和を分離する。

これらの方法について、次節以降で 1 つずつ検討していく。

6.3.2 ［–F］の指定

Svantesson et al.（2005）の分析では、モンゴル語の男性母音と女性母音は素性［+pharyngeal］と［–pharyngeal］の対立（二項的対立）ではなく、素性［pharyngeal］を持つか持たないかの対立（欠如的対立）であると分析され

第 6 章　接尾辞の母音調和

ている。この点を修正し、男性母音と女性母音をそれぞれ［+pharyngeal］と［–pharyngeal］の対立であると分析し直すことで、上述の e の振る舞いについて説明できるだろうか。

この分析では、(22b) の例は以下のような表示になる。

(25)

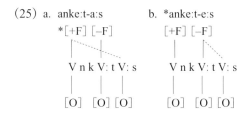

(25a) の表示は連結線が交差しており、自律分節理論の原則に違反するため認められない。一方、(25b) は理論的には認められる形であるが、実際に現れる形ではない。したがって、non-pharyngeal の母音を［–F］と指定する分析を採用することはできない。

6.3.3　借用語への完全指定

e が透明な母音として振る舞うという事実は、借用語のデータから得られたものである。日本語の連濁現象など、借用語と本来語で適用される音韻規則が異なるという現象は少なからず見られ、その分析には借用語と本来語との語彙層の違いという概念が広く用いられている (Ito and Mester 2003 など)。

モンゴル語の場合、語幹内の母音調和に注目すると、本来語は母音調和の原則に従っているのに対し、借用語は必ずしも母音調和の原則に従っていない。この事実を見ると、本来語と借用語が異なる語彙層に存在するという分析には一定の妥当性がある。

しかし、借用語は母音調和の原則に従わないとはいえ、接尾辞の調和は借用語内の母音に合わせて行われるため、借用語に全く母音調和が関わらないとみなすことはできない。したがって、借用語を本来語と区別するような表示を与えるのが妥当であると考えられる。借用語に対しても接尾辞の調和が行われるという事実は、借用語内の母音から接尾辞の母音に向

第Ⅲ部 母音調和

かって素性のスプレッドが起こっていることを意味するため、借用語に対して素性のスプレッドを阻止するような表示を与えることはできない。むしろ、借用語の第2音節以降の母音が素性［pharyngeal］を受け取ることを阻止するような表示を与えておく必要があるが、そのような表示は可能であろうか。

　1つの手段として、本来語は第2音節以降の母音の位置素性が不完全指定されているのに対し、借用語では完全指定されていると解釈することが可能であるかもしれない。事実、借用語で第1音節に non-pharyngeal の母音、第2音節に pharyngeal の母音が現れる場合には、(26) のように第2音節以降の母音に素性［pharyngeal］を指定しておく必要がある。この点は、本来語で第2音節以降の母音に素性［pharyngeal］が指定されることはなく、第2音節以降における［pharyngeal］は必ず第1音節からのスプレッドによって得られるという事実とは対照的である。

(26) gekta:r-a:s《ヘクタール-ABL》

しかし、(26) とは逆に第1音節が pharyngeal の母音、第2音節が e (つまり non-pharyngeal の母音) である場合、前節で見た通り e の完全指定として［−F］を指定することができない以上、e は完全指定したとしても「［F］を持たない」という情報しか持ち得ない (27a)。結果として、第2音節以降の母音の音韻的な表示が不完全指定の場合 (27b) と同じ表示になる。

(27)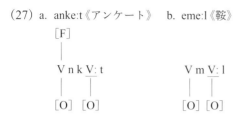

　（27）の表示において、「（27a）では下線部の母音が完全指定されているが、（27b）では不完全指定されている」と解釈するのは無理がある。したがって、少なくとも自律分節理論の枠組みの中では、本来語と借用語との音韻構造の違いを表示するのは難しいように思われる。

6.3.4　音素配列制約と素性スプレッドの区別

　既に見てきたように、借用語は母音調和の原則に従わないが、その語に接尾辞が付与される場合、接尾辞は母音調和を起こす。また、語幹は母音調和による交替形を決して持たないが、接尾辞は通常、母音調和による交替形を持つ。このような両者の相違点を重視すると、語幹内の母音調和と接尾辞の母音調和が別の原理に従っていると分析することが可能である。Kiparsky（1973）は、前者は形態構造条件（morpheme structure condition）による音素配列の制限であり、後者は規則によるものであるとし、両者を区別することを主張している[13]。

　この考え方に則ると、本来語であるか借用語であるかにかかわらず、モンゴル語のあらゆる語幹は全ての母音の全ての素性が完全指定されていることになる。（28）は本来語の例、（29）は借用語の例であり、どちらも素性のスプレッドは起こらない。

---

[13] Kiparsky（1973）はモンゴル語に限らず、母音調和の一般的な理論としてこの主張を提示している。

第III部　母音調和

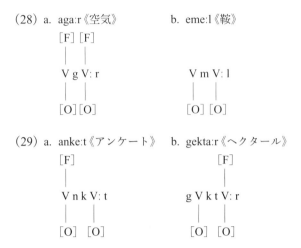

この分析では、本来語における語幹内の調和はあくまで音素配列論によるものであり、素性のスプレッドによって起こるものではない。

これらの語に接尾辞が付与される場合、語幹の母音が持つ素性［pharyngeal］が接尾辞の母音に向かってスプレッドすることで、接尾辞が母音調和に従った形で実現する。(28)(29)に対応する例をそれぞれ(30)(31)に挙げる。

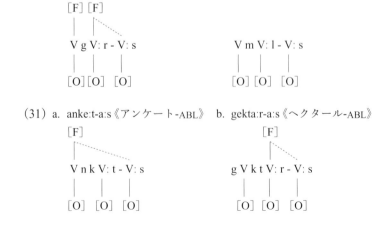

この解釈では、接尾辞の母音調和は一種の形態音韻的な規則であり、素性のスプレッドは形態素境界をまたぐ場合にのみ生じる。この制限があることで、(31a) の第2音節の母音が素性 [pharyngeal] を受け取ることなく [e] として実現し、なおかつこの母音が透明であることが保証される。

この分析では、本来語においても咽頭性の有無を完全指定することになる。本来語の第2音節以降の咽頭性については予測可能であるから、完全指定しておくのは余剰的であるという見方もある。しかし、母語話者の言語習得の観点から見ると、交替形のない形態素（＝語幹）を完全な形で習得し、交替形のある形態素（＝接尾辞）を不完全な形で習得する（厳密に言えば、具体的な実現形から抽象化する）と想定することは不自然ではない。

もっとも、語幹内の調和と接尾辞の調和は関係する素性が全く同じであることから、両者が別の原理に従うという仮定もまた余剰的であると言えるかもしれない。そこで次節では、母音調和が循環的に適用されている可能性について検討する。

6.3.5　母音調和の循環的な適用

前節で示した分析では、語幹内の調和と接尾辞の調和が別の原理に従っているとみなすことで両者を分離した。それに対し、語幹内の調和と接尾辞の調和は同一の原理に従うが、同時に適用されるのではなく異なる段階で適用されると分析することで両者を分離する方法が考えられる。言い換えれば、語幹内の調和と接尾辞の調和が循環的（cyclic）に適用されるという仮説である。

母音調和に循環性があることについては、Levergood (1984) が指摘している。Svantesson et al. (2005: 56-57) は、モンゴル語においても複数の接尾辞が付与される際には母音調和を循環的に適用させる必要があることを述べている。その根拠として、(32) のような例を挙げている。

(32) mɵr-teː-g-eː (*mɵr-teː-g-ɵː)
　　 跡-COM-EPN-REF

第Ⅲ部　母音調和

モンゴル語には二重母音 өi が存在せず、母音調和によって ɵi が予測されるところでは [e:] で実現する。そのため、(32) において共同格接尾辞 -tai[3] は -te: として現れる。それに後続する再帰所有接尾辞の母音は、語幹の母音 ɵ に調和するのではなく、共同格接尾辞の母音 e に調和する。この事実から、最初から全ての接尾辞に対して同時に母音調和が適用されるのではなく、1つの接尾辞に対して母音調和が1回適用され、それが循環的に適用されることがわかる。Svantesson et al.（2005: 56-57）では、以下のように説明されている。

(33) *stem*　　　　　　　　　　　　　mɵr
　　　Cycle 1:　COM　　　　　　　　 mɵr-tEi
　　　　　　　 spreading of [R]　　　mɵr-tɵi
　　　　　　　 segmental rule　　　　mɵr-te:
　　　Cycle 2:　REF　　　　　　　　 mɵrte:-E:
　　　　　　　 consonant epenthesis　 mɵrte:-g-E:
　　　　　　　 no spreading　　　　　 mɵrte:-ge:

　　　　　　　　　　　　（Svantesson et al. 2005: 56-57 (25)、表記は改変）

この循環性の概念を語幹と接尾辞の間にも適用すると、以下のようになる。本来語は (34a) のように、語幹内にも素性 [pharyngeal] のスプレッドが起こる。その後、接尾辞が付与されると改めてスプレッドが起こり (34b)、結果として全ての母音が調和に従うことになる。

(34) a. aga:r《空気》　　b. aga:r-a:s《空気-ABL》

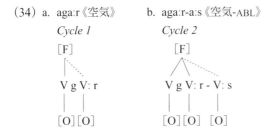

それに対し、借用語には (35a) のように、素性 [pharyngeal] のスプレッドを阻止するマーカー（ここでは†で表示）が付与されているため、語

幹内ではスプレッドが起こらない。このマーカーの有無が、本来語と借用語の語彙層の違いを反映していると考えられる。そして、語の形態が確定し、†が削除された後に接尾辞の付与が行われ、語幹内に位置する第2音節の母音を越えて接尾辞の母音に素性のスプレッドが行われる。結果として、第2音節の母音が素性［pharyngeal］を受け取ることなく［e］として実現し、なおかつこの母音が透明であることが保証される。

(35) a. anke:t《アンケート》　b. anke:t-a:s《アンケート-ABL》

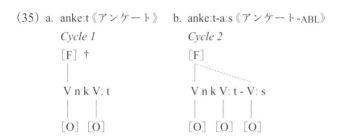

この分析では、借用語に素性［pharyngeal］のスプレッドを阻止するマーカーを付与することになる。この点で本来語と借用語を区別することになり、6.3.3節に示した「借用語と本来語が異なる語彙層に存在すると考える」という分析とも通ずる点がある。つまり、「借用語と本来語が異なる語彙層に存在する」という見方と「語幹と接尾辞の調和を分離する」という見方は排反するものではなく、共存し得るものである。

音韻論における循環性に関しては、特に語彙音韻論（lexical phonology, Kiparsky 1982）の観点から議論されてきた概念である。近年では語彙音韻論の限界も指摘されており（三間 2005 など）、循環性の有用性についても慎重に議論すべきだが、少なくともモンゴル語の母音調和に関する限り、循環性を認めることには一定の妥当性がある。

6.3.6　語幹内の調和と接尾辞の調和を分離する必要性

6.3.4節で見た「語幹内の調和と接尾辞の調和は別の原理に従っている」という分析と、6.3.5節で見た「語幹内の調和と接尾辞の調和は同じ原理に従っているが、適用されるサイクルが異なる」という分析は、ともにモ

ンゴル語の接尾辞の母音調和における e の透明性を説明し得る。このどちらがより妥当であるかという点については、本研究に用いたデータから決めることはできず、それぞれの分析において前提となる事柄の問題点の少なさによって決められるべきであろう。すなわち、前者では語幹内の調和と接尾辞の調和の2つを認めることの余剰性、後者では循環的な適用を認めることの是非が問題となる。これらはもはやモンゴル語のみの問題ではなく、一般音韻論的な観点から理論自体の妥当性を考える必要があり、本研究の範囲を超えている。したがってここで結論を出すことはできないが、本研究によって「モンゴル語の母音調和において、語幹内の調和と接尾辞の調和は、何らかの形（すなわち、原理自体の違いか適用されるサイクルの違い）で区別される必要がある」ということが明らかになった点は強調しておきたい。

6.4 e が透明な母音である理由

6.4.1 ［i］との音声的近似

6.3 節では、モンゴル語の e が透明な母音として働くという事実から生じる理論的問題について指摘し、その解決方法を探ってきた。では、e はなぜ透明な母音として働くのだろうか。

モンゴル語の母音調和において i は中性母音であり、透明な母音である。e も透明な母音として振る舞う理由として、「e の音声実現が［i］に近いため母音調和においても i と類似の振る舞いをする」という仮説があり得る。第 4 章で述べたように、モンゴル語の短母音 /e/ は音声的に［i］に近く、/i/ に合流したという主張がなされる場合がある。第 4 章で議論した通り、/e/ が /i/ に合流したという主張を受け入れることはできないものの、/e/ が音声的に［i］に近いということは確かである。このような音声特徴が、e が i と同様に母音調和に関して透明であることの基盤となっていると考えることはできるだろうか。

結論から述べれば、この可能性は低い。短母音の /e/ は確かに音声的に

［i］に近い場合があるが、借用語においては多くの場合［e］と発音される。さらに、長母音の /ee/ は［iː］に近い音声とはならず、必ず［eː］と発音される。借用語の第 2 音節以降に現れる母音は、原語でアクセントがなければ短母音、アクセントがあれば長母音として発音されるが、いずれにしても［e］または［eː］として実現し、［i］,［iː］に近いということはない。にもかかわらず、この母音は母音調和に関して透明である。つまり、透明な母音として働く e の音声が i に近いという事実はなく、発音が［i］に近いことと母音の透明性との間に対応関係にはないということになる。

では、e が i と同様に透明な母音として働くのはなぜだろうか。次節では、モンゴル語の咽頭性の調和は有標（marked）な素性のみが関わる現象であり、e のような女性母音は咽頭性に関して無標（unmarked）であるため透明な母音として働く、という可能性について考えてみたい。

6.4.2 女性母音の透明性の仮説

Nevins（2010）によると、母音調和とは音価を決定する際に素性を探索し、コピーするという現象（Search-and-Copy procedure）であるが、探索・コピーのターゲットとなる母音の 1 つとして有標な素性を持つ母音が挙げられている。別の言い方をすれば、有標な母音だけが調和素性として働くというケースがあるということになる。

既に見たように、モンゴル語の咽頭性は二項的素性の［+pharyngeal］と［–pharyngeal］によって指定されるのではなく、欠如的素性［pharyngeal］の有無によって指定される。この場合、素性［pharyngeal］（F）を持つものが有標、持たないものが無標であると言える。そして、モンゴル語の咽頭性の調和は素性［pharyngeal］のスプレッドであるとみなされ、［pharyngeal］を持たない母音には何も起こらない。スプレッドの具体例を(36)に示す。

第Ⅲ部　母音調和

(36) a. ax-a:s《兄-ABL》　b. egč-e:s《姉-ABL》

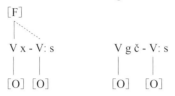

言い換えれば、pharyngeal の母音は積極的に調和を引き起こしているのに対し、non-pharyngeal の母音は調和を引き起こしておらず、消極的にしか母音調和に参加していない。つまり、pharyngeal の母音と non-pharyngeal の母音には非対称性がある。

この仮説は、6.3 節で見た e の透明性を合理的に説明する。語内に素性 [F] を持つ母音 (a など) と素性 [F] を持たない母音 e が混在し得る状況では、有標である素性 [F] を持つ母音が 1 つでも存在すれば、そこから接尾辞の母音に向かって素性 [F] のスプレッドが引き起こされるので、接尾辞の母音も素性 [F] を持つことになり、結果として素性 [F] を持たない母音は透明な母音となると考えられる。例として、(31) に挙げた anke:t《アンケート》と gekta:r《ヘクタール》に対する接尾辞へのスプレッドの例を再掲する[*14]。

(37) (= (31) 再掲)
　　　 a. anke:t-a:s《アンケート-ABL》　b. gekta:r-a:s《ヘクタール-ABL》

(37a) において、語幹に有標である素性 [F] を持つ母音が存在するため、接尾辞に向かって素性 [F] がスプレッドし、結果的に第 2 音節の母音は

[*14] 6.3.6 節で述べたように、これらの語例は語幹と接尾辞を分けて考える必要があるが、簡潔さを重視しここでは省略する。

透明な母音となっている。

この仮説が正しいとすると、無標な母音（すなわち素性［F］を持たない母音）は全て透明な母音として振る舞うことが予想される。モンゴル語の場合、咽頭性に関して無標な母音は i, e の他に ʊ と u があるが、これらの母音も咽頭性の調和に関して透明な母音として振る舞うのだろうか。

次節では、ロシア語からの借用語のデータをもとに、u が母音調和に関して透明な母音であるかどうかを検討する。

6.5 ロシア語からの借用語に見られる u の透明性

6.5.1 ロシア語の u の受容

6.5 節ではロシア語からの借用語に見られる u の透明性について検討するが、ロシア語の u はモンゴル語に受容される際に必ず u として実現するわけではないという問題があるため、母音調和に対する u の振る舞いを観察するためには、まずロシア語の u がモンゴル語でどのように受容されているかを明らかにする必要がある。そこで、本節で u の受容の問題について述べた上で、次節以降でこの母音の母音調和に対する振る舞いを観察する。

モンゴル語にはロシア語からの借用語が多くある。ロシア語もモンゴル語も正書法にはキリル文字が用いられている。しかし、両者には一部文字と音価の対応にずれがある。ロシア語の /u/ はキリル文字 ⟨y⟩ で表記されるのに対し、モンゴル語の本来語ではキリル文字 ⟨y⟩ は母音 /ʊ/ を表し、母音 /u/ はロシア語の文字表記にはないキリル文字 ⟨ү⟩ によって表される。両者の対応をまとめると、表 6-7 のようになる。

表 6-7：文字と音価の対応

キリル文字	ロシア語	モンゴル語（本来語）
⟨y⟩	/u/	/ʊ/
⟨ү⟩	-	/u/

第Ⅲ部　母音調和

　モンゴル語において、ロシア語からの借用語はほとんどの場合、ロシア語のキリル文字による綴りがそのまま導入され[*15]、ロシア語の〈y〉/u/においてもモンゴル語に借用される際、文字としてはそのまま〈y〉で綴られる。ところが、音価としては /u/ [u] として現れる場合と /ʊ/ [ʊ〜o] として現れる場合がある。言い換えると、ロシア語の /u/ はモンゴル語で /u/ と /ʊ/ に分岐し、それぞれ音声的には [u], [ʊ〜o] で実現する。

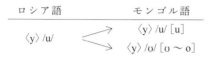

図 6-1：ロシア語の /u/ の分岐

　この分岐は、語によって決まっているようである。(38a) は [u] と発音される例、(38b) は [o] と発音される例である。なお、これまではキリル文字〈y〉の転写として〈ʊ〉を用いていたが、ここでは混乱を防ぐため〈U〉を用いる。また、ロシア語の /u/ に由来する母音 /u/ または /ʊ/ を U と表記する。

(38)　　キリル文字（転写）　音声　　　意味
　a. 〈курс〉（kU̲rs）　　[kuːrs]　《コース、学年》
　b. 〈минут〉（minU̲t）　[minoːt]　《(時間の) 分》
　　　　（塩谷・プレブジャブ 2001: 57、文字転写と下線は筆者による）

　また、/u/ と /ʊ/ の分岐は、後続する接尾辞の違いによっても例証される。例えば、複数接尾辞 -ʊʊd[2] は母音調和に従って -uud または -ʊʊd として実現し、女性母音を持つ語（女性語）に後続する場合は女性母音を持つ -uud が選ばれ (39a)、男性母音を持つ語（男性語）に後続する場合は男性母音を持つ -ʊʊd が選ばれる (39b)。

[*15] 語末の強勢のない母音が削除される（例：Ru.〈wiza〉→ Mo.〈wiz〉《ビザ》）などの例外はある。

(39) a. ger-uud《家-PL》
    b. gar-ʊʊd《手-PL》

キリル文字〈y〉(〈U〉) を持つ借用語の場合、-ʊʊd が選ばれるか -uud が選ばれるかは語によって決まっているようである。

(40)   キリル文字（転写）   複数形   意味
    a. 〈курс〉(kUrs)   kUrs-uud   《コース、学年》
    b. 〈курд〉(kUrd)   kUrd-ʊʊd   《クルド（人）》
    (Sanders and Bat-Ireedüi 1999: 174、文字転写と下線は筆者による)

-uud は女性語に、-ʊʊd は男性語に付く接尾辞であることから、(40a) の〈U〉は女性母音の /u/、(40b) の〈U〉は男性母音の /ʊ/ として受け入れられていることがわかる。

この /U/ の分岐が全く予測不可能な（完全に語彙的な）ものなのか、音韻的な条件が関わっているものなのかは、先行研究からは明らかでない。この分岐の条件に関しては第 7 章で改めて検討することとし、次節ではロシア語の u に由来する母音 u または ʊ が接尾辞の母音調和を引き起こすか、という点に注目する。

6.5.2 接尾辞の調和を用いた判定

モンゴル語において、u は non-pharyngeal な母音（すなわち女性母音）であるのに対し、ʊ は pharyngeal な母音（すなわち男性母音）である。母音 u が接尾辞の調和を引き起こした場合、接尾辞の母音には女性母音が選ばれる。一方、母音 ʊ が接尾辞の調和を引き起こした場合、接尾辞の母音には男性母音が選ばれる。奪格接尾辞 -aas[4] を例にとると、前者では女性母音を含む -ees が、後者では男性母音を含む -aas がそれぞれ選ばれる。

(41) a. uur-ees《巣-ABL》
    b. ʊʊr-aas《蒸気-ABL》

この性質を利用すると、接尾辞の母音を見ることによって、ロシア語の

第III部　母音調和

uに由来する母音 U が u と ʊ のいずれで受容されているか、そしてその母音が接尾辞の母音調和を引き起こしているか否かが判定できる場合がある。

まず1音節語の場合、接尾辞の母音を見ることで、語幹に含まれる母音 U が u であるか ʊ であるかが確実に判定できる。例えば、турк〈tUrk〉《トルコ》という語の下線部の母音 U が ʊ であるか u であるかはこの語単独ではわからないが[*16]、奪格接尾辞を付与した際、女性母音を持つ形式 -ees が選ばれれば、語幹の母音は女性母音の u であると判定でき、逆に男性母音を持つ形式 -aas が選ばれれば、語幹の母音は男性母音の ʊ であると判定できる。また、1音節語では語幹に含まれる母音は当然のことながら1つしかない[*17]ので、その母音が接尾辞の調和を引き起こしていると考えるほかはない。

次に、2音節以上からなる語で、かつ最終音節に母音 U が含まれている場合を検討する。具体的には、маршрут〈maršrUt〉《進路》や экскурс〈ekskUrs〉《見学》のような語である。これらの語では、接尾辞の母音と語内の他の母音を見比べることによって、下線部の母音が接尾辞の調和を引き起こしているか否かがわかる場合がある。

маршрут〈maršrUt〉《進路》では、語内の他の母音が男性母音 a であるので、仮に接尾辞の母音に女性母音が選ばれたとすると、母音 U が女性母音（すなわち u）で、かつ接尾辞の調和を引き起こしたと断定できる。一方で、仮に接尾辞の母音に男性母音が選ばれたとすると、(42a〜c) の3つの可能性が考えられ、いずれであるかは判定できない。

(42) a. 母音 U は男性母音 ʊ で、この母音が接尾辞の調和を引き起こした。

[*16] もちろん、音声からある程度は [ʊ] と [u] のどちらであるか判定できるが、厳密に（すなわち直観によらず客観的に）判定することは容易ではない。ここではあくまでも接尾辞の母音調和のみによって母音 U のステータスを明らかにする方法を採る。なお、母音 U の厳密な音声分析については 7.2 節で詳しく述べる。

[*17] 二重母音では1音節内に2つの母音の音価が現れるが、モンゴル語の二重母音は必ず後部要素が i であり、i は母音調和に関して透明であることがわかっているので、問題にならない。

b. 母音 U は男性母音 u であるが透明な母音であり、それに先行する男性母音 a が接尾辞の調和を引き起こした。
c. 母音 U は女性母音 u であるが透明な母音であり、先行母音 a が接尾辞の調和を引き起こした。

次に экскурс〈ekskUrs〉《遠足》では、語内の他の母音が女性母音 e であるので、仮に接尾辞の母音に男性母音が選ばれたとすると、下線部の母音 U が男性母音（すなわち u）で、かつ接尾辞の調和を引き起こしたと断定できる。一方で、仮に接尾辞の母音に女性母音が選ばれたとすると、(43a～c) の3つの可能性が考えられ、いずれであるかは判定できない。

(43) a. 母音 U は女性母音 u で、この母音が接尾辞の調和を引き起こした。
b. 母音 U は女性母音 u であるが透明な母音であり、それに先行する女性母音 e が接尾辞の調和を引き起こした。
c. 母音 U は男性母音 u であるが透明な母音であり、先行母音 e が接尾辞の調和を引き起こした。

つまり、2音節以上の語では、ロシア語の u に由来する母音 U の振る舞いが明確に判定できる場合とそうでない場合がある。まとめると、表6-8のようになる。

表6-8：母音 U のステータスの判定

パターン	先行母音	接尾辞の母音	母音 U のステータス
A	男性	男性	(42a～c) のいずれか判定できない
B	男性	女性	女性 u で調和を引き起こす
C	女性	男性	男性 u で調和を引き起こす
D	女性	女性	(43a～c) のいずれか判定できない

表6-8のパターン B, C が観察されれば、そこからロシア語の u に由来する母音 U がモンゴル語で u と u のどちらで受容されており、接尾辞の調和を引き起こす力があるかどうかがわかる。この点を明らかにするため、調査を行った。

6.5.3 調査内容（調査 6-2）[*18]

調査語彙は、2 音節以上からなり、最終音節に母音 U を含むロシア語からの借用語[*19]である。なお、母音 i および e は母音調和に関して透明な母音として働くことがわかっているので、母音 U の後に母音 i, e が存在する語（例えば kɔlUmbi《コロンビア》）であっても、これらの母音 i, e はないものとみなし、調査語彙に加えてある。また同様の理由から、母音 U の直前の母音が i, e であったとしても、それより前に男性母音が存在すれば、「先行母音が男性母音である」とみなす。一方で、母音 i は中性母音であるが、語内の母音が i しかない場合には i が女性母音として機能し、接尾辞の母音として女性母音が選ばれるため、ここでは e と同じ女性母音として扱う。表 6-9 に調査語彙の一覧を示す。

表 6-9：調査語彙（調査 6-2）

先行母音が男性母音	先行母音が女性母音
armatUr《アマチュア》	ekskUrs《見学》
awtɔbUs《バス》	ljuksembUrg《ルクセンブルク》[*20]
belɔrUs《ベラルーシ》	minUt《分》
fɔkUs《焦点》	perU《ペルー》
gradUs《（温度の）度》	sekUnd《秒》
kamerUn《カメルーン》	texnikUm《技術学校》
kɔlUmbi《コロンビア》	wensUel《ベネズエラ》
maršrUt《進路》	wirUs《ウイルス》
metallUrgi《冶金学》	
singapUr《シンガポール》	
trɔlleibUs《トロリーバス》	

[*18] この調査は、7.2 節で述べる調査 7-2 と共通の調査である。ここでは調査 6-2 に関係する部分のみに言及する。

[*19] 調査語彙には国名も多数含まれている。これらが「ロシア語由来の借用語」だと断定できるかどうかは議論の余地があるが、少なくともモンゴル語の固有語の音韻構造からは大きく外れており、当該調査の目的には適しているため、調査語彙に含めてある。

[*20] この語の第 1 音節に /u/ が含まれているが、これはキリル文字では ю ⟨jU⟩ で書

調査語彙をダミーの語と共にランダムに並べ、語彙リストを作成した。インフォーマントはその語彙リストを見ながら、1語につき次の (i) 〜 (iii) の手順で読み上げを行った。

(i) 　語を単独で読み上げ
(ii) 　語をキャリア文①に入れて、文全体を読み上げ
　　　キャリア文①：＿＿＿＿　ge-deg　nʲ　　jʊʊ　we?
　　　　　　　　　＿＿＿＿　言う-HAB　3.POS　何　INT
　　　　　　　　《＿＿＿＿というのは何ですか？》

(iii) 　語に奪格接尾辞を付け、キャリア文②に入れて文全体を読み上げ
　　　キャリア文②：ter　　"＿＿＿＿　өөr" gej　xel-sen
　　　　　　　　　3.SG　　＿＿＿＿　以外　QUOT　言う-PP
　　　　　　　　《彼は「＿＿＿＿以外」と言った》[*21]

このうち (iii) のみが接尾辞の母音調和に関係する調査となる。(iii) で得られた音声から、各調査語彙に対して接尾辞の母音調和による交替形のうちどの形式が用いられているかを明らかにした。

インフォーマントは以下の3名である。

表6-10：インフォーマント（調査6-2）

名前	年齢	性別	出身
MS	23	男	ウランバートル (UB)
NZ	18	女	フブスグル (UB から北西へ約630キロ)
ST	16	女	ボルガン (UB から北西へ約250キロ) (8歳から11歳まで UB で暮らした経験あり)

　　かれるものである。この文字は通常 /jʊ/ と /ju/ を表すが、借用語においては /jʊ/ ではなく /ju/ を表すことがわかっている。詳しくは 7.1 節で述べる。
[*21] モンゴル語において、өөr《〜以外》は奪格を取る。

第Ⅲ部　母音調和

6.5.4　調査結果(調査 6-2)
①先行母音が男性母音の場合

まずは、先行母音が男性母音の場合の結果を示す。表 6-11 は、各調査語彙に対して各インフォーマントがどの交替形を選んだかをまとめたものである。a は -aas、e は -ees を選んだことを表す。表 6-8 のパターン A, B からわかるように、先行母音が男性母音の場合、接尾辞に女性母音 e が現れた場合にのみ、母音 U のステータスが明確にわかることになる。その部分に網掛けを施してある。

表 6-11 から、「男性母音＋母音 U」の構造を持つ借用語では、接尾辞に女性母音の e が選ばれるケースが非常に少ないことが見て取れる。そのようなケースは、インフォーマント MS における kɔlUmbi《コロンビア》、metallUrgi《冶金学》、およびインフォーマント ST における belɔrUs《ベラルーシ》、kɔlUmbi《コロンビア》の 4 例だけであり、しかもこれらの例には別の要因が影響している可能性が高い。

表 6-11：「男性母音＋母音 U」の語に対する接尾辞の母音

調査語彙	MS	NZ	ST
armatUr《アマチュア》	a	a	a
awtɔbUs《バス》	a	a	a
belɔrUs《ベラルーシ》	a	a	e
fɔkUs《焦点》	a	a	a
gradUs《(温度の) 度》	a	a	a
kamerUn《カメルーン》	a	a	a
kɔlUmbi《コロンビア》	e	a	e
maršrUt《進路》	a	a	a
metallUrgi《冶金学》	e	a	a
singapUr《シンガポール》	a	a	a
trɔlleibUs《トロリーバス》	a	a	a

まずインフォーマント MS について言えば、接尾辞の母音に e を選んだ 2 語はともに語末に i がある。このインフォーマントは他の 2 人のインフォーマントに比べ、これらの語の語末の i を長く発音した。また、この話者はダミーの語である gruzi《グルジア》と rumiin《ルーマニア》においても、語末 (付近) の i を長く発音した上で、接尾辞に -ees を選択している。この結果から、この話者は i が語末あるいは語末付近にある場合、この母音を長く発音するとともに、この母音に調和する接尾辞 -ees を選ぶ傾向にある可能性がある。そうすれば、kɔlUmbi《コロンビア》と metallUrgi《冶金学》において接尾辞の母音に e が選ばれたのは、母音 U (= /u/) が接尾辞の調和を引き起こしたからではなく、通常は接尾辞の調和を引き起こさないはずの i が特別に調和を引き起こしたから、という説明が可能となる。通常 i はたとえ長く発音されても接尾辞の調和を引き起こすことはないが、特に語末という環境における長い母音は音響的に目立つため、この母音が接尾辞の調和を引き起こすという話者によるバリエーションはあり得ないものではない[*22]。

次に、インフォーマント MS と ST の 2 人が接尾辞に e を選んだ kɔlUmbi《コロンビア》という語であるが、この語を MS は [kłumbiː]、ST は [kułumb] と発音した。すなわち、初頭音節の母音 ɔ が脱落、または発音の変化を受けた結果、この語はもはや男性母音が含まれない語になっている。したがって、この語では確かに母音 U (= /u/) が接尾辞の調和を引き起こしているのだが、母音 U (= /u/) が接尾辞の調和を積極的に引き起こしているという解釈のほかに、語内に男性母音がないために結果として母音 U (= /u/) が調和を引き起こすことになる (つまり 1 音節語の場合と同じ) と解釈することもできる。他方、インフォーマント NZ はこの語を [kɔłomb] と発音し、接尾辞の母音には a を選んでいる。第 2 音節の母音 [o] が透明な母音であれば、接尾辞の母音には第 1 音節の母音と調和する

[*22] もちろん、この説明は得られた結果を解釈するためのものであり、後付けの説明であることは否定できない。しかしながら、現段階ではこの他に妥当な説明は考えられない。

ɔが選ばれるはずである。このことから、NZ は母音 U を /o/ [o] として受容し、かつこの母音は透明な母音ではなく接尾辞の調和を積極的に引き起こしているということがわかる。

以上のことから、接尾辞に e が選ばれた語を見ると、ロシア語の u に由来する母音 U が女性母音 u として受容され、かつ接尾辞の調和を引き起こしていると考えなければならない例は、33 例中わずか 1 例（インフォーマント ST の belərUs《ベラルーシ》）のみであることがわかる[*23]。

②先行母音が女性母音の場合

次に、先行母音が女性母音の場合の結果を示す。表 6-12 は表 6-11 と同じく、各調査語彙に対して各インフォーマントがどの交替形を選んだかをまとめたもので、a は -aas、e は -ees を選んだことを表す。表 6-8 のパターン C、D からわかるように、先行母音が女性母音の場合、接尾辞に男性母音 a が現れた場合にのみ、母音 U のステータスが明確にわかることになる。その部分に網掛けを施してある。

前節で見た「男性母音 + 母音 U」とは対照的に、「女性母音 + 母音 U」では e と a の頻度が拮抗しており、概ね語によってどちらが選ばれるかが決まっていることがわかる。ekskUrs《見学》と ljuksembUrg《ルクセンブルク》では、3 名とも接尾辞の母音として e を選んでいるのに対し、minUt《分》、perU《ペルー》、texnikUm《技術学校》では 3 名とも接尾辞の

[*23] さらに言えば、6.2.2 節および 6.2.3 節で述べたように、akadem > [akdʑeːm]《学士院》や witamin > [vitmiːŋ]《ビタミン》など、3 音節語において第 2 音節（開音節）の母音が脱落することがある。belərUs《ベラルーシ》もこれらの語と同じ構造をしていることから、第 2 音節の母音が脱落する可能性がある。仮にそうなると、語内に含まれる母音が女性母音と U のみとなることから、接尾辞の母音として e が選ばれたとしても、「U が女性母音 u であり、かつ接尾辞の調和を引き起こしている」と考える必然性はなくなる。本調査においてインフォーマント ST は belərUs の第 2 音節の母音を脱落させなかったことから、この説明がそのまま当てはまるわけではないが、この語が男性母音を含まない語となる可能性があることを指摘しておく。

表 6-12：「女性母音＋母音 U」の語に対する接尾辞の母音

調査語彙	MS	NZ	ST
ekskUrs《見学》	e	e	e
ljuksembUrg《ルクセンブルク》	e	e	e
minUt《分》	a	a	a
perU《ペルー》	a	a	a
sekUnd《秒》	a	e	e
texnikUm《技術学校》	a	a	a
wensUel《ベネズエラ》	e	a	e
wirUs《ウイルス》	a	e	ɔ*24

母音としてaを選んでいる。後者の3例は、ロシア語のuがモンゴル語で男性母音ʊとして受容され、しかも接尾辞の調和を引き起こしていると解釈するほかない例である。sekUnd《秒》、wensUel《ベネズエラ》、wirUs《ウイルス》の3例については、ロシア語のuがモンゴル語でuとして受容されるかʊとして受容されるかが話者によって異なることになり、ʊとして受容した場合には接尾辞の調和を引き起こすことになる。一方、uとして受容した場合には、この母音が接尾辞の調和を積極的に引き起こすという解釈のほかに、語内に男性母音がないために結果としてuが調和を引き起こすことになる（つまり1音節語の場合と同じ）と解釈することもできる。

6.5.5　ʊとuの非対称性

調査6-2によって得られた結果をまとめると、以下のようになる。

(44) a. 母音Uが女性母音uとして受容され、かつ接尾辞の調和を引き起こしていると考えなければならない例はほとんどない。

---

*24　wirUs《ウイルス》に対する接尾辞として -ɔɔs が選ばれる理由は全くなく、スピーチエラーとしか考えられない。以下ではこの例を考察の対象から外す。

第Ⅲ部 母音調和

  b. 母音 U が男性母音 ʊ として受容され、かつ接尾辞の調和を引き起こしていると考えなければならない例が少なからずある。

　無論、ある事象が「ない」ことを証明するのは困難であるため、(44a) のような例がモンゴル語の体系において絶対に存在しないとは言い切れない。しかし、(44a) と (44b) からわかるように、今回の調査の範囲においては、女性母音 u と男性母音 ʊ との間に明らかな非対称性が見られ、この調査結果がモンゴル語の体系を反映したものであると仮定することはそう不自然なことではない。ここでは、本調査で見られた (44a, b) の結果がモンゴル語の体系を反映したものであるとみなす。
　(44a) の事実は、表 6-8（表 6-13 に再掲）に示した 4 つのパターンのうち、パターン B はモンゴル語にほとんど現れないことを意味する。他方、(44b) はパターン C がモンゴル語に現れることを意味する。

表 6-13：母音 U のステータスの判定 (表 6-8 再掲)

パターン	先行母音	接尾辞の母音	母音 U のステータス
A	男性	男性	(42a～c) のいずれか判定できない
B	男性	女性	女性 u で調和を引き起こす
C	女性	男性	男性 ʊ で調和を引き起こす
D	女性	女性	(43a～c) のいずれか判定できない

　(44b) に示したように、男性母音 ʊ が接尾辞の調和を引き起こす（言い換えれば、ʊ が透明な母音ではない）例があることが明らかになった。では反対に、男性母音 ʊ が透明な母音であると考えざるを得ないデータはあるだろうか。この点に関して、パターン A および D に注目して検討する。
　パターン A は語幹に男性母音を含み、かつ接尾辞に男性母音が選ばれる語であり、本調査では maršrUt-aas《進路-ABL》などが該当する。この場合、母音 U のステータスには (45)(=(42) 再掲) に挙げた複数の可能性がある。

(45)（=（42）再掲）
　　a. 母音 U は男性母音 ʊ で、この母音が接尾辞の調和を引き起こした。
　　b. 母音 U は男性母音 ʊ であるが透明な母音であり、それに先行する男性母音 a が接尾辞の調和を引き起こした。
　　c. 母音 U は女性母音 u であるが透明な母音であり、先行母音 a が接尾辞の調和を引き起こした。

（45b）の解釈は不可能ではないが、他にも（45a, c）の可能性が考えられるため、「男性母音 ʊ が透明な母音であると考えざるを得ない」わけではない。むしろ、（44b）に示した通り、母音 U が男性母音 ʊ であり、かつ接尾辞の調和を引き起こしている（言い換えれば、透明な母音ではない）と考えなければならない例がある以上、仮に（45b）の解釈を取るとすれば、ある語では母音 ʊ が接尾辞の調和を引き起こし、別のある語では透明な母音として働くというアドホックな解釈になるため、（45b）の解釈は排除されるべきものである。

　次に、パターン D は母音 U に女性母音が先行し、かつ接尾辞に女性母音が選ばれる語であり、本調査では ekskUrs-ees《見学-ABL》などが該当する。この場合、母音 U のステータスには（46）（=（43）再掲）に挙げた複数の可能性がある。

(46)（=（43）再掲）
　　a. 母音 U は女性母音 u で、この母音が接尾辞の調和を引き起こした。
　　b. 母音 U は女性母音 u であるが透明な母音であり、それに先行する女性母音 e が接尾辞の調和を引き起こした。
　　c. 母音 U は男性母音 ʊ であるが透明な母音であり、先行母音 e が接尾辞の調和を引き起こした。

ここでもやはり（46c）の解釈は不可能ではないが、他にも（46a, b）の可能性が考えられるうえ、語によって母音 ʊ の透明性が異なるというアドホックな解釈になるため、（46c）の解釈は排除されるべきものである。

　つまり、パターン A および D を見ても、男性母音 ʊ が透明な母音であると考える必然性のあるデータはなく、むしろ男性母音 ʊ は一貫して接

第Ⅲ部　母音調和

尾辞の調和を引き起こすと解釈する方が自然である。したがって、「男性母音 ʊ は接尾辞の調和を引き起こす（言い換えれば、透明な母音ではない）」と一般化することができる。

　それに対し、女性母音 u の振る舞いは ʊ と対照的である。(44a) に示したように、女性母音 u が接尾辞の調和を引き起こす（言い換えれば、u が透明な母音ではない）ことを裏付ける例はほとんど観察されない。この点で、u と ʊ の間には非対称性が見られる。

　では逆に、女性母音 u が透明な母音であることを裏付けるデータはあるだろうか。この点に関しても、パターン A および D に注目して検討する。

　パターン A は先に述べたように、語幹に男性母音を含み、かつ接尾辞に男性母音が選ばれる語であり、本調査では maršrUt-aas《進路-ABL》などが該当する。この場合、母音 U のステータスの可能性は以下の通りである。

(47)（=(42)、(45) 再掲）
a. 母音 U は男性母音 ʊ で、この母音が接尾辞の調和を引き起こした。
b. 母音 U は男性母音 ʊ であるが透明な母音であり、それに先行する男性母音 a が接尾辞の調和を引き起こした。
c. 母音 U は女性母音 u であるが透明な母音であり、先行母音 a が接尾辞の調和を引き起こした。

(47b) の可能性が低いことは先ほど述べた通りであるので、ここでは網掛けを施してある。(47c) のように、女性母音 u が透明な母音であるという解釈も可能であるが、同時に (47a) の解釈も可能であり、母音 U 自体の音声的特徴を分析しない限り、どちらがより適しているかを判定することはできない。

　次にパターン D について検討する。パターン D は先に述べたように、母音 U に女性母音が先行し、かつ接尾辞に女性母音が選ばれる語であり、本調査では ekskUrs-ees《見学-ABL》などが該当する。この場合、母音 U のステータスの可能性は以下の通りである。

(48) (= (43)、(46) 再掲)
   a. 母音 U は女性母音 u で、この母音が接尾辞の調和を引き起こした。
   b. 母音 U は女性母音 u であるが透明な母音であり、それに先行する女性母音 e が接尾辞の調和を引き起こした。
   c. 母音 U は男性母音 ʊ であるが透明な母音であり、先行母音 e が接尾辞の調和を引き起こした。

こちらも (48c) の可能性が低いことは先ほど述べた通りであるので、ここでは網掛けを施してある。ここで (44a) を振り返ってみると、女性母音 u が接尾辞の調和を引き起こすと考えなければならない例はほとんどない（換言すれば、パターン B がモンゴル語に現れない）ことがわかっているので、パターン D においてのみ (48a) のように u が接尾辞の調和を引き起こすとは考えにくい。他方、女性母音 u が母音調和に関して透明な母音として働いているという (48b) の解釈は、これまで述べてきた全ての事柄と矛盾しない。もちろん、既に述べたように、u が接尾辞の調和を引き起こす例が「ない」ことは確実に証明できるわけではないが、調査によって得られたデータから分析すれば、u が母音調和に関して透明な母音である蓋然性は高い。

以上をまとめると、(49) のようになる。

(49) a. 男性母音 ʊ は接尾辞の調和を引き起こす
   b. 女性母音 u は接尾辞の調和を引き起こさず、透明な母音として働いている可能性が高い。

6.6 モンゴル語の母音調和に見られる非対称性

6.6.1 女性母音の透明性

6.5 節では、ロシア語からの借用語のデータから、女性母音 u が母音調和に関して透明な母音である可能性が高いことを見た。

u が母音調和に関して透明であることを示唆するデータとしてもう 1 つ、日本語の地名のデータが挙げられる。(10f) に示したように、植田 (2013)

は日本語の地名に含まれる母音 u が母音調和に関して透明である場合があることを指摘している。

(50)（=（10f）再掲）
聞こえ度の低い母音 u は無視される。
(Jp. oːtsu > Mo. ɔːtsu-g-ɔːs《大津-EPN-ABL》)

　日本語からの借用語は定着度が低く、発音や接尾辞の調和の個人差が大きいため確実なデータとはなりにくいが、(50) は u が透明な母音として働くことを示唆している。

　ここまで、借用語のデータをもとに、女性母音のうち e と u が母音調和に関して透明である可能性が高いことを見てきた。もう 1 つの女性母音 ө も母音調和に関して透明であることを示すデータがあれば、「咽頭性に関して無標な女性母音は咽頭性の調和に関して透明な母音である」ということが確実となるが、ө は借用語にほとんど現れないため、借用語のデータをもとに ө が透明な母音であるか否かを判定することはできない。しかし、逆に ө が母音調和に積極的に関与していることを示す事実もない。

　また、non-pharyngeal の母音（すなわち女性母音 e, u, ө）が無標であり、母音調和に関して透明であることは、正書法上の規定からも示唆される。Ariunjargal (2012: 52) によると、借用語の綴り字の規定として、「語内に男性母音があれば、接尾辞には男性母音を持つ形式を接続させる」という規定がある。つまり、語内に男性母音（pharyngeal の母音）が 1 つでもあれば、接尾辞には男性母音が選ばれるということである。一方で、女性母音（non-pharyngeal の母音）に関しては何も書かれていない。このことは、男性母音と女性母音が母音調和に関して等しく振る舞うのではなく、男性母音が有標である一方、女性母音は透明な母音として働くことを示唆している。

　以上、e だけでなく non-pharyngeal の母音が全て透明であることを示唆する例を挙げた。根拠となるデータが少ないため、この仮説をより強固なものとするためには記述と理論の両面からさらに研究を進める必要がある

が、逆に non-pharyngeal の母音が透明でないと考えなければならないようなデータは今のところ見つかっていない。この事実も併せて考えれば、モンゴル語の咽頭性の調和は有標な素性［pharyngeal］に関わるものであり、無標な母音（素性［pharyngeal］を持たない母音）は全て透明な母音として機能していると考えることは妥当である。つまり、e だけが透明な母音として特殊な振る舞いをしているのではなく、素性［pharyngeal］を持たない母音（すなわち女性母音）全体が母音調和に積極的には関わっていないと結論付けられる。

6.6.2　咽頭性の調和と円唇性の調和の非対称性

前節では、咽頭性の調和が母音素性の有標性に基づいて行われていることを見た。では、円唇性の調和も咽頭性の調和と同様に、母音素性の有標性に基づくものなのだろうか。本節ではこの点に関して、同じく借用語に対する接尾辞付与のデータをもとに考察する。なお、円唇性の調和は円唇広母音 ө/ɔ の分布にかかる制限であるが、借用語に ө はほとんど現れないため、データは ɔ の例に限られる。

円唇性の調和も咽頭性の調和と同じく、e は透明な母音として機能する。つまり、語幹末に e があっても、先行する音節に ɔ があれば接尾辞の母音は ɔ と調和する。

（51）kɔntseːrt-ɔ̠ːs《コンサート-ABL》

円唇性は円唇素性［R］の有無で表され、［R］を持つ母音が有標、持たない母音が無標であると考えられる。（51）の例からは、咽頭性の調和と同様、円唇性の調和も有標な素性［R］のスプレッドであるように見える[*25]。

[*25]　以下の表示において、咽頭素性［F］の表示は省略する。

(52) kɔntseːrt-ɔːs《コンサート-ABL》

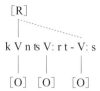

しかしながら、語幹末の母音が a である場合に問題が生じる。(19) に示した通り、接尾辞の母音は i, e を除く語幹末の母音と調和するため、語幹末の母音が a であれば接尾辞の母音には a が、語幹末の母音が ɔ であれば接尾辞の母音には ɔ がそれぞれ選ばれる。

(53) a. radio̬-g-ɔ̬ɔs《ラジオ-EPN-ABL》
    b. rɔmaan-aas《小説-ABL》

(53)の例を素性のスプレッドとして示すと、(54)のようになる。

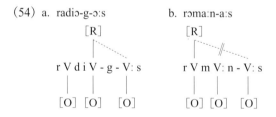

(54a)では語幹の母音が持つ素性［R］が接尾辞の母音にスプレッドされることで、適切な形式が得られる。しかし(54b)では、接尾辞の母音は素性［R］を持たない形が実際に観察される形であるが、素性［R］が接尾辞の母音へとスプレッドされると誤った形が出力されてしまう。正しい形を出力するためには、第2音節の母音を越えて［R］のスプレッドが起こることを阻止しなければならない。つまり、a が円唇性に関して無標な母音であるからといって、円唇性の調和に関して透明な母音とはならないということである。

6.6.1 節では、咽頭性の調和においては、素性［F］に関して無標な母音

(すなわち女性母音)は全て透明な母音であることを述べた。しかし、円唇性の調和においては、円唇性[R]に関して無標な母音(すなわち非円唇母音)が必ずしも透明な母音ではないということが明らかになった。この点で、円唇性の調和と咽頭性の調和はやや異なるタイプの現象であり、両者の間には非対称性があると言える。

　これらの事実は、円唇性の調和の理論的分析の問題点を浮き彫りにする。素性[R]のスプレッドによる分析では、(52)では接尾辞の母音に向かって[R]がスプレッドされるのに対し、(54b)では[R]がスプレッドされないという違いを説明できない。non-pharyngealの母音であるeは円唇性に関しても透明である一方、pharyngealの母音であるaは円唇性に関して透明ではないという事実から、円唇性の調和は素性[F]との相互作用があると考えられる。

　さらに、円唇性の調和が素性のスプレッドで説明できないことは、円唇狭母音u/ʊの不透明性(opacity)についても同様である。6.1.3節でも示した通り、円唇狭母音u/ʊは円唇素性[R]を持つが、その素性は後続する母音に向かってスプレッドしない。

(55) (= (7) 再掲)

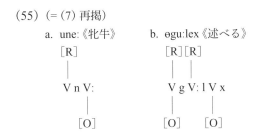

Svantesson et al. (2005: 54)も認めているように、この事実はアドホックな規則を想定しない限り説明できない。円唇性の調和は広母音のみに関わることから、素性[R]と素性[O]との相互作用が起こっていると推察される。

以上述べてきたように、借用語に対する円唇性の調和の問題、および円唇狭母音の不透明性には、ともに素性［R］と他の素性（［F］または［O］）との相互作用が影響していると思われる。このことから、素性［R］の層（tier）が独立に存在するという自律分節理論の概念では、モンゴル語の円唇性の調和を適切に説明することは難しい。この現象を適切に説明することができる新たな理論を提示することが望まれるが、本書の目的を超えているため、ここではモンゴル語の咽頭性の調和と円唇性の調和に非対称性があることを指摘するにとどめておく。

6.7 第6章のまとめ

本章では、モンゴル語の母音調和に関して、主に（56）（=（1）再掲）のような問いに焦点を当てて観察してきた。

(56)（=（1）再掲）
    a. 語幹内の調和と接尾辞の調和は同じ原理に従っているか。
    b. 母音調和における2つのクラスは同じステータスを持つのか。

（56a）に対しては、借用語に対する接尾辞の調和において e が透明な母音として働いており、その事実を説明するには、「語幹内の調和と接尾辞の調和は別の原理に従っている」あるいは「語幹内の調和と接尾辞の調和は同じ原理に従っているが、適用されるサイクルが異なる」と分析する必要があることを論じた。次に（56b）に対しては、女性母音 e, u, ɵ は全て透明な母音として機能している可能性が高いという事実から、モンゴル語の咽頭性の調和では、有標な素性［pharyngeal］を持つ母音（すなわち男性母音）は積極的に素性のスプレッドに参加するのに対し、素性［pharyngeal］を持たない無標な母音（すなわち女性母音）は母音調和に積極的には関わっておらず、両者に非対称性が見られることが明らかになった。

これらはいずれも、借用語をデータとして活用することで得られた事実である。特に女性母音の透明性については、本来語の振る舞いのみを観察

しても決して得られないものである。本来語では語幹内も母音調和に従うため、接尾辞の調和が語幹のどの母音によって決まっているのかがはっきりしない。しかし、語幹内において母音調和の原則に従っていない借用語をデータとして用いることで、接尾辞の母音が語幹内のどの母音と調和しているかが明らかになり、女性母音 e, u（そしておそらく o も）は本質的に母音調和に積極的には関わらない透明な母音であることが示されたのである。そしてその解釈は本来語の母音調和の分析とも矛盾しないばかりか、有標性の概念を用いたより理論的な分析となる。つまり、「借用語音韻論」の観点を取り入れることによって、モンゴル語に潜む母音調和の原理が明らかにされたと言える。

第7章

借用語内部の母音調和

　本章では借用語の語幹内部おける母音調和について扱う。

　これまで見てきたように、借用語は語幹内の母音配列において、基本的に母音調和の原則に従わない。しかし、借用語の中には母音調和が適用されている（あるいは、適用されているように見える）ものも存在する。本章ではそのような借用語をデータとし、主として以下の点について検討する。

(1) a. 借用語内部に見られる母音調和には、どのようなものがあるか。
　　b. それらは、本来語に見られる母音調和と同様の原理に従っているか。
　　c. 借用語内部に見られる母音調和のデータから、「モンゴル語の語幹内の母音調和は共時的に生産的な規則である」と結論付けられるか。

　7.1 節では、6.5 節でも取り上げたロシア語の /u/ に由来する母音 U の借用について再検討し、ロシア語の母音 /u/ がモンゴル語で /u/ と /ʊ/ に分岐する現象には母音調和が関わっている可能性があることを示す。次いで 7.2 節ではその仮説に基づき、ロシア語の母音 /u/ が音声的にどのように実現するかを詳細に分析することにより、音声的に母音 /u/ の借用に母音調和が関わっていることを主張する。7.3 節では、原語でアクセントを持つ母音が借用語内の母音調和を引き起こしている例を取り上げる。7.4 節では以上の議論をまとめ、借用語に見られるこのような母音調和の現象は、借用語が定着して本来語の音韻構造に近づいていくプロセスであることから、共時的な母音調和の規則によるものであると言えるが、全て本来語の母音調和とは異なる特徴を持つため、本来語の語幹内の母音調和と同

一の現象とは捉えられないことを述べる。

7.1 /u/ の借用—意識調査[*1]

7.1.1 問題の所在

6.5.1 節で述べたように、モンゴル語におけるロシア語からの借用語は、ほとんどの場合ロシア語のキリル文字による綴りがそのまま導入される。ロシア語の ⟨у⟩ /u/ はモンゴル語に借用される際、文字としてはそのまま ⟨у⟩ で綴られるが、音価としては /ʊ/ [ʊ～o] と /u/ [u] に分岐する。

(2)　　キリル文字 (転写)　　音声　　　意味
　　a. ⟨курс⟩ (kUrs)　　　[kuːrs]　　《コース、学年》
　　b. ⟨минут⟩ (minUt)　　[minoːt]　《(時間の) 分》

（塩谷・プレブジャブ 2001: 57、文字転写と下線は筆者による）

図 7-1：ロシア語の /u/ の分岐 (=図 6-1 再掲)

しかし、この分岐が全く予測不可能な（完全に語彙的な）ものなのか、音韻的な条件が関わっているものなのかは明らかでない。

また、キリル文字 ⟨ю⟩ は、ロシア語では /ju/ を表すのに対し、モンゴル語では /jʊ/ と /ju/ の両方を表す。モンゴル語の固有語においては、⟨ю⟩ は母音調和に従って、男性語の中では /jʊ/、女性語の中では /ju/ となる (3a, b)。しかし借用語は、語内部では基本的に母音調和に従わないため、⟨ю⟩ が /jʊ/ と /ju/ のどちらになるのかを母音調和の観点から決定することはできない (3c)。

[*1] 本節は植田 (2014b) をベースに、新たなデータを付け加え再分析したものである。

(3) キリル文字（転写）　　　　男／女　音韻表記　意味
　　a. ⟨оюутан⟩ (ɔjUʊtan)　　男性語　/ɔjʊʊtaŋ/　《学生》
　　b. ⟨юүлүүр⟩ (jUuluur)　　女性語　/juuluur/　《漏斗》
　　c. ⟨компьютер⟩ (kɔmpʲjUter)　　?　　　?　　《コンピューター》

このことから、ロシア語でキリル文字⟨ю⟩で書かれるものは、モンゴル語で /ju/ と /jʊ/ に分かれることが予想される。

図 7-2：予想されるロシア語の /ju/ の分岐

しかし、この分岐に関しては Sanders and Bat-Ireedüi (1999) や塩谷・プレブジャブ (2001) では述べられておらず、実際に分岐が起こるか否か、起こるとすればどのような条件で起こるのかは定かでない。

以上述べたような、ロシア語からの借用語に見られる母音 /u/ および /ju/ の分岐の実情や音韻条件について明らかにするために、調査を行った。

7.1.2　調査内容（調査 7-1）

借用語に含まれる ⟨y (U)⟩ および ⟨ю (jU)⟩ の部分に下線を引き、「下線部の ⟨y (U)⟩ および ⟨ю (jU)⟩ の発音は、モンゴル語の ⟨y (ʊ)⟩ と ⟨ү (u)⟩ のどちらであるか」を母語話者に問うた[*2]。調査語彙は、母音 ⟨y (U)⟩ または ⟨ю (jU)⟩ を含む借用語77語である[*3]。このうち、⟨tUngUȝ⟩《ツングース》、⟨UrUgwai⟩《ウルグアイ》、⟨ljUksembUrg⟩《ルクセンブルク》には ⟨y

---

[*2]　選択肢には ⟨y (ʊ)⟩ と ⟨ү (u)⟩ の他に、「どちらでもよい」「わからない」を含めた。
[*3]　借用語の中には、厳密にはロシア語からの借用語と言えるかどうかわからない地名や、明らかに中国語由来の語 (kʊnz《孔子》) も含まれているが、⟨y (U)⟩ の取り入れ方という観点ではロシア語からの借用語と同様に扱えると判断したため、調査語彙に含めてある。

(U)〉または〈ю（jU)〉が 2 つ含まれているため、対象となる母音は 80 個となる。対象となる母音のうち〈y（U)〉が 74 個、〈ю（jU)〉が 6 個である。

インフォーマントは、以下の 3 名である。

表 7-1：インフォーマント（調査 7-1）

名前	年齢	性別	出身
TG	21	男	ウランバートル（UB）
AR	25	女	ウランバートル（UB）
MH	21	女	ダルハン（UB から北へ約 200 キロ）(10 歳で UB へ移住)

3 名とも日本語の上級者でもあるが、ロシア語の知識は学校教育で数年学んだ程度である。

7.1.3　調査結果（調査 7-1）

①〈ю（jU)〉に対する母音の選択

まずは数が少なく結果が単純であった〈ю（jU)〉について、結果を示す。〈ю（jU)〉に対しては、全てのインフォーマントが全ての語例に対して ju であると回答した。

表 7-2：借用語の〈ю（jU)〉に対する jʊ, ju の数

インフォーマント	〈ю（jU)〉		わからない	計
	→ jʊ	→ ju		
TG	0	6	0	6
AR	0	6	0	6
MH	0	6	0	6

語例は（4）の通りである[*4]。

[*4] 借用語において、原語でアクセントのある母音は長母音として受容される。(4) の音韻表記では、その事実も反映させてある。

(4) 〈ewɔljUts〉/ewɔljuuts/《進化》
〈jUbka〉/juubka/《スカート》
〈kɔmpʲjUter〉/kɔmpʲjuuter/《コンピューター》
〈kɔstjUm〉/kɔstjuum/《スーツ》
〈ljUksembmbUrg〉/ljuksembUUrg/《ルクセンブルク》
〈waljUt〉/waljuut/《外貨》

　本調査では、借用語においてキリル文字〈ю (jU)〉で書かれるものは、モンゴル語ではもっぱら ju となった。インフォーマントの1人（AR）からも、直後に母音を伴わないで書かれたキリル文字〈ю (jU)〉は［ju］としか読まない、というコメントを得た[*5]。語例が少ないため断言はできないが、ロシア語でキリル文字〈ю (jU)〉で書かれるものは、モンゴル語ではもっぱら ju になる可能性が極めて高い。分岐の状況としては、図 7-3 のようになると考えられる。

図 7-3：ロシア語の /ju/ の分岐

② 〈y (U)〉に対する母音の選択
　次に〈y (U)〉についての結果を示す。
　各インフォーマントがどの程度の割合で ʊ と u に分岐させたかを表 7-3 に示す。
　数としては、圧倒的に ʊ になる場合が多いことがわかる。ここに文字の影響が関わっている可能性がある。先述したように、モンゴル語においてキリル文字〈y〉は /ʊ/ を表す。このことが原因となり、借用語において

---

*5　今回の調査では読み方を問うため、インフォーマントが「文字の読み方」を答えた可能性は排除できない。この問題は、文字を全く用いない調査を行うことで回避できる可能性がある。今後の課題としたい。

第Ⅲ部　母音調和

表 7-3：借用語の〈y (U)〉に対する ʊ, u の数

インフォーマント	〈y (U)〉		わからない	計
	→ʊ	→u		
TG	65	7	2	74
AR	62	7	5	74
MH	69	5	0	74

もキリル文字〈y〉をʊとして取り入れる（あるいは、そう答えてしまう）ことが優勢となっていると考えられる。

　先行研究でuになるとされていた語でも、話者によってはʊとして認識されている。例えば〈mUzei〉《博物館》は、Sanders and Bat-Ireedüi (1999) ではuとして受容される（すなわち /muzei/ となる）とされているが、本調査ではインフォーマント AR と MH でʊが選択された。

　〈y (U)〉に対してuが選ばれた例は少ないが、具体的にどのような語においてuが選ばれたのだろうか。表 7-3 からは、〈y (U)〉に対してuが選ばれたのは延べ 19 例（インフォーマント TG では 7 例、AR では 7 例、MH では 5 例）であることが読み取れるが、その内訳を見てみると、ある特定の語に集中している。〈y (U)〉に対してuが選ばれた語の例と、その回数（つまり、3 名のうち何名がuを選んだか）を表 7-4 に示す。なお、表 7-4 ではどのインフォーマントがuを選んだかという情報も併せて記してある。

　〈y (U)〉に対してuが選ばれたこれらの語には、何か共通点があるのだろうか。ここでは、母音 U に隣接する他の母音の音価に注目したい。表 7-4 を見ると、1 音節語であるために隣接する母音がない (a) を除き、全て母音 U に隣接する母音がeとなっている。このことから、uが選ばれる背景に母音調和があるのではないかと考えられる。eは母音調和のクラスで言えば女性母音で、uも同じく女性母音である一方、ʊは男性母音であり、母音調和のクラスが異なる。よって、女性母音eが隣接する場合において母音 U は女性母音のuとなる、ということは、母音調和の観点から見れば自然なことである。

240

表 7-4：⟨y (U)⟩ に対して u が選ばれた語と回数

	語例	u が選ばれた回数
(a)	kUnz《孔子》	3 (TG, AR, MH)
(b)	sUpermarket《スーパーマーケット》	3 (TG, AR, MH)
(c)	Uzbek《ウズベキスタン》	3 (TG, AR, MH)
(d)	wensUel《ベネズエラ》	3 (TG, AR, MH)
(e)	sekUnd《秒》	2 (TG, MH)
(f)	sUb-ektiwizm《個人主義》	2 (TG, AR)
(g)	mUzei《博物館》	1 (TG)
(h)	pUlemjɔt《機関銃》	1 (AR)
(i)	tUrkmen《トルクメニスタン》	1 (AR)
計	9 語	延べ 19 回

　さらに言えば、母音 U に対して u となる条件が、「隣接する母音が e」というだけでなく、「語内に女性母音しかない場合」と言うことができれば、単なる音声的な同化現象ではなく、モンゴル語に見られる体系的な母音調和との並行的な現象だとみなすことができる。その観点から改めて表 7-4 を見ると、(b) sUpermarket《スーパーマーケット》と (h) pUlemjɔt《機関銃》を除き、「語内に女性母音しかない」という条件を満たしている。このうち sUpermarket《スーパーマーケット》はもともと super-market という 2 つの形態素からなっている。モンゴル語においては sUper と market がそれぞれ形態素をなすことを示す証拠は見つかっていないが、語の長さからしても 2 つの形態素（あるいは疑似形態素）に分離できる可能性は十分にある。そのように仮定すれば、sUper-market においても、sUper という形態素の中には母音 U の他には女性母音しか存在しないことになる。このことから、母音 U が u として受容される条件として「同一の語（厳密には形態素）の中に女性母音しか含まれない」という条件が関わっていると考えられる。

　しかし、これには 3 つの問題がある。1 つ目は、例外の存在である。pUlemjɔt《機関銃》に関しては語内に男性母音が含まれており、2 つの形

第Ⅲ部　母音調和

態素からなっている可能性も低いため、上述の条件に当てはまらない。現時点では、この語を例外と扱う他に方法はない。

2つ目の問題は、「母音 U に対して女性母音 u が選ばれるならば、語内の他の母音は女性母音のみである」ことは示されたが、その逆の「語内の他の母音が女性母音のみであるならば、母音 U に対して女性母音 u が選ばれる」とは言えないため、必要十分条件にはなっていない点である。表7-5 に、語内の他の母音が女性母音のみであるにもかかわらず、〈y（U）〉に対して男性母音の ʊ が現れた例を示す。

表7-5：女性母音＋ʊ となる語と回数

	語例	ʊ が選ばれた回数
(a)	ekskUrs《見学》	3 (TG, AR, MH)
(b)	ljUksembUrg《ルクセンブルク》	3 (TG, AR, MH)
(c)	perU《ペルー》	3 (TG, AR, MH)
(d)	mUzei《博物館》	2 (AR, MH)
(e)	tUrkmen《トルクメニスタン》	2 (TG, MH)
(f)	sekUnd《秒》	1 (AR)
(g)	sUb-ektiwizm《個人主義》	1 (MH)
計	7語	延べ15回

表7-5 のような例がある以上、「母音 U が u となるか ʊ となるかは母音調和によって決まっている」と単純に結論付けることはできない。明らかであるのは「母音 U に対して女性母音 u が選ばれるならば、ほとんどの場合、語内の他の母音は女性母音のみである（その逆は成り立たない）」ということだけである。

3つ目の問題は、母音調和の方向性である。本来語の母音調和では、素性のスプレッドは左から右に起こるが、母音 U の借用においては後続母音が先行する母音 U の音価を決定するものがあるため、スプレッドが右から左へも起こり得ることになる。この点については 7.2.5 節で詳しく述べる。

7.2 /u/ の借用―母音 U の音声的特徴

7.2.1 調査のねらい

　調査 7-1 は、母語話者に発音を「尋ねる」という一種の意識調査であり、実際の発音を分析したものではない。そこで本節では、ロシア語の u に由来する母音 U の実際の発音を分析することによって、この母音の分岐に母音調和が関わっているかどうかを検討する。

　一般音声学的に、母音は主にフォルマント、特に F1 と F2 によって区別される。したがって、母音 U が /ʊ/［o ～ ʊ］と /u/［u］のいずれで発音されているかを明らかにするために、本調査でも F1 と F2 の数値を用いる。まず、/o/ と /u/ がはっきり区別される本来語を用い、それぞれの母音の F1 および F2 の値を計測し、インフォーマントごとの母音空間図を作成するとともに、両母音の境界を統計学的に算出する。次に、ロシア語からの借用語に含まれる母音 U の F1 および F2 の値を計測し、各インフォーマントの母音空間図および両母音の境界と照らし合わせる形で、当該母音が /ʊ/［o ～ ʊ］であるか /u/［u］であるかを判定する。そして、「母音 U の分岐には母音調和が関わっている」という仮説に基づき、「母音 U は、語内に男性母音が含まれるときには男性母音 o として実現し、語内に女性母音しか含まれない時には女性母音 u として実現する」と言えるかどうか検討する。

7.2.2 調査内容（調査 7-2）[*6]

　調査語彙は、本来語が /o/ または /oo/ を含む語 12 語（うち、orool《唇》は 1 語の中に /o/ と /oo/ の両方を含む）と、/u/ または /uu/ を含む語 7 語（うち、uruul《磨かせる（IMP）》は 1 語の中に /u/ と /uu/ の両方を含む）である。具体的には表 7-6 の通りである。

---

*6 この調査は、6.5.3 節で見た調査 6-2 と共通の調査である。ただし、分析対象となる語はこの調査の方が多い。

第Ⅲ部　母音調和

表7-6：調査語彙（調査7-2の本来語）

環境	語例
/ʊ/, /ʊʊ/ を含む語	adʊʊ《馬》 bʊx《雄牛》 dʊʊ《歌》 dʊslax《滴る》 dʊx《ひたい》 tʊslax《手伝う》 tʊx《落ち着き》 ʊrd《南》 ʊrt《長い》 ʊrʊʊl《唇》 ʊʊt《袋》 xʊral《会議》
/u/, /uu/ を含む語	bux《全て》 denduu《極めて》 duu《弟》 uud《扉》 ur《結果》 uruul《磨かせる》 xurel《青銅》

　一方の借用語は、母音〈y（U）〉を含む借用語41語（うち地名が17語、UrUgwai《ウルグアイ》は1語に2つのUを含むため、ターゲットとなる母音は42個）である。具体的には表7-7の通りである。なお、後に母音調和の影響に着目するため、母音Uの他の母音が母音調和に関してどのような性質の母音であるかに基づいて整理しておく。

表7-7：調査語彙（調査7-2の借用語）

環境	語例
他の母音なし[7]	grUpp《グループ》 klUb《クラブ》 kUb《立方体》 kUrs《コース、学年》 tUrk《トルコ》
中性母音のみ	grUzi《グルジア》 minUt《分》 rUmiin《ルーマニア》 tUnis《チュニジア》 Untsi《オンス》 wirUs《ウイルス》
女性母音のみ[8]	brUnei《ブルネイ》 ekskUrs《見学》 ljuksembUrg《ルクセンブルク》 mUzei《博物館》 perU《ペルー》 sekUnd《秒》 sUb-ektiwizm《個人主義》 sUpermarket《スーパーマーケット》[9] texnikUm《技術学校》 tUrkmen《トルクメニスタン》 Uzbek《ウズベキスタン》 wensUel《ベネズエラ》
男性母音を含む	armatUr《アマチュア》 awtɔbUs《バス》 belɔrUs《ベラルーシ》 depUtat《議員》 fɔkUs《焦点》 gradUs《度》 kamerUn《カメルーン》 kɔlUmbi《コロンビア》 kɔmmUna《コミューン》 maršrUt《進路》 metallUrgi《冶金学》 nikaragUa《ニカラグア》 pUlemjɔt《機関銃》 rUanda《ルアンダ》 singapUr《シンガポール》 štUrman《ナビゲーター》 trɔlleibUs《トロリーバス》 UrUgwai《ウルグアイ》

---

[7]　「他の母音なし」の語の中には、語頭に子音連続を持つ語も含まれている。モンゴル語では語頭の子音連続は許容されず、発音上は子音間に母音が挿入されること

第7章 借用語内部の母音調和

　調査語彙をダミーの語と共にランダムに並べ、語彙リストを作成した。インフォーマントはその語彙リストを見ながら、1語につき次の (i) 〜 (iii) の手順で読み上げを行った。

(i)　語を単独で読み上げ
(ii)　語をキャリア文①に入れて、文全体を読み上げ
　　　キャリア文①：＿＿＿＿　　ge-deg　　nʲ　　joʊ　　we?
　　　　　　　　　＿＿＿＿　　言う-HAB　3. POS　何　INT
　　　　　　　《＿＿＿＿というのは何ですか？》

(iii)　語に奪格接尾辞を付け、キャリア文②に入れて文全体を読み上げ
　　　キャリア文②：ter　　"＿＿＿＿　өөr"　　gej　　xel-sen
　　　　　　　　　3. SG　　＿＿＿＿　以外　　QUOT　言う-PP
　　　　　　　《彼は「＿＿＿＿以外」と言った》

　(i) 〜 (iii) でそれぞれターゲットとなる語が読み上げられるため、1語につき3トークンが得られることになる。なお、インフォーマントのうち1人 (ST) は、(ii) と (iii) の間にもう1度、語の単独の読み上げを行った。つまり、このインフォーマントからは1語につき4トークン得られたことになる。これは筆者が意図しないものであったが、トークン数が多いことは問題にならず、むしろ統計的にはサンプルが多い方が望ましいため、あえてこのデータを除外することはせず、全て分析対象とした。
　インフォーマントは調査6-2と共通の、表7-8の3名である。

　　　が多い。しかし、挿入される母音は基本的に後続する母音と同じものであるため、母音調和の観点から分類するとこれらの語も「他の母音なし」と同じように扱える。
*8　「女性母音のみ」には、女性母音と中性母音を含む語も入っている。
*9　sUpermarket《スーパーマーケット》には男性母音が含まれるが、前節で見たようにこの語は sUper-market の2つの形態素に分けられる可能性が高く、sUper には女性母音のみが含まれているため、この語を「女性母音のみ」に分類してある。

第Ⅲ部　母音調和

表7-8：インフォーマント（調査7-2）

名前	年齢	性別	出身
MS	23	男	ウランバートル（UB）
NZ	18	女	フブスグル（UBから北西へ約630キロ）
ST	16	女	ボルガン（UBから北西へ約250キロ） （8歳から11歳までUBで暮らした経験あり）

　読み上げられた文を録音し、praatで分析した。分析の手順は以下の通りである。

(i) 音声波形とスペクトログラムから母音の定常部を同定し、そのうちフォルマント構造が安定している部分のみを分析範囲とする。
(ii) 分析範囲において、第1フォルマント（F1）と第2フォルマント（F2）の平均値を計測する。計測時の設定は、表7-9の通りである。

表7-9：フォルマント計測時の設定

Time step [s]	0.0 (=auto)
Max number of formants	5
Maximum formant [Hz]	5500（女性）/ 5000（男性）
Window length [s]	0.025
Pre-emphasis from [Hz]	50

　"Maximum formant"については、女性と男性で設定値を変えている（Shirai 2009: 3）。その他の設定項目については、標準値を採用している。

7.2.3　調査結果（調査7-2）

　本節では、本来語に現れるu, ʊのF1, F2の散布図を示した上で、両者の境界を統計的に算出し、その境界を利用して、借用語に含まれる母音Uが[u]と[ʊ]*10のどちらであるかを判定する。そして、その分岐に母音

───────
*10　/ʊ/に対応する音声は[o]で表した方が実態に近いが、混乱を防ぐためここでは

第 7 章　借用語内部の母音調和

調和が関わっているか否かを検討する。なお、先述したように、母音は主にF1とF2によって区別されることが明らかであるが、話者（特に、男性と女性、大人と子供）によってフォルマントの絶対値は異なる。その差異がどのように正規化され、同じ母音であると知覚されるかという点について、正確なことはよくわかっていない（Kent and Read 1992: 89）。したがって、本研究ではインフォーマントごとに ʊ と u の境界の算出、母音 U の所属の判定、母音調和の影響の検討を行うこととし、インフォーマント間の比較は行わない（すなわち、正規化の問題には立ち入らない）。

①インフォーマント MS

図 7-4 はインフォーマント MS の本来語の ʊ, u のフォルマント値を散布図に示したものである。図中の「判別直線」は、重回帰分析によって得られた 1 次関数の直線であり、u と ʊ の境界をなす。統計的な分析の詳細は省略するが、判別的中率は 83.9% で、目安とされる 80% を越えているため、信頼できる判別直線となっている。なお、明らかな外れ値[*11] は

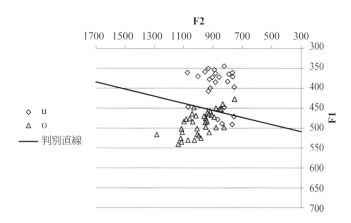

図 7-4：本来語の u, ʊ のフォルマント散布図 (MS)

　　［ʊ］の表記で統一する。
*11　外れ値が現れた原因としては、鼻母音化によるフォルマント値の上昇、母音区間の極端な短さ、praat の計測エラーなどが考えられる。

第Ⅲ部　母音調和

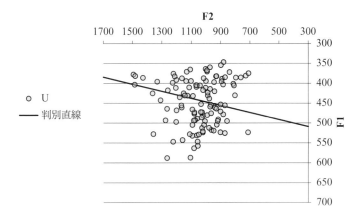

図7-5：借用語の母音Uのフォルマント散布図 (MS)

データから除外している（以下の分析でも同様の処理を施してある）。

　ここで得られた判別直線を、借用語の母音Uのデータに利用する。図7-5は同じくインフォーマントMSの借用語の母音Uのフォルマント値を散布図に示し、そこに判別直線を当てはめたものである。

　図中の判別直線より上部に位置する母音Uは /u/、下部に位置する母音Uは /ʊ/ の領域に含まれ、それぞれ音声的には [u], [ʊ] であると解釈される。

　このインフォーマントでは、借用語に含まれる母音Uは [u] と [ʊ] にほぼ半分ずつに分岐していることが見て取れる。7.1.3節で示したように、話者に母音Uの発音を問う「意識調査」では、母音Uに対してʊを選ぶ頻度がuを選ぶ頻度に比べて圧倒的に高かったが、インフォーマントMSの音声データではそのような偏りは見られない。

　次に、この分岐に母音調和が関わっているかどうかを検討する。表7-10は、母音Uが [u] として発音された回数と [ʊ] として発音された回数を、環境ごとに分けて示したものである。ターゲットとなる母音が42個あり、それぞれ3回ずつ発話され、外れ値として除外された例が13例あるため、合計113例となる。

表7-10：母音Uの出現環境と発音 (MS)

環境	[u]	[ʊ]	計
他の母音なし	14	1	15
中性母音のみ	6	9	15
女性母音のみ	29	5	34
男性母音を含む	8	41	49
計	57	56	113

　［u］と［ʊ］の分岐に環境による影響が見られるかどうかを確かめるため、χ^2 検定を行ったところ、1% 水準で有意差が検出された。χ^2 検定はその性質上、どの群の間に有意差があるのかまではわからないが、表7-10からは、「中性母音のみ」を除いて数値に偏りがあることが見て取れる。

　まず「他の母音なし」の環境では、［u］として発音された頻度が［ʊ］として発音された頻度を大きく上回っている。言い換えると、語内の母音がUのみであれば、この母音はほとんどの場合［u］として発音される。なお、このインフォーマントは「他の母音なし」の環境の語に奪格接尾辞を付与した際、全ての語例で女性母音を含む -ees を選択した。このことは、語内の唯一の母音Uを女性母音の /u/ であると認識していることを意味する。これらの事実から、少なくとも本調査の範囲では、語内の母音がUのみである場合にはこの母音は /u/ として受容され、その結果［u］として発音されると言える。このことは、母音Uが言語（ロシア語）で /u/ であることと関係があるように思われる。つまり、ロシア語の /u/ は、母音調和に関して何の指定もない環境では、そのまま［u］として現れるのではないか、という仮説が立てられる。

　しかしながら、この仮説は、「中性母音のみ」という環境で［ʊ］の頻度が高いという結果を説明できない。中性母音は母音調和に関して透明であるため、ロシア語の /u/ は母音調和の影響を受けることなく /u/［u］で現れることが期待される。さらに、仮に母音調和の影響があったとしても、母音 i は non-pharyngeal な母音であるので、母音 U は non-pharyngeal な

母音である /u/ [u] として現れることが期待される。しかし実際には、「中性母音のみ」という環境では [u] と [o] の頻度に大きな差がないばかりか、むしろ [o] の方がやや頻度が高いという結果となっている。このことから、「ロシア語の母音 /u/ は母音調和に関して何の指定もない環境では、そのまま /u/ として現れる」という仮説は、妥当性が低いと言わざるを得ない。結局のところ、母音調和に関して何の指定もない環境において、母音 U が /u/ と /o/ のどちらで現れるかは予想がつかないという結論となる。

　一方、「女性母音のみ」「男性母音を含む」という環境では、両者に大きな違いがあり、その違いに母音調和が影響している可能性が高い。母音 U 以外の母音が女性母音のみという環境では、母音 U が女性母音 [u] と発音される頻度が高く、逆に語内に男性母音が含まれている場合には、母音 U が男性母音 [o] と発音される頻度が高い。これは、母音調和の方向に合致している。なお、他の環境（すなわち、「他の母音なし」と「中性母音のみ」）のデータを除外し、「女性母音のみ」「男性母音を含む」の2つのみを用いて χ^2 検定を行うと、両者に1％水準で有意差が見られる。

②インフォーマント NZ

　次に、インフォーマント NZ の結果を示す。まずは本来語の o, u の散布図と判別直線を図 7-6 に示す。判別直線による判別的中率は 93.4％ である。

　次いで図 7-7 に、同じくインフォーマント NZ の借用語の母音 U のフォルマント散布図を示す。判別直線は図 7-6 に引いたものと同じものであり、この直線より上部が [u]、下部が [o] の範囲となる。

　このインフォーマントでは、判別直線より下に位置するデータが多いことから、借用語に含まれる母音 U は [u] よりも [o] で現れる頻度が高いことがわかる。その点も含め、表 7-11 に母音 U の出現環境と発音との関係を示す。このインフォーマントも、ターゲットとなる母音が42個、3回ずつの発話で、外れ値として除外された例が13例であったため、合計113例となる。

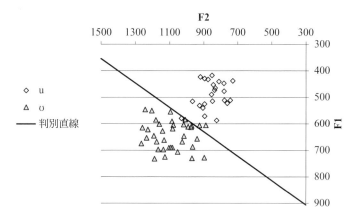

図7-6：本来語のu, ʊのフォルマント散布図（NZ）

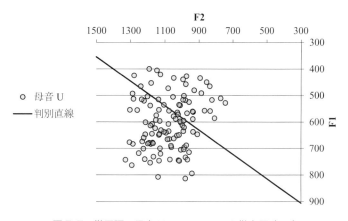

図7-7：借用語の母音Uのフォルマント散布図（NZ）

　χ^2検定の結果、1%水準で有意差が検出された。以下では、環境ごとの偏りについて考察する。

　「他の母音なし」および「中性母音のみ」の環境では、上で述べたインフォーマントMSの結果と同様である。つまり、「他の母音なし」では母音Uが［u］として発音された頻度が［ʊ］として発音された頻度を大きく

第Ⅲ部　母音調和

表7-11：母音 U の出現環境と発音 (NZ)

環境	[u]	[ʊ]	計
他の母音なし	13	2	15
中性母音のみ	4	11	15
女性母音のみ	15	15	30
男性母音を含む	5	48	53
計	37	76	113

上回っているが、「中性母音のみ」の環境では［u］の頻度が高いとは言えず、むしろ［ʊ］の頻度の方が高いという結果となっている。これらの環境ではやはり、母音調和に関して何の指定もない環境においては、母音 U が /u/ と /ʊ/ のどちらで現れるかは予想がつかない。

一方、「女性母音のみ」という環境では、［u］と［ʊ］の頻度が半分ずつとなっている。全てのデータを合わせた場合には［u］と［ʊ］がおよそ1対2の割合（37対76）で現れることを考えると、「女性母音のみ」の環境では相対的に女性母音［u］が現れる割合が高いと言える。反対に、「男性母音を含む」という環境では、男性母音［ʊ］の出現頻度が圧倒的に高い。これもやはり、母音調和の方向に合致している。なお、「女性母音のみ」「男性母音を含む」の2つのみを用いて χ^2 検定を行うと、両者に1%水準で有意差が見られる。

③インフォーマント ST

最後に、インフォーマント ST の結果を示す。まずは本来語の ʊ, u の散布図と判別直線を図 7-8 に示す。判別直線による判別的中率は 91.1% である。

このインフォーマントの判別直線は傾きが大きい。これは、u と ʊ を主に F2 によって区別していることを意味する。この判別直線は先に述べた 2人のものとはかなり異なっているが、先述したようにインフォーマント間での比較は行わないため、インフォーマント ST の借用語の母音 U の分

第7章　借用語内部の母音調和

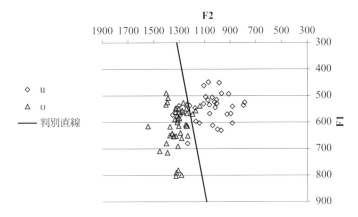

図7-8：本来語のu, ʊのフォルマント散布図（ST）

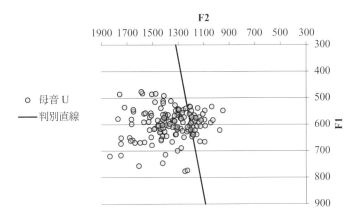

図7-9：借用語の母音Uのフォルマント散布図（ST）

析はあくまでも図7-8の判別直線を用いて行う。

　図7-9に、インフォーマントSTの借用語の母音Uのフォルマント散布図を示す。判別直線は図7-8に引いたものと同じものであり、この直線より右側が[u]、左側が[ʊ]の範囲となる。

　このインフォーマントでも、判別直線より左に位置するデータが多いこ

253

表 7-12：母音 U の出現環境と発音（ST）

環境	[u]	[ʊ]	計
他の母音なし	7	11	18
中性母音のみ	4	16	20
女性母音のみ	15	27	42
男性母音を含む	9	57	66
計	35	111	146

とから、借用語に含まれる母音 U は［u］よりも［ʊ］で現れる頻度が高いことがわかる。その点も含め、表 7-12 に母音 U の出現環境と発音との関係を示す。このインフォーマントは、1 語につき 4 回ずつ発話しており、ターゲットとなる母音が 42 個、外れ値として除外された例が 22 例あったため、合計 146 例となる。

このインフォーマントでは、環境ごとの大きな偏りは見られず、χ^2 検定でも 5% 水準での有意差は検出されなかった。母音調和の影響が現れることが予想される「女性母音のみ」「男性母音を含む」という環境に注目すると、前者では女性母音の［u］、後者では男性母音の［ʊ］が現れる割合が他の環境に比べて高く、母音調和の方向に合致するものの、この 2 つの環境のみを対象としても統計的な有意差は検出されなかった。

7.2.4　母音 U の分岐と母音調和との関係に関する考察

前節では、ロシア語の母音 u に由来する母音 U の発音について、インフォーマントごとに結果を示した。本節ではその結果をまとめ、母音 U の分岐がどのような原理に従って起こっているのか、とりわけ母音調和がどの程度影響を及ぼしているのか考察する。

3 名のインフォーマントの結果は、表 7-13 のようにまとめられる。

注目されるのはやはり、インフォーマント MS と NZ における「女性母音のみ」「男性母音を含む」（網掛け部分）の結果である。この 2 名においては、母音 U が「女性母音のみ」という環境では女性母音の［u］として発

表7-13：母音Uの出現環境と発音の傾向（まとめ）

環境	インフォーマント		
	MS	NZ	ST
他の母音なし	[u]が優勢	[u]が優勢	差はない
中性母音のみ	ほぼ差はない	ほぼ差はない	差はない
女性母音のみ	[u]が優勢	[u]が優勢	差はない
男性母音を含む	[ʊ]が優勢	[ʊ]が優勢	差はない

音され、「男性母音を含む」という環境では男性母音の [ʊ] として発音される傾向にあった。この傾向は、母音調和の方向に合致している。したがって、ロシア語の母音 u に由来する母音 U の発音に母音調和が影響していると考えられる。この解釈は、「他の母音なし」で [u] の発音が優勢であり、「中性母音のみ」という環境においては [u] と [ʊ] の出現頻度にほぼ差がないという事実と矛盾しない。なぜなら、これらの環境は母音調和と無関係な環境であり、母音 U の発音に母音調和が影響する余地がないからである。「他の母音なし」および「中性母音のみ」という環境で、母音 U の発音がどのような基準に基づいて決まっているのか、本調査からはわからないが、少なくとも「女性母音のみ」および「男性母音を含む」という環境では、母音調和が母音 U の発音に関わっていると言えよう。

一方、インフォーマント ST の結果は大きく異なる。このインフォーマントでは、環境による発音の差は見られなかったことから、母音 U の発音に母音調和が影響しているとは言えない。

この両者の実験結果の違いは、一言で表せば「個人差」に当たるものである。本調査ではインフォーマントの数が少ないことから、どちらがよりモンゴル語として一般的であるかはわからない。しかしながら、母音 U の音声的な実現として母音調和の影響が見られる話者が確認されたことは注目に値する。なぜならこの結果は、母音 U が ʊ と u のどちらで受容されているかを問う調査 (7.1 節の調査 7-1) の結果と並行的であるためである。

方法もインフォーマントも異なる独立した調査から、「母音Uの受容・発音に母音調和の影響が見られる」という共通の結果が得られたことから、個人差はあれ、モンゴル語の母音Uの受容に母音調和が関わっている可能性が高いと言える[*12]。

7.2.5 母音Uに対する母音調和と本来語の母音調和の比較

7.1.3 節では、ロシア語のuに由来する母音Uがoとuのどちらで受容されているかを問う調査から、この母音が女性母音のuとして受容される場合には隣接する母音が同じく女性母音であることが確認され、母音Uの受容に母音調和が一部関わっていることが示された。7.2.4 節では、同じく母音Uの音響的な分析から、音声的にもやはり母音Uの発音には母音調和が一部関わっていることが明らかになった。これらの現象は、語幹内の母音の音価が母音調和に従って決定されていることから、いわば語幹内部における母音調和である。では、これらの母音調和は本来語の語幹内部に見られる母音調和と同じ現象であると言えるだろうか。

結論から言えば、母音Uの借用に見られる母音調和と本来語に見られる母音調和は互いに異なるものである。その理由は2つある。

1点目は、母音調和の方向性である。母音Uの借用は理論的に、素性 [pharyngeal] (= [F]) も [open] (= [O]) も持たない母音 (すなわちu) が、隣接する男性母音から素性 [F] を受け取る現象であると言えるが、その方向性までは指定されていない。つまり、母音Uが男性母音に後続し、

[*12] ロシア語に母音調和はないため、この現象は受け入れ側の言語 (L1) の特徴が関わっている現象であると言える。しかし、借用語の音韻には一般的に、L1の言語構造のみならず、原語 (L2) の特徴、二言語併用 (bilingualism) のレベル、借用語の定着度、文字の影響など、様々な要因が関わっていることが知られている (Dohlus 2010、窪薗 2011)。モンゴル語においては、ロシア語からの借用語の発音は話者のロシア語の知識によって異なると言われている (Svantesson et al. 2005: 30)。母音Uの受容についても、母音調和以外に、話者のロシア語の知識をはじめとする様々な要因が影響を及ぼしている可能性がある。母音Uの受容と諸要因との関係について、今後の研究が俟たれる。

素性 [F] のスプレッドが左から右に起こる場合 (5a) もあれば、母音 U が男性母音に先行し、素性 [F] のスプレッドが右から左に起こる場合 (5b) もある。

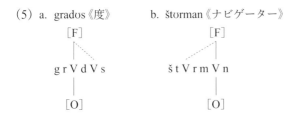

(5) a. gradus《度》　　b. štorman《ナビゲーター》

一方、6.3 節で取り上げたように、語幹内の母音調和には (i) 語幹内の母音は素性が完全に指定されており、母音調和は音素配列制約によるものである、という解釈と、(ii) 語幹内の母音調和は生産的なものであり、第 1 音節の母音からの素性のスプレッドである、という解釈があり得る。(i) の解釈ではそもそも語幹内にスプレッドは起こらない。また (ii) の解釈を取ったとしても、第 1 音節の母音素性が第 2 音節以降の母音素性を決定するため、方向は必ず「左から右」である。この意味で、両方向にスプレッドが起こり得る借用語の例とは異なる[*13]。

　母音 U の借用と本来語との 2 つ目の相違点は、ターゲットとなる母音の種類である。母音 U の借用では、母音 U の音価を決定する現象であるため、当然のことながら母音 U（つまり素性 [O] を持たない母音）のみがターゲットとなり、素性 [O] を持つ母音はターゲットとならない (6a)。したがって、借用語内の e が素性 [F] を受け取って a となることはない (6b)。一方、本来語では、語幹内にも素性 [F] のスプレッドが起こるという解釈を取った場合、V-place node を持たない i を除き、全ての母音が

[*13]　もっとも、「本来語では第 1 音節の母音の素性が指定されているため左から右へスプレッドが起こっているだけであり、語幹内の母音調和の原理としては本来語か借用語かに関わらず両方向にスプレッドが起こり得る」と分析することも可能である（千田俊太郎氏のご指摘による）。モンゴル語の語幹内の母音調和の原理として方向性が関わっているか否かについては、今後検討すべき課題である。

第Ⅲ部　母音調和

ターゲットとなるため、広母音も素性［F］を受け取ってaとなる（7a）。逆に第1音節に素性［F］があるにもかかわらず［F］を受け取らないことは許されない（7b）。

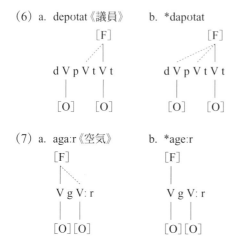

これら2つの観点から、母音Uの借用に見られる母音調和と本来語の母音調和は、同じ現象ではないということが明らかである。

コラム9　日本語からの借用語

　モンゴル語に定着した日本語からの借用語は多くはないが、近年では сумо〈sʊmo〉《相撲》や сакура〈sakʊra〉《桜》、цунами〈tsʊnami〉《津波》などが定着している。日本の大相撲はモンゴルでライブ中継されているし、ウランバートルにある「モンゴル日本センター」には桜の木が植えられている（モンゴルの冬の -30℃にやられてしまったという噂もあるが…）。また東日本大震災の津波の映像は、海のないモンゴルの人たちにとってはどれほど衝撃的だったか、想像を絶する。

さて、ここまでロシア語の母音の /u/ がモンゴル語で /ʊ/ と /u/ に分岐するという現象について述べてきたが、日本語からの借用語の「う」の音においては、表記上、ү ⟨ʊ⟩ と γ ⟨u⟩ の間で揺れが見られる。上に挙げた 3 つの借用語には全て「う」の音が含まれているが、cумо ⟨sumo⟩ のほか、cумо ⟨sumo⟩ という表記も見られる。試みに某ウェブサイトで検索してみると、cумо ⟨sumo⟩ では約 140 万件、cумо ⟨sumo⟩ 約 15 万件がヒットした。(もちろん、この中には γ ⟨u⟩ の文字を持たないロシア語などのものも含まれているので、この検索結果から「cумо ⟨sumo⟩ の綴りの方が優勢だ」とは言えない。)ちなみに、横綱「鶴竜（かくりゅう）」の表記には какү̄рюү ⟨kakʊrjuu⟩ という「ちゃんぽん式」も見られた。

　この γ ⟨ʊ⟩ と γ ⟨u⟩ の書き分けが何らかの法則に従っているのか、それとも単に書き手が適当に当てているのかは定かではないが、もし周囲の音によって書き分けが決まっているなどの法則があるとすれば、音韻論的に非常に興味深い現象である。筆者も一度調査に乗り出したことがあるが、なかなかうまくいかず断念した。ぜひ再チャレンジしたい課題である。

　なお、筆者の名字は「うえた」であるが、これを үета ⟨ʊeta⟩ と表記すると、モンゴル語式に発音したときに「オエタ」となって何となく気分が悪いので、私は үета ⟨ueta⟩ と書くようにしている。

7.3　原語の強勢母音が引き起こす母音調和

7.3.1　定着度の高い借用語

　借用語において語幹内部で母音調和が起こっている例は、母音 U の借用の他にもいくつかある。1 つ目の例は、比較的定着度の高い借用語において、原語でアクセントを持つ第 1 音節の母音が後続する母音の調和を引き起こす例である。(6.2.3 節も参照されたい)。

(8) a. Ru. pásport > Mo. [paːspărt]（ABL: [paːspărtaːs]）《パスポート》
    b. Ru. dóllar > Mo. [dɔːɬɔ̃r]（ABL: [dɔːɬɔrɔːs]）《ドル》

　このうち（8a）は、ロシア語の発音においても、アクセントのないoが[a]となる現象（いわゆるアーカニエ）によって、[paspart]と発音される。このことから、原語であるロシア語の音声を忠実に借用した可能性も仮説として考えられる。しかしながら、モンゴル語において話者によってはこの語を[pasport]と発音し、接尾辞の交替形としてɔに調和する形式（奪格であれば-ɔɔs）を選ぶ。さらに、アーカニエはoがaになる現象であるが、（8b）では逆にaがɔになっており、ロシア語でも[dollar]と発音されるため、アーカニエでは説明できない。これらのことを考慮すれば、（8a）もロシア語の発音を忠実に借用したと考えるよりは、モンゴル語内で母音調和を起こした形で認識している話者もいる、と捉えるのが妥当であろう。つまり、（8a, b）はいずれも、第2音節（以降）の母音が第1音節の母音に調和している例であると言える。

　これと類似した例として、第1音節の母音が第2音節の母音に調和する例も見られる。

(9) a. Ru. kolbasá > Mo. [gaɮawsaː]《ソーセージ》
    b. Ru. vagón > Mo. [bɔgɔːŋ]《車両、列車》*14

（9a）も（8a）と同様、ロシア語ではアーカニエによってoは[a]と発音されるが、（9b）ようにアーカニエとは関係がない例がある以上、（9a, b）はいずれも、モンゴル語内部で母音調和を起こしていると考えるのが妥当である。

　以上の例はともに、原語でアクセントを持つ母音が調和を引き起こし、結果的に語内が母音調和に従っている借用語の例であると言える。では、これらは本来語の語幹内の母音調和と同様の原理に従っているのだろうか。

　これらの例もやはりいくつかの観点から、本来語の語幹内の母音調和と

---

*14　子音も変化しているが、ここでは母音のみに注目する。

は異なる現象であると言わざるを得ない。1点目は先ほどと同じく、方向性の問題である。(8) の例は調和の方向が「左から右」であるが、(9) の例は後続母音が先行母音の音価を決定していることから、調和の方向が「右から左」となり、本来語の調和の方向とは異なる[*15]。

2点目は、咽頭性の調和を起こす例の少なさである。上記の例は全て円唇性の調和に従う借用語の例であり、咽頭性の調和に従う例はほとんど見られない。つまり、(9) のような例はあっても、(10) の（　）内のような例はほとんどないということである。

(10) a. Ru. dekán《学部長》> Mo. [dekaːŋ]（*[dakaːŋ]）
　　　b. Ru. ankét《アンケート》> Mo. [aŋkeːt]（*[eŋkeːt]）

3点目は、円唇性の調和の方向性である。円唇性の調和は理論的に円唇素性 [R] のスプレッドとして捉えられるため、[R] に関して指定のない母音が [R] を受け取ることはあっても、[R] を持つ母音から [R] が失われることはない。しかし、(8a) (9a) の例は ɔ が a になっており、円唇性を失うことで母音調和に従う形式になっている。その意味で、本来語の円唇性の調和とは原理が異なる[*16]。

4点目は、強勢母音の支配性である。本節で挙げた借用語の例は、原語の強勢母音が母音調和を引き起こしている例であるが、本来語では強勢母音が母音調和を引き起こすわけではない。この点に関して、以下に詳しく述べる。

伝統的なモンゴル語学では、モンゴル語は第1音節に強勢（ストレス）

[*15] Svantesson et al. (2005: 32) も「ロシア語の強勢母音は、たとえ初頭音節にはなくても母音調和のクラスを決定するという意味で、モンゴル語の借用語において支配的 (dominant) である」と述べているが、本来語の母音調和との関係については詳しく述べていない。

[*16] もっとも、「原語からモンゴル語に借用される時点で、強勢母音以外の母音の円唇性は全て無指定になる」と解釈することも不可能ではない。しかし、éksport [eːkspɔrt]《輸出》のように円唇母音 ɔ が残る例も多々あることから、この解釈はアドホックであると思われる。

があるという解釈がなされてきた（Tsoloo 1976: 153 など）。また、第1音節の母音が母音調和を引き起こす理由として、第1音節にストレスが置かれることが挙げられる場合もある（Binnick 1980: 118）。確かに、Binnick (1980) が挙げるように、モンゴル系の言語であるモンゴォル語（Monguor）ではストレスが最終音節に移ったことで母音調和を失ったという事実があり、ストレスと母音調和は一定の関係性がある場合もある。しかしながら、近年の音声学的研究に基づくと、モンゴル語で第1音節にストレスがあるという独立した証拠はほとんど見られない（Svantesson et al. 2005, Karlsson 2005）。また、現代トルコ語のように、ストレスは最終音節にありながら左から右への母音調和を保持しているような言語も存在する。さらに、6.2.3 節で見たように、モンゴル語内部においても、接尾辞の母音調和にストレスが関わらないことは明らかになっている。これらの事実を総合して考えれば、モンゴル語で第1音節にストレスがあり、それが原因で第1音節が母音調和を引き起こしているとは考えにくい。本来語で第1音節が母音調和を引き起こしているのは、そこにストレスが置かれるからではなく、単に「第1音節であるから」であると考えられる（言語一般における第1音節の特殊性については、Walker 2011: 18-19 を参照されたい）。したがって、本来語の母音調和は、強勢母音が母音調和を引き起こすと考えざるを得ない借用語の例とは異なる。

　以上の点から、借用語に見られる母音調和の影響は、本来語の語幹内の調和とは異なるものであると言える。

7.3.2　語頭母音添加における母音調和

　Svantesson et al. (2005: 32) はさらにもう1つ、ロシア語の強勢母音が母音調和のクラスを決定していることを表す例として、母音添加の現象を挙げている。モンゴル語では語頭の r は原則として許容されないため、もともと語頭に r を持つ借用語は、語頭に母音が添加されることによって語頭の r が回避される場合が多い。この時、ロシア語の強勢母音がコピーされ、語頭母音として添加されるとしている。

(11) a. Ru. rádio > Mo. [aradʒəw]《ラジオ》
    b. Ru. rjúmka > Mo. [urumk]《グラス》

(Svantesson et al. 2005: 32、音声表記は一部改変)

しかし、植田（2014d）の体系的な調査によると、添加される母音の音価は強勢母音ではなく、直後の母音の音価と同じものとなる[*17]。

(12) a. Ru. razmér > Mo. [aradzmeːr]《サイズ》
    b. Ru. restorán > Mo. [erestɔraːŋ]《レストラン》

(12) の例では、確かに添加された母音の音価は直後の母音の音価と同じものであり、部分的には「母音調和」を起こしていると解釈できなくもないが、語全体を見ればクラスの異なる母音（男性母音の a, ɔ と女性母音の e）が共存しており、母音調和の原則には従っていない。また、モンゴル語の母音調和は素性［F］または素性［R］に関わるものであり、素性［O］は調和の対象にならないため完全に指定される必要があるが、この例では添加される母音の素性［O］の有無もコピーされる母音の素性指定に依存している。さらに、体系的な母音調和を持たない言語でも、母音添加や母音挿入の際に、隣接する母音がコピーされる現象は広く見られる。以上のことから、借用語への母音添加の例は、母音調和の例であるとは言い難い。

7.4 第 7 章のまとめ

本章では、モンゴル語の借用語内部の母音調和に関して、主に (13)（=(1) 再掲）のような問いに焦点を当てて観察してきた。

(13)（=(1) 再掲）
    a. 借用語内部に見られる母音調和には、どのようなものがあるか。
    b. それらは、本来語に見られる母音調和と同様の原理に従っているか。

[*17] 植田（2014d）は、話者や出現環境によって母音添加自体が行われない場合もあることを指摘している。

c. 借用語内部に見られる母音調和のデータから、「モンゴル語の語幹内の母音調和は共時的に生産的な規則である」と結論付けられるか。

(13) について、これまでに述べてきたことをまとめると以下のようになる。

(14) a. ロシア語の母音 /u/ に由来する母音 U が /ʊ/ [ʊ] と /u/ [u] に分岐する現象には、母音調和が関与している。しかし、スプレッドが両方向に起こり得る点、ターゲットとなる母音が異なる点で、本来語の母音調和とは異なる。
b. 原語の強勢母音が母音調和を引き起こし、結果的に語幹内が母音調和に従う借用語がある。しかし、スプレッドが両方向に起こり得る点、咽頭性の調和に従う例がほとんどない点、円唇性の調和に従う例でも素性 [R] を失う例がある点、強勢を持つ母音が母音調和に関して支配的である点で、本来語の母音調和とは異なる。

つまり、借用語内部にも母音調和の原則に従う例は見られるものの、それらは本来語の語幹内に見られる母音調和とは異なるものであると言える。

借用語と本来語の語幹内の母音調和の特徴が異なる以上、両者を同一視することはできない。また、借用語のデータをもって「モンゴル語の母音調和は共時的に生産的な規則である」と結論付けることもできない。

一方で、借用語内部に見られる母音調和それ自体は、借用語が定着し、本来語の音韻構造に近づいていくプロセスであり、共時的な規則であると言える。

第IV部

プロソディー

ウランバートルの街並み

第8章

ピッチパターン

　本章では、モンゴル語のプロソディー、とりわけピッチパターンについて取り上げ、その特徴や役割について議論する。

　本書の題目は「モンゴル語の母音」であるが、プロソディーは音節や語、音調句の上にかぶさるものであり、母音そのものの特徴ではない。しかし、音の高さ（ピッチ）の実現は原則として母音が担っていることや、強勢（ストレス）には母音の長さが大きく関わっていることなどを考えると、母音とプロソディーとの間には深い関係がある。このことから、プロソディーに関わる事象は、本書で扱うことを避けるどころかむしろ積極的に扱うべきテーマである。

　モンゴル語のプロソディーに関する研究は決して少なくない。特にアクセントに関して言えば、モンゴル語のアクセントは語を弁別する機能を持たないという点についてはほぼ統一された見解であるが、アクセントの実態が何であるのか（ピッチかストレスか）、アクセントがどこに現れるのか、といったことについては、これまでに様々な案が出されてきており、必ずしも統一された見解があるとは言えない。また、複合語や句のアクセントについては詳細な記述が行われておらず、未解決の問題も多い。具体的には、複合語や句の構造（音韻構造や形態統語構造）とアクセントが関わっているか否か、という点が明らかではない。

　本章では、モンゴル語のプロソディー、中でも複合語や句のアクセントに注目する。8.1節でモンゴル語のアクセントに関する先行研究を概観した後、8.2節で地名複合語、8.3節で一般名詞の複合語、8.4節で句のピッ

チパターンについて観察し、複合語や句のアクセントと音韻構造および形態統語構造との関連性を探る。そしてこれらのデータをもとに、アクセントは形態統語構造とは関係がない一方、音韻構造とは密接な関係があり、前部要素の音節数と母音の長さ、コーダ子音の種類に影響を受けていることを示す。また、8.5 節では、モンゴル語に見られるアクセントと分節音の相互関係について、一般言語学的な観点から議論する。8.6 節では議論をまとめ、モンゴル語のプロソディー、特にストレスに関する研究について、今後の展望を述べる。

8.1 モンゴル語のアクセントに関する先行研究

モンゴル語のアクセントはいわゆる「固定アクセント」であり、弁別的機能は持たない。この点は先行研究においてもほぼ統一された見解であるが、アクセントの実態や位置については様々な説が出されている。モンゴル語のアクセントに関する先行研究は、ストレスの存在を前提としたものと、ストレスの存在を前提とはせずピッチのみに注目したものに大別される。以下に、それぞれの代表的な先行研究を挙げる。

8.1.1 ストレスアクセント

伝統的なモンゴル語学では、ストレスアクセントが第 1 音節に置かれると（半ば無批判に）言われてきた。例えば Tsoloo（1976: 153）や Sanjaa and Battsogt（2012: 94）では、アクセントは常に第 1 音節にあり、強く発音されると述べられている。第 1 音節にストレスがあることの根拠として、母音調和が第 1 音節に支配されていること、第 1 音節の母音の対立が最も多いこと、第 2 音節以降の母音が弱化することなどの音韻論的な解釈が挙げられることが多いが、ストレスが音響的にどのように実現するかを客観的に示した研究はほとんど見られない。

ストレスの位置が母音の長短などの音韻的な条件によって変わるという見解もある。Hangin（1968）は、短母音のみで構成される語では第 1 音節

に、長母音および二重母音を持つ語ではその最初のものにストレスが置かれると述べている。Walker (1997) は最適性理論の観点から、語末でない最も右側の重音節[*1] (rightmost nonfinal heavy syllable) にストレスが置かれ、重音節がない場合には第 1 音節にストレスが置かれると分析している。

　小沢 (1986: 33) も同様に、基本的には第 1 音節に強さアクセントが置かれるが、語内に長母音および二重母音がある場合には、その最初のものに強さアクセントが置かれると述べている。小沢 (1986: 34) はさらに、「モンゴル語のアクセントは強さアクセントにのみ支配されているのではなく、高さアクセントも関係している」と指摘しており、ストレスとピッチを分離して考える必要性を示唆している。山越 (2012: 34-35) は強さアクセントと高さアクセントの両方の特徴を詳細に記述しており、語の中の強弱、高低についてそれぞれ「語の第 1 音節の母音、第 2 音節以降の長母音、二重母音ははっきりと発音される」「低く始まり、その後高くなり、語の最終音節で低くなる。1 音節のみの単語の場合、語頭が高く、直後で低くなる」と述べている。

　上記のような「ストレスアクセントとピッチアクセントが共存する」という見方に対し、Sang and Martin (2012) は、ストレスが母音の長さおよびピッチとして実現するという立場のもと、多音節語の母音の持続時間およびピッチを詳細に分析している。Sang and Martin (2012) によると、短母音のみによって構成される語は、第 1 音節の母音の持続時間が他の母音よりも長く、かつ第 1 音節のピッチが安定して（つまり、母音の無声化などによってピッチが消失することがなく）最も低いことから、ストレスは第 1 音節にある。また、長母音を含む語では、最も語頭に近い長母音の持続時間が他のどの母音よりも長く、かつそのピッチが安定して最も高いことから、ストレスは長母音を含む音節のうち最も語頭に近いものにあると結論付けている。結果として、ストレスの位置は Hangin (1968) や小沢 (1986)、山越 (2012) の記述と同じということになる。しかし、母音の持続時間はと

[*1] 音節の重さは言語ごとに定義され、モンゴル語では (C)VV のみが重音節とされる。

もかく、ピッチに関しては、短母音では低いものがストレスを表し、長母音では高いものがストレスを表すとされており、このように可変的なものがストレスの実現であると言えるのか、議論の余地があるように思われる。

8.1.2　ピッチアクセント

ストレスアクセントは上述のように、音響的な特徴よりもむしろ音韻的な面（例えば母音体系や母音調和など）からその存在が仮定されることが多い。それに対し、ストレスの存在を前提とせず、ピッチのみに注目した研究もいくつか存在する。

角道（1982）は、音節ともモーラとも違った「ピッチ単位」を認定することによって、モンゴル語のピッチアクセントを記述している。ピッチ単位の切れ目は、単語を前から順に見ていき、(C)Vの直後に切れ目を挿入するという規則で認定される。長母音や二重母音はVVであるとみなされる。モンゴル語に(C)Vのみからなる語はないので、語は必ず2つ以上のピッチ単位を持つことになる。語のピッチパターンは、最後のピッチ単位が必ず低くなり、最後から2番目のピッチ単位は必ず高い。そして、ピッチ単位が3つ以上のものは、最初のピッチ単位が低いという特徴がある。言い換えれば、ピッチ単位が2つのものは「高低」、3つのものは「低高低」、4つのものは「低高高低」・・・というパターンを持つ。図示すると、(1)のようになる（Pはピッチ単位を表す）。

(1) a. *P
    b. P̄|P̲　　　　ā|x̲《兄》
    c. P̲|P̄|P̲　　　a̲|xā|a̲《兄-REF》　　　mɔ̲|ngɔ̄|l̲《モンゴル》
    d. P̲|P̄…P̄|P̲　a̲|xāarā|a̲《兄-INST-REF》　mɔ̲|ngɔ̄liī|n̲《モンゴル-GEN》

なお、中島（2015: 7）は「モンゴル語のアクセントは、概して最終音節の母音にくる」と述べているが、この文献が日本語母語話者向けの語学研修テキストであることを考えると、ここで言う「アクセント」は、日本語に見られる「ピッチの下がり目」を指すと思われる。

Karlsson（2005; 2007）は、モンゴル語のプロソディーについて詳細な記述と分析を行った研究である。Karlsson（2005）は、モンゴル語に語彙的なストレス（lexical stress）はないことを明らかにしたうえで、モンゴル語の語アクセント（word accent）は語の最初の 2 モーラに LH のリズムが結び付けられるものであり、主に語の始まりを表示する機能を持つことを指摘した。(2) にその解釈を図示する。第 1 音節の音節末子音（coda）は、アクセント付与の観点からはモーラとみなされず、第 1 音節の母音が短母音であれば、H は第 2 音節の母音に結び付けられる（2a）。単音節語や、初頭音節が長母音である多音節語では、LH は第 1 音節の母音に結び付けられる（2b, c）が、初頭の L が消失し、語頭から H が現れるパターンも認められる（2d, e）。また、長い句では後方に現れる語のアクセントの山が低くなる[*2]。

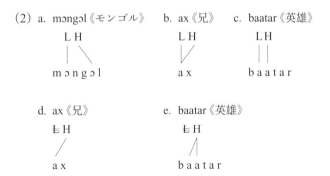

なお、Karlsson（2014）では Karlsson（2005）の内容を一部修正し、語頭に結び付けられる LH のトーンは語アクセント（word accent）ではなくアクセント句（accentual phrase）の境界（boundary）を示すものであり、後語彙的（post lexical）な機能のみを持つとしている。しかしながら、語が単独で発話された時にも語頭に LH が結び付けられるというパターンが見られるので、語彙としてのピッチアクセントが完全に存在しないかどうかは議論の

[*2] この現象を指す用語はいくつかあるが、本書では「ダウンステップ」と呼ぶことにする。

余地があるように思われる。

8.1.3　本書の方針

　上で述べた先行研究をまとめると、モンゴル語のストレスはその存在自体が疑問視されている。また、ストレスが存在するとしても、その存在は音韻論的な分析によって仮定されることが多く、ストレスの音声的な実現は必ずしも明らかではない。それに対して、ピッチに一定のパターンがあることは明らかである。

　本書では、音声学的調査を基盤とした音韻論という理念に則り、音響的に測定可能であるもの、すなわちピッチに注目する。ストレスに関しても、母音の長さや音響的な強度（インテンシティー）によって測定できる可能性はある。特に、母音の長さに関しては、第2章でも述べたように、第1音節の長母音は第2音節以降の長母音に比べて持続時間が長いことや、第1音節の短母音は第2音節以降の挿入母音よりも持続時間が長いことが明らかである。この「第1音節が長い」という事実を理由に、第1音節にストレスがあると主張することも可能ではあるが、母音の長短の対立がある言語において、母音の持続時間の長さがストレスの実現であると解釈することの妥当性については議論が必要であろう。本書では、モンゴル語にストレスがあるか否かについては態度を保留し、ピッチのみに焦点を当てることとする。

コラム10　アクセントと母音の長さ

　日本語ではアクセントに語を弁別する機能があり、例えば共通語では「あ̄め」は「雨」、「あめ̄」は「飴」を表す。片や、モンゴル語ではアクセントにそのような機能はなく、同じ音連続であれば常に一定のパターンで発音されることになる。

さて、筆者がモンゴルの日本語学校でボランティアをしていた時、日本語のアクセントについて話す機会があった。日本語を学び始めて間もない学生に、「『あ̄め』と『あめ̄』では意味が違います。音の違いが聞き取れますか？」と尋ね、何度か繰り返して発音してみせたところ、「音の長さが違います」との答えが返ってきた。

この答えは、日本語教育としては「間違い」なのだが、音韻論の観点からは大変示唆的である。モンゴル語では高いピッチは長母音の位置に実現することが多い。言い換えれば、音の高さと長さがある程度関係しているということである。また、音声知覚においては「ピッチの下降があれば長く聞こえる」ということが指摘されている。

物理的には同じ音声であっても、母語によってどこに注目するかが異なる、という現象は、まさに言語の本質の1つであり、非常に興味深い。言語学者として、そのような意見を述べてくれた学生に感謝したい。ただ、日本語ボランティアとしては、彼がその後日本語のアクセントを習得できたかどうか、気になるところではある。

8.1.4　複合語や句のピッチパターン

前節で見たように、語のピッチパターンについては Karlsson（2005; 2014）によってかなりの程度解明されている。しかし、モンゴル語の複合語のアクセントについては、十分に研究がなされているとは言い難い。ここでは複合語のアクセントに関して言及のある先行研究をいくつか取り上げる。

角道（1982）は、8.1.2 節で述べたように「ピッチ単位」によってモンゴル語のピッチパターンを記述しており、複合語のアクセントに関しても同様である。複合語では、ʊlaanbaatar《ウランバートル》(< ʊlaan《赤い》＋ baatar《英雄》) に対して、ʊ|laanbaata|r、ʊ|laan|baatar、ʊ|laan|ba|ata|r の 3 通りのピッチパターンがあることを指摘している。また、ʊls tər《政府》(< ʊls《国家》＋ tər《行政》) は、ʊ|lstə|r のように 1 語のように発音されるの

第Ⅳ部　プロソディー

に対して、tsagaan tɔlgɔi《アルファベット》(< tsagaan《白い》+ tɔlgɔi《頭》)は、tsa|ga|an tɔ|lgɔ|i または tsa|ga|an tɔlgɔi となり、1 語のようには発音されない（「低高…高低」というパターンではない）、という例を挙げ、「ピッチの山が一か所だけできる範囲を『ピッチアクセント句』と呼ぶことにすると、『ピッチアクセント句』は、母音調和の及ぶ領域よりも大きいけれども、語境界よりも小さい場合がある」(角道 1982: 41-42) と述べている。この関係を図示すると、(3) のようになる。

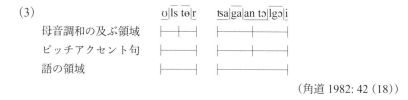

（角道 1982: 42 (18)）

また角道 (ibid.) は、「複合語の場合について言えば、最初の語彙要素の長さが関係しているように思われる」と述べている。言い換えれば、複合語の前部要素の長さによって、複合語全体のピッチパターンに違いが見られるということになる。

　服部 (1951) と一ノ瀬 (1992) が対象としているのは、中国の内蒙古自治区で話されるチャハル方言であるが、ハルハ方言のアクセントの分析にも重要な知見を与え得る。服部 (1951) は (4) のような例を挙げ、(4a) のように前部要素が高く強いものと (4b, c) のように前部要素が低く弱いものがあり、前者は「単語の連結」で後者は「複合語」であると述べている。

(4)　a.　[˥ba_ɣ_ʃæb(e)]《小さい弟子》
　　　b.　[_aχ˥_ʃæ_b(e)]《兄弟子》
　　　c.　[_baʧ˥_ʃæ_b(e)]《師弟》
　　　　　　　　　　　　　　　　　（服部 1951: 91）

　一ノ瀬 (1992) は、服部 (1951) の例に対して「前部要素が本来のアクセントを失い、後部要素がそれを保つことによって複合語となる」と説明した上で、そのような例は確認されるものの、全て前部要素が 1 音節であることを明らかにした。また、ix ax《長兄》(< ix《大きい》+ ax《兄》)、ex bičig《原本》(< ex《最初》+ bičig《文書》) は、前部要素にアクセントがあっても意味に違いはないことを示した。さらに、前部要素が1音節で、かつ後部要素に長母音があるという構造を持つ語連続では、アクセントの位置によって意味的な区別があり、後部要素にアクセントがあれば複合語、前部要素にアクセントがあれば句であるという。

(5) a. ˌgöx ˈnoor《青海（地名)》(< göx《青い》+ noor《湖》)
　　 b. ˈgöx ˌnoor《青い湖》

（一ノ瀬 1992: 110 (5) (5')）

しかし、このように後部要素のアクセントが保存されるのは少数派であり、前部要素のアクセント型が保存される場合の方が多い、ということも指摘している。

Karlsson (2005) はハルハ方言を対象に、複合語のピッチに関していくつかのパターンがあることを述べている。8.1.2節で見たように、Karlsson (2005) は語アクセント（word accent）を語頭に結び付けられるLHパターンであると分析しているが、複合語では、galt tereg《列車》(< galt《火の》+ tereg《車》) が1つの音韻語であり、LH は1回しか出現しない一方、ʊlaanbaatar《ウランバートル》(< ʊlaan《赤い》+ baatar《英雄》) は2つの音韻単位からなり、LH が2回出現するという例を挙げている。また、enx taiwanii《平和の》(< enx《平和な》+ taiwan-ii《平和-GEN》) は話者によってピッチパターンが異なるという例を挙げ、複合語のアクセントに関しては詳細な研究が必要であると述べている。

8.2　地名複合語のピッチパターン[*3]

8.2.1　地名複合語を用いる理由

前節ではモンゴル語の基本的なピッチパターンと、複合語のピッチパターンについて概観したが、複合語のピッチパターンに関してはさらなる

[*3] 本節は Ueta (2014) をもとに、大幅に加筆、修正を加えたものである。

第Ⅳ部　プロソディー

研究が必要であることが明らかとなった。本書では、モンゴル語の複合語の基本的なピッチパターンを記述することを第1の目的とし、地名複合語を用いてピッチパターンを観察する。

　ここで、複合語として地名を用いる理由について説明する。ある語連続が複合語であるか単なる語の結合であるかを判定するには、①音韻的特徴、②形態的特徴、③統語的特徴、④意味的特徴の4つの観点から総合的に判断される必要がある（一ノ瀬1992、窪薗1995、山越2001、Haspelmath and Sims 2010など）。例を挙げれば、形態的特徴として、2つの要素の間に他の要素が介入できるか否か、統語的特徴として、構成要素の一方のみを他の語で修飾できるか否か、などである。(6a)は2つの要素間に他の要素が介入できることから複合語ではなく、(6b)は要素の介入が不可能であることから、（少なくとも形態的には）複合語であると言える。

(6) a. dʊgʊi　　malgai《ベレー帽》　　 dʊgʊi　xar　malgai《黒いベレー帽》
　　　　丸い　　　帽子　　　　　　　　　丸い　　黒い　帽子
　　b. azragan　nɔxɔi《雄犬》　　　　*azragan　tɔm　nɔxɔi
　　　　種馬　　　犬　　　　　　　　　　種馬　　大きい　犬

(山越2001: 95)

また(7a)では、「とても」が「白い」を修飾できることから複合語ではないが、(7b)では「とても」が「白い」を修飾することができないため、（少なくとも統語的には）複合語であるとみなすことができる。

(7) a. tsagaan　sar《白い月》　　maš　tsagaan　sar《とても白い月》
　　　　白い　　月　　　　　　　とても　白い　　月
　　b. tsagaan　sar《旧正月》　　*maš　tsagaan　sar
　　　　白い　　月　　　　　　　とても　白い　　月

(一ノ瀬1992: 112、表記は一部改変)

　本研究では複合語の音韻的特徴の1つである「複合語アクセント」が見られるかどうかを明らかにするのであるが、そのためには他の3つの条件が満たされている（形態的・統語的・意味的に複合語だと認定できている）こ

とが望ましい。しかし、一般名詞の複合語では、全ての条件が満たされているかどうかを確認するのは容易ではないために、均質な複合語を多数集めるのは難しいと予想される。一方、地名複合語は、構成要素となるそれぞれの語の独立性が薄れた固有名詞となるため、形態的・統語的・意味的に複合語だとみなしてよいと考えられる[*4]。そのため、本研究では地名複合語を用いる。

8.2.2 調査内容(調査8-1)

調査語彙は、2つの構成要素からなり、モンゴル国に実在する地名複合語である[*5]。具体的にはソム（モンゴル国の行政単位の1つであり、「村」に当たる）の名前および首都であるウランバートルという地名である。ソムの名前はオトゴンプレヴ編（2007）を参考にした。

複合語のアクセントには前部要素と後部要素の音節数、および長母音または二重母音の有無（以下では特に断らない限り、「長母音」と表記した場合には「長母音または二重母音」を表す）が関わっていることが先行研究によって指摘されているため、本調査でも音節数と長母音の有無の観点から調査語彙を選定した。前部要素と後部要素それぞれに対して、1音節語であるか2音節語であるか、長母音を含むか否かという観点から4つの音韻構造に分類でき、それらを組み合わせて複合語を形成するため、論理的に16の音韻構造が考えられる。これらの音韻構造を持つ地名複合語57語を調査語彙とした。表8-1は、それぞれの音韻構造と調査語彙数をまとめたものである（網掛けの部分は、適合する地名複合語が見つからなかったことを意味する）。

[*4] 全ての地名複合語が形態的・統語的・意味的に完全に複合語だと認定される保証はないが、少なくとも一般名詞の複合語に比べれば、均質性の高い調査語彙が得られることが期待される。

[*5] 基本的には、前部要素、後部要素ともに単独で意味をなす語である。調査語彙のうち čɔi-balsaŋ は前部要素、後部要素ともに単独では意味をなさないが、母音調和を起こしていないことから、形態的な切れ目が存在するとみなし、調査語彙に入れてある。

第Ⅳ部　プロソディー

表 8-1：地名複合語の構造と調査語彙数

			後部要素			
		音節数	1 音節		2 音節	
	音節数	長母音	あり	なし	あり	なし
前部要素	1 音節	あり	0	2	3	3
		なし	3	3	6	3
	2 音節	あり	4	3	9	3
		なし	3	3	6	3

　調査は、(8) のキャリア文に地名複合語を入れて、文全体を読んでもらうという方法で行った。

(8) ter　　　　 ge-deg　　　sʊm-aas　　ir-sen.《彼は　　　というソムから来た》
　　 3.SG　　　　　　　 言う-HAB　　村-ABL　　来る-PP

　読み上げられた文を録音、praat で分析し、基本周波数 (F0) を観察することによってピッチパターンを判定する。基本的には、地名複合語全体としてのピッチの動き、とりわけ前部要素と後部要素のピッチは相対的にどちらが高いか、という点に注目する。なお、本調査ではピッチの相対的な高さおよび動きのみに注目し、基本周波数 (F0) の絶対値には注目しない。F0 の絶対値は、母音の種類や環境によって大きく変化すると考えられるためである。また、以下では相対的に高いピッチを H で、低いピッチを L で表す。
　インフォーマントは以下の 2 名である。

表 8-2：インフォーマント (調査 8-1)

名前	年齢	性別	出身
AT	29	女	ウランバートル (UB)
PS	21	女	ボルガン (UB から北西へ約 250 キロ)

8.2.3 調査結果（調査 8-1）

　前部要素、後部要素の音節数に基づいて、順番に分析していく。なお、ほとんどの場合に 2 人のインフォーマント（AT と PS）から同じピッチパターンが得られた。以下でピッチ曲線を示す際には、代表としてインフォーマント PS から得られたデータを示す。

① 1 音節－1 音節からなる地名複合語

　1 音節－1 音節からなる語は、長母音の有無によって結果に大きな差が出た。以下では表 8-3 の (a) 〜 (c) の 3 つに場合分けし、順番にピッチパターンの特徴について述べる。なお、表 8-1 で見た通り、「長母音を含む 1 音節語＋長母音を含む 1 音節語」という構造を持つ地名複合語は、調査語彙の中にはない。調査語彙の構造と語例は表 8-3 の通りである。なお、構造の V_L は長母音、V_S は短母音を表す。また、正書法に基づいた表記では /n/ と /ŋ/、/g/ と /ɢ/ を区別するために識別母音を用いることになるが、この識別母音によって音節数が異なるように見えてしまう恐れがあるため、以下では音韻表記によって語例を表記する。

表 8-3：1 音節－1 音節からなる地名複合語の構造と語例

	前部要素の母音	後部要素の母音	構造	語例
(a)	長母音	短母音	V_L-V_S	saiŋ-šand, zuuŋ-mɔd
(b)	短母音	長母音	V_S-V_L	bɔr-noor, ix-ool, mөŋx-xaaŋ
(c)	短母音	短母音	V_S-V_S	šin-jinst, xalx-gɔl, xaŋ-bɔgd

　(a) の V_L-V_S の構造を持つ語は、第 1 音節の長母音の途中でピッチがやや上がるか最初から高いピッチで現れるか、という細かな違いはあるものの、安定して前部要素の方が後部要素よりも高いピッチを持つパターン、つまり HL のピッチパターンを示した。例として、zuuŋ-mɔd のピッチ曲線を図 8-1 に示す[*6]。

[*6] 厳密には、図で示しているのは物理量である基本周波数 (F0) の実測値であり、音

第IV部　プロソディー

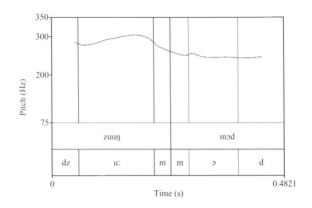

図 8-1：zuuŋ-mɔd のピッチ曲線

　また、(c) の V_S-V_S の構造を持つ地名複合語も、前部要素が後部要素よりも高いという HL のピッチパターンを示した[*7]。例として、šin-jinst のピッチ曲線を図 8-2 に示す。

　他方、(b) の V_S-V_L の構造を持つ語では、結果が 2 つに分かれた。bɔr-nʊʊr, ix-ʊɔl では第 1 音節は第 2 音節より相対的に低く、LH と記述できる。例として、bɔr-nʊʊr のピッチ曲線を図 8-3 に示す。

　一方、mɵŋx-xaaŋ では、2 人のインフォーマントともに、前部要素の mɵŋx の間にピッチが上昇し、後部要素では再び低くなるというピッチパターンを示した（図 8-4）。このピッチパターンでは、前部要素と後部要素のピッチのピークを比較した際、前者の方が後者よりも高いピッチを持つ

の高さを表す心理量であるピッチ（pitch）とは異なる。しかし、音声学分野では一般に F0 の別称としてピッチという用語が用いられ、本研究に関する範囲では両者を厳密に区別する必要はない。以下では、F0 の時間的変動を表す図を「ピッチ曲線」と呼び、縦軸のラベルは Pitch (Hz) とする。なお、ピッチと基本周波数の違いについては、柏野（2006）「一般社団法人日本音響学会ホームページ　Q and A (101)」などを参照されたい。

[*7] インフォーマント AT は xalx-gɔl という語の前部要素おいて、母音挿入を行い [χaɮʒaχ] と発音した。これは音声的に 1 音節ではないため、分析対象から外している。

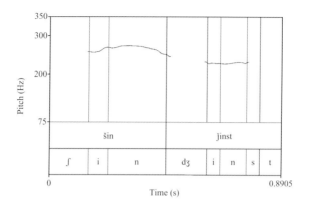

図 8-2：šin-ǰinst のピッチ曲線

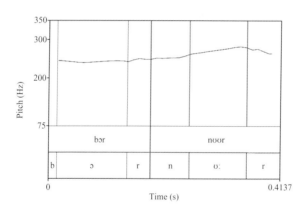

図 8-3：bɔr-nʊʊr のピッチ曲線

ているため、HL であるとみなされる。

　LH となった bɔr-nʊʊr, ix-ʊʊl と、HL となった məŋx-xaaŋ の音韻構造上の違いは、後者が前部要素にコーダ子音を 2 つ持つ CVCC という構造を有している点である。語例が 1 つだけであるため断言はできないが、前部要素が H ピッチを担うのに十分な音節の重さを有している場合には、LH が第 1 音節に結び付けられ、第 1 音節の途中でピッチの上昇が起こり、そ

281

第Ⅳ部　プロソディー

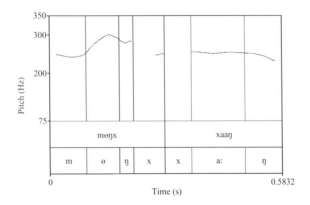

図 8-4：mɵŋx-xaaŋ のピッチ曲線

の後ダウンステップすることによって後部要素が低くなる可能性がある。なお、前部要素のコーダ子音の種類がピッチに関わっているという点については、8.3 節および 8.4 節で詳しく述べる。

　以上の分析より、音韻構造によってピッチパターンが異なることが確認された。具体的には、(a)、(c) のパターン、つまり後部要素が短母音を含む 1 音節語である場合には、全て HL のピッチパターンが得られたのに対し、(b) のパターン、つまり前部要素が短母音を含む 1 音節語かつ後部要素が長母音を含む 1 音節語である場合には、LH と HL の両方のピッチパターンが見られた。まとめると、以下のようになる。

表 8-4：1 音節－1 音節からなる地名複合語の構造とピッチパターン

	構造	ピッチパターン
(a)	V_L-V_S	HL
(b)	V_S-V_L	HL / LH
(c)	V_S-V_S	HL

② 1 音節 − 2 音節からなる地名複合語

1 音節 − 2 音節からなる地名複合語は、前部要素の母音が長母音か短母音か、後部要素が長母音を含むか否かという観点から、4 つのグループに分けられる。なお、後部要素が 2 音節であることから、後部要素に長母音を含むケースには、後部要素の第 1 音節が長母音である場合、第 2 音節が長母音である場合、そして両方が長母音である場合の 3 通りに下位分類できる。しかし、十分な数の調査語彙を得るのが難しいことから、ここでは下位分類は行わず、「長母音を含むか否か」のみに注目する。結果的に、後部要素の第 1 音節に長母音を含むもの、第 2 音節に長母音を含むものが調査語彙に含まれ、両方が長母音の調査語彙はない。調査語彙の構造と語例の詳細は表 8-5 の通りである。なお、構造の V_L は長母音、V_S は短母音を表し、$\sigma\sigma_{(L)}$ は 2 音節のいずれかに長母音を含むこと、$\sigma\sigma_{(S)}$ は 2 音節とも短母音であることを意味する。

表 8-5：1 音節 − 2 音節からなる地名複合語の構造と語例

	前部要素の母音	後部要素の母音	構造	語例
(a)	長母音	長母音を含む	V_L-$\sigma\sigma_{(L)}$	buʊ-tsagaaŋ, saiŋ-tsagaaŋ, zuuŋ-xaŋgai
(b)	長母音	短母音のみ	V_L-$\sigma\sigma_{(S)}$	čɔi-balsan, ʊʊl-bajan, zuuŋ-buren
(c)	短母音	長母音を含む	V_S-$\sigma\sigma_{(L)}$	ar-xaŋgai, bat-ɵlzii, mɵnx-xairxaŋ, sux-baatar, tsɔgt-ɔwɔɔ, xar-airag
(d)	短母音	短母音のみ	V_S-$\sigma\sigma_{(S)}$	hɵx-mɵrɵn, šin-ider, xaŋ-xɔŋgɔl,

(a)、(b) のように前部要素が長母音を含む場合、前部要素の長母音の途中でピッチがやや上がるか否か、というバリエーションはあるものの、比較的安定して、前部要素が全体で最も高いピッチを持ち、後部要素は一貫して低いピッチを持つ。前部要素と後部要素の相対的なピッチを簡略化して示せば、HL のパターンと記述できる。

第Ⅳ部　プロソディー

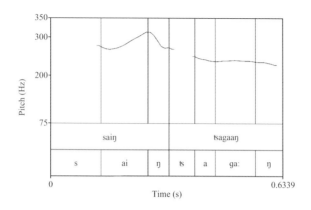

図 8-5：saiŋ-tsagaaŋ のピッチ曲線

　なお、ほとんどの場合、後部要素にピッチの山は現れない。つまり、地名複合語は音韻的にも複合語となっていると言える。確かに、後部要素の第2音節が、同第1音節よりもわずかに高いピッチで実現している例もあり、この場合には後部要素にも語アクセントである LH が保存されている、と考えることもできる。しかし、後部要素にピッチ上昇が見られたとしても、その程度はごくわずかであり、前部要素に見られるほどの高いピッチには至らない。また多くの場合、後部要素のピッチは平坦もしくは下降のパターンを見せる。例として、saiŋ-tsagaaŋ のピッチ曲線を図 8-5 に示す。

　図 8-5 から、後部要素が明確な LH のピッチを持っていないことが読み取れる。したがって、この地名複合語は音韻的にも全体として1つの複合語になっており、全体としてのピッチパターンは HL であると結論付けられる。

　一方、(c) 前部要素の母音が短母音であり、かつ後部要素に長母音を含むケースでは、バリエーションが見られた。ar-xaŋgai, məŋx-xairxaŋ, tsɔgt-ɔwɔɔ, xar-airag の 4 語は、前部要素の方が後部要素よりも高いピッチを持つ HL のパターンで現れた。例として、məŋx-xairxaŋ のピッチ曲線を

284

第 8 章　ピッチパターン

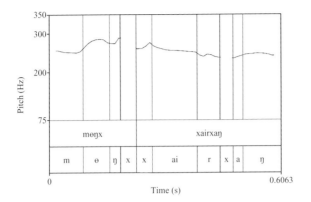

図 8-6：mɵŋx-xairxaŋ のピッチ曲線

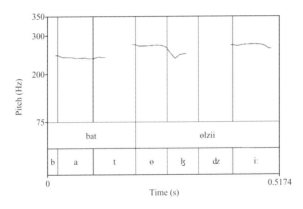

図 8-7：bat-ɵlzii のピッチ曲線

図 8-6 に示す。

　それに対し、bat-ɵlzii, sux-baatar では、前部要素が後部要素よりも低い LH のピッチパターンで実現した。例として、bat-ɵlzii のピッチ曲線を図 8-7 に示す。

　HL のピッチパターンを見せるもの（ar-xaŋgai, mɵŋx-xairxaŋ, tsɔgt-ɔwɔɔ, xar-airag）と、LH のピッチパターンを見せるもの（bat-ɵlzii, sux-baatar）の違

285

いとして、ここでもやはり前部要素のコーダ子音の種類が注目される。本調査の結果からは、「前部要素のコーダ子音が重子音である場合は HL のピッチパターンで現れる」[*8]、「前部要素のコーダ子音がただ 1 つの無声阻害音である場合は LH のピッチパターンで現れる」ということが言え、前者は「CVCC は十分な音節の重さを持っているため、H を引き付けることができる」という仮説と並行性がある。前部要素の末尾子音の種類とピッチとの関係については、次節以降で詳しく述べる。

次に、(d) 前部要素の母音が短母音であり、かつ後部要素の母音が短母音のみである構造を持つ語では、一貫して前部要素が高く後部要素が低い、つまり HL のピッチパターンが得られた。また、このケースでも後部要素に明らかなピッチの山が現れる例はなかった。例として、bθx-mθrθŋ のピッチ曲線を図 8-8 に示す。

前部要素が 1 音節、後部要素が 2 音節である地名複合語のピッチパターンをまとめると、表 8-6 のようになる。

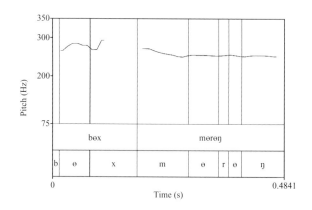

図 8-8：bθx-mθrθŋ のピッチ曲線

[*8] ただし、逆に「HL のピッチパターンが現れるのは、コーダ子音が重子音の時である」とは言えない（ar-xangai および xar-airag の例が従わない）ため、必要十分条件にはなっていない。

表 8-6：1 音節－2 音節からなる地名複合
語の構造とピッチパターン

	構造	ピッチパターン
(a)	V_L-σσ$(_L)$	HL
(b)	V_L-σσ$(_S)$	HL
(c)	V_S-σσ$(_L)$	HL / LH
(d)	V_S-σσ$(_S)$	HL

③ 2 音節－1 音節からなる地名複合語

2 音節－1 音節からなる地名複合語は、前部要素が長母音を含むか否か、後部要素の母音が長母音か短母音かという観点から、4 つのグループに分けられる。なお、1 音節－2 音節からなる地名複合語の場合と同様、前部要素が 2 音節であることから、前部要素に長母音を含むケースには、前部要素の第 1 音節が長母音である場合、第 2 音節が長母音である場合、そして両方が長母音である場合の 3 通りに下位分類できるが、ここでは下位分類は行っていない。結果的に、後部要素の第 2 音節に長母音を含むもののみが調査語彙に含まれ、第 1 音節に長母音を含むものはない。調査語彙の構造と語例は表 8-7 の通りである。

(a)、(b)、(c) の構造を持つ語では、安定して前部要素が後部要素よりも高い HL のピッチパターンで実現した。より詳しく見ると、前部要素の

表 8-7：2 音節－1 音節からなる地名複合語の構造と語例

	前部要素の母音	後部要素の母音	構造	語例
(a)	長母音を含む	長母音	σσ$(_L)$-V_L	arwai-xeel, nariin-teel, nɔgɔɔŋ-nʊʊr, zamiiŋ-uud
(b)	長母音を含む	短母音	σσ$(_L)$-V_S	barʊʊŋ-ɔrt, ʊlaaŋ-gɔm, ʊlaaŋ-xʊs
(c)	短母音のみ	長母音	σσ$(_S)$-V_L	darxaŋ-ʊʊl, ɔrxɔŋ-tʊʊl, ɵndɵr-xaaŋ
(d)	短母音のみ	短母音	σσ$(_S)$-V_S	bajaŋ-gɔl, delger-tsɔgt, ider-meg

第Ⅳ部 プロソディー

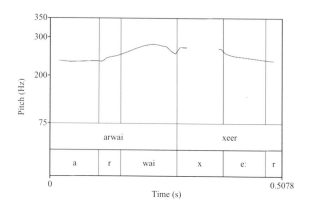

図8-9：arwai-xeer のピッチ曲線

　初頭音節が低く、後続音節が高く発音される形となっており、これは Karlsson（2005）で述べられた単純語のピッチパターン、つまり語頭の2モーラに LH が結び付けられるパターンに一致する。そして後部要素は、前部要素に比べて安定して低いピッチで推移している。例として、arwai-xeer のピッチ曲線を図8-9に示す。
　（d）第1音節が短母音であり、かつ第2音節も短母音のみである場合、bajaŋ-gɔl と delger-tsɔgt では HL のピッチパターンが見られた。bajaŋ-gɔl のピッチ曲線を図8-10に示す。
　しかし、ider-meg は2人のインフォーマント共に LH のピッチパターンで実現した。ider-meg のピッチ曲線を図8-11に示す。
　この語は「低く始まりなだらかに上昇し続ける」というパターンを持っており、語頭に LH が結び付けられる単純語のパターンとも異なる。このピッチパターンに音韻的な要因が関わっているのか、あるいはこの地名複合語が例外的な振る舞いを見せるのかは、本調査からはわからない。
　前部要素が2音節、後部要素が1音節である地名複合語のピッチパターンをまとめると、表8-8のようになる。

第 8 章　ピッチパターン

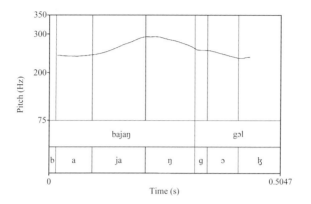

図 8-10：bajaŋ-gɔɮ のピッチ曲線

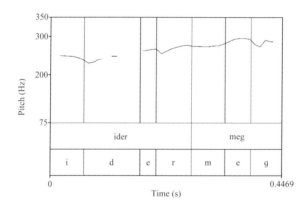

図 8-11：ider-meg のピッチ曲線

表 8-8：2 音節－1 音節からなる地名複合語の構造とピッチパターン

	構造	ピッチパターン
(a)	$\sigma\sigma_{(L)}\text{-}V_L$	HL
(b)	$\sigma\sigma_{(L)}\text{-}V_S$	HL
(c)	$\sigma\sigma_{(S)}\text{-}V_L$	HL
(d)	$\sigma\sigma_{(S)}\text{-}V_S$	HL / LH

289

④ 2音節-2音節からなる地名複合語

2音節-2音節からなる地名複合語は、前部要素が長母音を含むか否か、後部要素が長母音を含むか否かという観点から、4つのグループに分けられる。なお、ここでもやはり、長母音の位置に基づく下位分類は行っていない。調査語彙の構造と語例は表 8-9 の通りである。

これらの構造を持つ語は全て、前部要素が後部要素よりも高い HL のピッチパターンで現れた。より詳しく見ると、前部要素は第 1 音節が低く、第 2 音節が高い。ただし、第 1 音節が長母音の場合には第 1 音節に高いピッチが現れる。これは、Karlsson（2005）で述べられた単純語のピッチパターン（語頭 LH だが、長母音始まりの語では初頭から H）のパターンに一致する。一方の後部要素は、初頭音節が先行音節（すなわち前部要素の第 2 音節）に比べて急激に低くなっており、その後はほぼ平坦（下降や上昇があったとしても、その程度はわずか）である。例として、čɔlʊʊŋ-xɔrɔɔt のピッチ曲線を図 8-12 に示す。

前部要素が 2 音節、後部要素が 2 音節である地名複合語のピッチパターンをまとめると、以下のようになる。

表 8-9：2音節-2音節からなる地名複合語の構造と語例

	前部要素の母音	後部要素の母音	構造	語例
(a)	長母音を含む	長母音を含む	$\sigma\sigma_{(L)}\text{-}\sigma\sigma_{(L)}$	čɔlʊʊŋ-xɔrɔɔt, saixaŋ-dʊlaaŋ, saixaŋ-ɔwɔɔ, tsagaaŋ-čʊlʊʊt, tsagaaŋ-ɔwɔɔ, tsagaaŋ-xairxaŋ, ʊlaaŋ-baatar, ʊgtaal-tsaidam, xairxaŋ-dʊlaaŋ
(b)	長母音を含む	短母音のみ	$\sigma\sigma_{(L)}\text{-}\sigma\sigma_{(S)}$	barʊʊŋ-buren, ʊlaaŋ-badrax, xuree-maral
(c)	短母音のみ	長母音を含む	$\sigma\sigma_{(S)}\text{-}\sigma\sigma_{(L)}$	altaŋ-širee, bajaŋ-dalai, bajaŋ-xairxaŋ, erden-xairxaŋ, gʊrwaŋ-saixaŋ, ɵwɵr-xaŋgai
(d)	短母音のみ	短母音のみ	$\sigma\sigma_{(S)}\text{-}\sigma\sigma_{(S)}$	erden-bʊlgaŋ, tɵmɵr-bʊlag, zawxaŋ-mandal

第 8 章 ピッチパターン

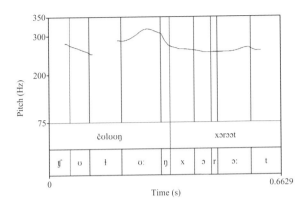

図 8-12：tɕʊlʊʊŋ-xɔrɔɔt のピッチ曲線

表 8-10：2 音節－2 音節からなる地名複合語の構造とピッチパターン

	構造	ピッチパターン
(a)	σσ($_L$)-σσ($_L$)	HL
(b)	σσ($_L$)-σσ($_S$)	HL
(c)	σσ($_S$)-σσ($_L$)	HL
(d)	σσ($_S$)-σσ($_S$)	HL

8.2.4 考察

これまでに述べてきた地名複合語の構造とピッチパターンとの関係をまとめると、表 8-11 のようになる。

表 8-11 を見ると、全ての構造において HL のピッチパターンが観察されることから、地名複合語の基本的なピッチパターンは HL、すなわち前部要素が後部要素よりも相対的に高いパターンであることがわかる。このことに加え、ほとんどの地名複合語で後部要素にピッチの山が見られないことから、基本的には「前部要素の語アクセントが保持され、後部要素の語アクセントは消失する」「地名複合語全体として、1 つの音韻語にまとまる」と結論付けられる。

第Ⅳ部　プロソディー

表 8-11：地名複合語の構造とピッチパターン（まとめ）

音節数	長母音の有無	ピッチパターン
1 音節 – 1 音節	V_L-V_L	調査語彙なし
	V_L-V_S	HL
	V_S-V_L	HL / LH
	V_S-V_S	HL
1 音節 – 2 音節	V_L-$\sigma\sigma_{(L)}$	HL
	V_L-$\sigma\sigma_{(S)}$	HL
	V_S-$\sigma\sigma_{(L)}$	HL / LH
	V_S-$\sigma\sigma_{(S)}$	HL
2 音節 – 1 音節	$\sigma\sigma_{(L)}$-V_L	HL
	$\sigma\sigma_{(L)}$-V_S	HL
	$\sigma\sigma_{(S)}$-V_L	HL
	$\sigma\sigma_{(S)}$-V_S	HL / LH
2 音節 – 2 音節	$\sigma\sigma_{(L)}$-$\sigma\sigma_{(L)}$	HL
	$\sigma\sigma_{(L)}$-$\sigma\sigma_{(S)}$	HL
	$\sigma\sigma_{(S)}$-$\sigma\sigma_{(L)}$	HL
	$\sigma\sigma_{(S)}$-$\sigma\sigma_{(S)}$	HL

　一方、LH のパターンが現れ得る構造（表中の網掛けを施した部分）は、(i)「1 音節（短母音）− 1 音節（長母音）」、(ii)「1 音節（短母音）− 2 音節（長母音を含む）」、(iii)「2 音節（短母音のみ）− 1 音節（短母音のみ）」である。このうち (i)(ii) は共通して、「前部要素が 1 音節でその母音が短母音であり、かつ後部要素に長母音を含む」という構造を持つ。これは一ノ瀬 (1992) に記述のある「前部要素が 1 音節で、かつ後部要素に長母音がある複合語」の部分集合に当たる。一ノ瀬 (1992) によると、この構造は「前部要素がアクセントを失い、後部要素がアクセントを保つパターンが見られる」構造である（8.1.4 節参照）。一ノ瀬 (1992) の「前部要素が 1 音

節」という記述を「前部要素が 1 音節でその母音が短母音である」に読み替えれば、本調査の結果は一ノ瀬（1992）の指摘とほぼ同じである。つまり、一ノ瀬（1992）の指摘する音韻構造とアクセントの対応が、ハルハ方言のピッチの点からも確認されたことになる。ただし、(iii) の構造において LH のピッチパターンが現れる例があることについては、一ノ瀬（1992）の指摘とは異なっており、その理由についても定かでない。

さらに、「前部要素が 1 音節でその母音が短母音であり、かつ後部要素に長母音を含む」構造においても HL と LH の両方のピッチパターンが現れるが、その分岐に前部要素のコーダの種類が関わっており、「前部要素のコーダ子音が重子音である場合は HL のピッチパターンで現れる」「前部要素のコーダ子音がただ 1 つの無声阻害音である場合は LH のピッチパターンで現れる」傾向にあることが示された。

コラム11　モンゴル人の名前

　本節では、「地名複合語」を調査語彙とした。加えて、モンゴル語では「人名複合語」も調査に活用できる可能性がある。

　塩谷・プレブジャブ（2001: 207）は「モンゴル人の名前を形態的に見ると、一般に単一語より、むしろ 2 つの語から構成される複合語の方が主流をなすという特徴が見られる」と指摘している。例えば、2018 年 10 月現在のモンゴル大統領はハルトマーギーン・バトトルガ氏（Xaltmaagiin Battʊlga）であるが、Battʊlga は bat（強固な）と tʊlga（支柱）に分けられる。

　本調査でも人名複合語を扱うことを検討したが、実在する人名にこだわったために、音韻構造をコントロールしたうえで実在する人名を多く集めるのが困難になり、断念した。しかし、実在する人名にこだわらなければ、音韻構造をコントロールしながら語を組み合わせて人名を作り、一種の無意味語

調査のような形で調査することも可能である。(無意味語調査については、その有効性は理解しているが、一方で無意味語が本当にその言語の語彙だと言えるのか、という疑念が拭い去れず、現段階では行うに至っていない。)

さて、人名複合語は地名複合語と同じようなピッチパターンを示すのだろうか。人名複合語も地名複合語も、ともに語＋語という構造を持った固有名詞である点は共通していることから、似たような振る舞いを見せるのではないかと思われる。例えば先ほどのバトトルガ大統領であれば、1音節－2音節からなる人名複合語で、後部要素に長母音を含まないため、HL のピッチパターンが得られやすい構造であると言えるのだが、さてどうだろうか。

ところで、モンゴル人たちは名前を短くした愛称をよく用いる。例えば、「ナランツェツェグ」(naran《太陽》＋ tsetseg《花》) さんは「ナラー (naraa)」、「ムンフバータル」(mɵnx《永遠の》＋ baatar《英雄》) さんは「ムンフー (mɵnxee)」といった具合である。

筆者の名前「尚樹」も2つの形態素からなっている。Naoki は母音調和に従っていないうえに、モンゴル語では許されない母音連続（hiatus）も入っており、モンゴル人には呼びにくい名前であるので、対策として筆者はモンゴルで自己紹介をするとき、「『尚樹』をモンゴル語に直訳すると『erxem《高尚な》＋ mod《木》』となるから、モンゴル名は erxmee だ」と言うようにしている。モンゴル人の名前に mod《木》が入ることはほとんどないのでびっくりされるが、erxmee の方は男性の名前の愛称としてよくあるので、受け入れてもらえる。

しかし、思わぬ落とし穴もあった。モンゴルの田舎のお宅にホームステイしたとき、そのお宅に「本物の」erxmee 君がいたのである。彼は3～4歳ぐらいの少年だったのだが、お母さんが「erxmee!」と呼ぶと2人が振り返り、「お前じゃない」と言われることが何度かあった。モンゴル名を名乗るのも考え物である。

8.3 一般名詞の複合語のピッチパターン[*9]

8.3.1 問題の所在

前節では、地名複合語のピッチパターンを観察し、ピッチパターンに音節数や長母音の有無、コーダ子音の種類という音韻的な要因が関わっていることを見た。本節では、一般名詞の複合語のピッチパターンについて観察する。

一般名詞の複合語のピッチパターンについて論じる際、音韻構造とともに重要なのが、前部要素と後部要素の意味関係や結びつきの強さである。前節で用いた地名複合語は、前部要素と後部要素の結びつきは一様に強いと考えられるが、一般名詞の複合語では、前部要素と後部要素の結びつきの強さや両者の意味的な関係は語によって異なる。そして、それらがピッチパターンに関わっている可能性がある。

Kubo (1997) は、モンゴル語の重複現象について取り上げた論考であるが、複合語においては構成要素間の結びつきの強さと重複パターンおよびアクセントに一定の関係が見られることを示している。ここで言う重複とは (9) に挙げるように、語頭子音を m に変えて重複することで《〜とか》という意味を表すもので、モンゴル語では生産的なものである[*10]。

(9) a. xɔɔl《料理》　　xɔɔl mɔɔl《料理とか》
　　b. utas《電話》　　utas mutas《電話とか》

Kubo (1997) によると、複合語の前部要素と後部要素の結びつきの強さによって、アクセントと重複パターンに違いがある。具体的には、表8-12 に示す 3 種類のパターンがあると指摘している。なお、Kubo (1997) はモンゴル語のアクセントにストレスとピッチの両方を認めているが、複合語におけるストレスと高いピッチの位置（前部要素と後部要素のどちらに

[*9] 本節は植田 (2014c) に加筆、修正を施したものである。
[*10] 語頭子音がない場合は、m を語頭に添加する。また、語頭子音が m の場合は z に変えて重複する。詳しくは Mikami (1983) などを参照されたい。

第Ⅳ部　プロソディー

表 8-12：複合語の要素間の結びつきとアクセントおよび重複のパターン

	結びつき	語例	アクセント	重複
(a)	弱	ex adag《始終》 < ex《始め》+ adag《終わり》	強弱 éx adag	後部要素のみを重複 ex adag madag
(b)	中	ex xel《母語》 < ex《母》+ xel《言語》	弱強 ex xél	後部要素のみを重複 ex xel mel
(c)	強	ex ɔrɔŋ《母国》 < ex《母》+ ɔrɔŋ《国》	弱強 ex ɔ́rɔŋ	全体を重複 ex ɔrɔŋ mex ɔrɔŋ

現れるか）は一致するので、複合語のアクセントについては両者を区別せず「強」「弱」という用語を用いている。

　この研究は、モンゴル語のアクセントと構成要素間の結びつきの強さとの関係を明示した点で非常に意義のあるものであるが、いくつか疑問も生じる。

　1点目は、アクセントに対する音韻構造の影響が本当にないのか、という点である。Kubo（1997: 90）は、表 8-12 の (c) のパターンが現れるのは前部要素が1音節語の場合であることを述べており、アクセントへの音韻構造の影響を否定してはいない。しかし、音韻構造がアクセントに影響を与えると積極的には述べていない。8.2節では、地名複合語において「前部要素が1音節でその母音が短母音であり、かつ後部要素に長母音を含む」という条件でLHのピッチパターン（つまり前部要素のアクセントが消失し、後部要素のアクセントが保持されるパターン）が現れることが明らかになった。しかし、表 8-12 に挙げられた語例の音韻構造を見ると、全て前部要素が1音節でその母音が短母音であるものの、後部要素に長母音は含まれない。にもかかわらず、ex xel《母語》と ex ɔrɔŋ《母国》では弱強のアクセントパターンが現れると述べられている。この点で、Kubo（1997）の記述と 8.2節で見た地名複合語のピッチパターンとは、一部に違いが生じている。一般名詞の複合語に対しても、ピッチパターンと音韻構造の関係を明らかにする必要がある。

　2点目は、「構成要素間の結びつきの強さ」の意味するものが判然とし

ない点である。表 8-12 の（a）は前部要素と後部要素のそれぞれが主要部（head）である並列複合語（coordinative compound）であるのに対し、(b, c) は前部要素が後部要素を修飾し、後部要素だけが主要部となる内心複合語（endocentric compound）である（Haspelmath and Sims 2010: 139）。その点で、両者の間に「結びつきの強さの違い」があると解釈することは可能である。しかし、Kubo (1997) には次のような例が挙げられている。

表 8-13：構成要素間の結びつきの強さが異なるとされる複合語のペア

	語例	アクセント	重複パターン
(a)	baɢ sʊrɢʊʊlʲ《小学校》 ＜ baɢ《小さい》＋ sʊrɢʊʊlʲ《学校》	強弱	後部要素のみを重複
(b)	ix sʊrɢʊʊlʲ《大学》 ＜ ix《大きい》＋ sʊrɢʊʊlʲ《学校》	弱強	全体を重複

(a, b) はともに形容詞が名詞を修飾する内心複合語であり、形態統語的な構造は同じであるにもかかわらず、(a) では要素間の結びつきが弱く、(b) では強いということになる。確かに、この両者は重複パターンも異なるという結果が出ているため、客観的な基準によって結びつきの強さの違いが証明されていると言えなくもないが、両者の形態統語的な類似性を考えると、結びつきの強さに違いがあるという解釈には疑問が残る。

また、これらの例を表 8-12 に組み込むと、表 8-14 のようになる。(a) に内心複合語である baɢ sʊrɢʊʊlʲ《小学校》が入ることにより、(a) と (b)

表 8-14：複合語の要素間の結びつきとアクセントおよび重複のパターン

	結びつき	語例	アクセント	重複
(a)	弱	ex adag《始終》 baɢ sʊrɢʊʊlʲ《小学校》	強弱	後部要素のみを重複
(b)	中	ex xel《母語》	弱強	後部要素のみを重複
(c)	強	ex ɔrɔŋ《母国》 ix sʊrɢʊʊlʲ《大学》	弱強	全体を重複

を「並列複合語か内心複合語か」によって分離することができなくなる。両者は重複のパターンも同じであるため、構成要素間の結びつきの強さを測る独立した基準はなく、両者を区別する基準はアクセントのみとなる。すると、「アクセントの違いを生み出す要因は、構成要素間の結びつきの強さの違いである」と主張するための前提が、「構成要素間の結びつきの強さの違いは、アクセントによって判定される」ということになり、議論が循環する。

さらに言えば、地名複合語は構成要素間の結びつきが非常に強いと考えられるが、8.2節で見たように、必ずしもLHのピッチパターン（後部要素のアクセントが残るパターン）で実現するとは限らない。その意味でも、構成要素間の結びつきの強さとアクセントとの関係は、もう少し詳しく検討する必要がある。

以上をまとめると、次のような問いが得られる。

(10) a. 一般名詞の複合語の場合、前部要素と後部要素の音韻構造はアクセントに対してどの程度の影響を与えているか。
 b. 構成要素間の結びつきの強さが複合語のアクセントを決めると言い切れるのか。
 c. 音韻構造と構成要素間の結びつきの強さのうち、どちらがより強く複合語のアクセントに影響を与えているのか。

Kubo (1997) では多くの語を用いた体系的な調査がなされているとは言い難く、以上の点がはっきりしない。これらを明らかにするために、本研究では複合語の重複現象とピッチパターンに関する調査を行った。

8.3.2　調査内容（調査8-2）

調査語彙は、形態統語的基準と音韻的基準の2つの観点から選ばれた。以下、それぞれの基準を述べる。

①形態統語的基準

調査語彙を選定する1つ目の観点は、構成要素間の形態統語関係（およ

び意味関係）である。前節でも述べたように、重複現象を用いる以外に複合語の構成要素間の結びつきの強さを客観的に測るのは難しいが、並列複合語と限定修飾による内心複合語では、構成要素間の結びつきの強さに違いがある可能性がある。また、モンゴル語には（11）のように、類義語の並列によって構成され、全体として両方の構成要素とほぼ同じ意味を持つ複合語が多くある。本書では、この構造をもつ複合語を便宜的に「類似複合語」と呼ぶことにする。

(11) a. xeer tal《草原》 < xeer《草原》+ tal《草原》
b. sum xiid《寺》 < sum《寺》+ xiid《寺》

類似複合語の構成要素間の結びつきが強いか弱いかを判断するのは難しいが、類似複合語どうしは「類義語の並列によって構成され、全体として両方の構成要素とほぼ同じ意味を持つ」という構造が共通しているため、構成要素間の結びつきの強さが同じであると判断して差し支えない。

そこで本調査では、「並列複合語」「類似複合語」「内心複合語」の3種類を調査語彙とした[*11]。それぞれの語例と語数は表8-15の通りである。なお、「内心複合語」は数が多いため、便宜的に、名詞による限定修飾を

表8-15：複合語の種類と調査語彙

種類	語例（構造）	語数
並列複合語	ax duu《兄弟》(< ax《兄》+ duu《弟》)	6
類似複合語	xɔt sooriŋ《都会》(< xɔt《都市》+ sooriŋ《町》)	18
内心複合語 (N + N)	gar ɔrlal《手工芸》(< gar《手》+ ɔrlal《工芸》)	13
内心複合語 (A + N)	ix ax《長兄》(< ix《大きい》+ ax《兄》)	15
計		52

[*11] 複合語にはこのほかに、主要部が複合語内に現れない外心複合語 (exocentric compound) も存在する。調査語彙のうち gal zuux《台所》(< gal《火》+ zuux《かまど》) は外心複合語とも考えられるが、前部要素と後部要素の意味の類似性から、類似複合語に入れてある。なお、外心複合語は数が少なく、十分な調査語彙が得られないため、独立した項目として立てることはしない。

受けた複合名詞（N + N）と、形容詞による限定修飾を受けた複合名詞（A + N）に分けている。

　なお、調査語彙は全て 2 つの語からなる複合語で、綴り字では分かち書きされるものである。複合語の中には、綴り字において分かち書きされないものも一部存在するが（⟨sanxuu⟩《財政》< saŋ《倉》+ xuu《庫》など）、これらは「見た目上」構成要素間の結びつきが強いと判断される恐れがあるので、調査語彙には入れていない。

② 音韻的基準

　8.2 節で述べたように、地名複合語のピッチパターンは基本的に HL（前部要素が後部要素よりも高いピッチを持つパターン）であるが、前部要素が 1 音節でその母音が短母音であり、かつ後部要素に長母音を含む場合に LH のピッチパターンが現れ得る。この条件が一般名詞の複合語にも当てはまるかを確かめる必要がある。また、Kubo（1997）では「弱強」のアクセントパターンが現れる条件として、「前部要素が 1 音節語である」という条件のみが挙げられており、後部要素の母音の長さに関しては何も述べられていない。このことから、前部要素が 1 音節であるという条件は確かだと思われるが、後部要素の長母音の有無が複合語のアクセントパターンに影響を及ぼすか否かを確かめる必要がある。以上のことから、前部要素が 1 音節語であり後部要素に長母音を持つ一般名詞の複合語と、同じく前部要素が 1 音節語であるが後部要素に長母音を持たない一般名詞の複合語の両方を調査語彙とした。

　さらに、8.2 節では、地名複合語のピッチパターンに前部要素のコーダ子音も関わっている可能性が示唆された。具体的には、前部要素のコーダ子音が重子音の場合には前部要素に H ピッチが現れる傾向にあり、前部要素のコーダ子音が無声阻害音の場合には後部要素に H ピッチが現れる傾向にあることを見た。この点を踏まえ、前部要素のコーダ子音が様々な種類になるよう留意した。なお、前部要素は 1 音節で短母音を持つ語であるが、モンゴル語に (C)V からなる語は存在しないため、前部要素は必ず

表 8-16：音韻構造と調査語彙

後部要素の音韻構造		語例（構造）	語数
1音節	長母音あり	ax duu《兄弟》(< ax《兄》+ duu《弟》)	18
	長母音なし	ix ax《長兄》(< ix《大きい》+ ax《兄》)	3
2音節	長母音あり	xɔt sʊʊriŋ《都会》(< xɔt《都市》+ sʊʊriŋ《町》)	24
	長母音なし	gar ʊrlal《手工芸》(< gar《手》+ ʊrlal《工芸》)	7
		計	52

コーダ子音を持つことになる。

調査語彙の音韻構造、語例と語数は表 8-16 の通りである。

なお、形態統語的基準で選ばれた表 8-15 の 52 語と、音韻的基準で選ばれた表 8-16 の 52 語は完全に一致する。つまり、調査語彙は 2 つの基準で得られた全 52 語ということになる。

これらの調査語彙を用い、重複パターンとピッチパターンの調査を行った。

①重複パターンの調査

(12) のように、複合語を組み込んだ文を提示し、「文中の複合語を重複させるとどのようになるか」を選択させた。選択肢には、①前部要素のみを重複した形[*12]、②後部要素のみを重複した形、③全体を重複した形、④いずれも不可、の 4 つを提示し、複数選択可として選択してもらった。なお、実際には文と選択肢はいずれもキリル文字による正書法で書かれたものを提示している。

(12) bi (tɵw šʊʊdan) jawsan.《私は（中央郵便局）に行った》
　　① tɵw mɵw šʊʊdan　　② tɵw šʊʊdan mʊʊdan
　　③ tɵw šʊʊdan mɵw šʊʊdan　　④ ---

[*12] Kubo (1997) によると、句や生産的な複合語 (productive compound) では前部要素のみが重複される形も認められる。よって、選択肢に「前部要素のみを重複した形」も含めた。

②ピッチパターンの調査

　ピッチパターンの調査は、ランダムに並べられた複合語をキャリア文に入れて読み上げてもらう方法で行った。キャリア文は（13a, b）の2種類あり、それぞれ1回ずつ読み上げられた。

(13) a.　ter　　　　　geǰ　　　xel-sen《彼は_____と言った》
　　　　 3.SG　　　　QUOT　　言う-PP

　　 b.　_____　　ge-deg　　nʲ　　　jʊʊ　we?《_____というのは何ですか》
　　　　 _____　　言う-HAB　3SG.POS　何　　INT

　読み上げられた文を録音し、praatを用いて分析、基本周波数（F0）の数値をもとに、ピッチのピークが前部要素にあるか後部要素にあるかを判定した。

　ここで、ピッチのピークの判定基準について述べておく。地名複合語とは異なり、一般名詞の複合語では前部要素と後部要素の両方にピッチの山が現れる語がいくつか観察された。その際、前部要素と後部要素のF0のピークの値がほとんど同じになるケースもある。そのような場合にもF0の測定値には必ず差が検出されるが、そのわずかな違いによってピッチのピークの位置を決定するのは妥当ではない。

　先行研究および8.2節の調査では、地名複合語においてHLのピッチパターンが基本であり、音韻的な条件が整った時（すなわち、前部要素が1音節でその母音が短母音であり、かつ後部要素に長母音を含む時）にLHのピッチパターンが現れ得ることが示されている。この「HLのピッチパターンが基本である」という点を重視し、前部要素と後部要素のピッチのピークがほぼ同じである時はHLのピッチパターンに分類し、前部要素の方が明らかに低い場合（目安としては、F0の値が10 Hz以上低い場合）に限りLHのピッチパターンであると判定した。

　なお、複合語内にピッチの山が1か所であるか2か所であるかという点は、構成要素間の結びつきの強さや形態統語構造と関わっている可能性

があり、複合語のタイプを分類する重要な基準の1つである。しかし、特に1音節語において、ピッチの山があるかどうかの判断は非常に難しく、恣意的になってしまう恐れがある。したがって、本研究ではピッチの山の数には注目しない。

ピッチパターンの判定を行った後、以下の点を検討した。

(14) a. 重複パターンとピッチパターンに相関が見られるか。
　　 b. 複合語の形態統語構造とピッチパターンに関係があるか。
　　 c. 複合語の音韻構造とピッチパターンに関係があるか。

インフォーマントは表8-17に示した11名で、全員がピッチパターンと重複の両方の調査に参加した。

表8-17：インフォーマント（調査8-2）

名前	年齢	性別	出身
BX	13	女	ウランバートル（UB）
BB	16	男	ウランバートル（UB）
NG	20	女	ウランバートル（UB）
MB	18	男	ボルガン（UBから北西へ約250キロ）
NM	19	男	エルデネト（UBから北西へ約240キロ）
EB	19	男	ヘンティー（UBから東へ約300キロ）(3歳～5歳と6歳以降はUBに居住)
BS	20代	女	ウブルハンガイ（UBから南西へ約370キロ）(生後すぐにUBへ)
MT	26	女	アルハンガイ（UBから西へ約450キロ）
GS	19	女	バヤンホンゴル（UBから南西へ約640キロ）
NO	20	男	バヤンホンゴル（UBから南西へ約640キロ）
TJ	26	男	バヤンウルギー（UBから西へ約1000キロ）[13]

---

[13] バヤンウルギーはカザフスタンとの国境に近く、カザフ語が話される地域とされる（第1章参照）。しかし、インフォーマントTJはモンゴル語の母語話者で、この調査に関する限り他のインフォーマントとの間で大きな差は見られなかったため、データに含めてある。

8.3.3　調査結果①―重複パターン

　重複パターンとピッチパターンの相関を見るための前段階として、まず重複パターンの全体的な傾向を示す。表8-18は、①前部要素のみを重複した形、②後部要素のみを重複した形、③全体を重複した形、④いずれも不可、が選ばれた数をインフォーマントごとに示したものである。重複パターンに関する調査では複数選択可としたため、1つの語に対して複数の重複パターンが選ばれることがあるが、それらを全てカウントしている[*14]。合計が調査語彙数の52語を超えるのはそのためである。なお、表は「③全体を重複」の語数が少ない順に並べてある。

　全体として、後部要素のみを重複させるパターンが多く見られる。インフォーマントMB、BX、NOでは、全ての語において「後部要素のみ重複」のパターンだけが選ばれ、他のパターンは許されていない。

表8-18：重複パターンと語数

インフォーマント	①前部要素のみ重複	②後部要素のみ重複	③全体を重複	④いずれも不可
MB	0	52	0	0
BX	0	52	0	0
NO	0	52	0	0
TJ	5	35	0	15
MT	1	48	1	2
BS	0	45	2	6
BB	2	49	5	2
GS	0	49	10	0
EB	8	50	11	0
NG	4	42	27	0
NM	1	51	39	0

---

*14　ただし、一部のインフォーマントで、重複を許すパターン（①～③のいずれか）と「④いずれも不可」を同時に選ぶケースがあった。おそらく「重複はあまり自然でないが、重複させるとすれば」という意図で両者を同時に選んだと推察される。この例では選ばれた重複パターン（①～③）を優先し、④にはカウントしていない。

一方、全体を重複させるパターンの許容度には個人差が大きい。インフォーマント MB、BX、NO、TJ では全体を重複させるパターンが全く見られないのに対し、インフォーマント GS、EB、NG、NM では比較的多くの複合語においてそのパターンが見られる。しかし、表 8-18 を見ると、「③全体を重複」が比較的多いインフォーマント（GS、EB、NG、NM）においても、「③全体を重複」よりも「②後部要素のみ重複」のパターンが多く選ばれており、さらに結果として述べ語数が 52 語を大きく超えている。このことは、「③全体を重複」が選ばれた語の多くが、同時に「②後部要素のみ重複」にも属していることを意味する。そこで、「③全体を重複」のみが選ばれた複合語の数をインフォーマントごとに示すと、表 8-19 のようになる。

表 8-19 から、全体を重複するパターンのみが見られる語は非常に少ないことがわかる。「②後部要素のみを重複」と「③全体を重複」のパターンの分布を概念的に示すと、図 8-13 のようになる。

では、全体を重複するパターンが見られるのは、具体的にどのような複合語なのだろうか。まずは、全体を重複するパターンのみが選ばれたケース（すなわち、表 8-19 の延べ 17 語）の内訳を見る。表 8-20 は「③全体を重複」のみが選ばれた語をインフォーマントごとに列挙したもので、語数は表 8-19 に対応している。なお、「③全体を重複」のみが選ばれた語がない（すなわち、語数が 0 の）インフォーマントは表から除外している。また、太字は 2 人以上のインフォーマントで全体を重複するパターンのみが選ば

表 8-19：「③全体を重複」のみが選ばれた語の数

インフォーマント	語数	インフォーマント	語数
MB	0	BB	1
BX	0	GS	3
NO	0	EB	2
TJ	0	NG	9
MT	1	NM	1
BS	0		

第Ⅳ部　プロソディー

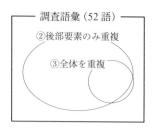

図8-13：重複パターンの概念図

れた語を表す。

表8-20から、全体を重複するパターンのみが見られる語はインフォーマントによってバラバラであることが読み取れる。どのインフォーマントでも一貫して全体を重複するパターンのみが選ばれる、という語はない。

表8-20：「③全体を重複」のみが選ばれた語の例

インフォーマント	語数	語例
MT	1	**xel zui**《文法》(< xel《言語》+ zui《原則》)
BB	1	**gal zʊʊx**《台所》(< gal《火》+ zʊʊx《かまど》)
GS	3	**gal zʊʊx**《台所》(< gal《火》+ zʊʊx《かまど》) gar xiits《手作り》(< gar《手》+ xiits《作り》) xund uildwer《重工業》(< xund《重い》+ uildwer《工業》)
EB	2	ax duu《兄弟》(< ax《兄》+ duu《弟》) **xar xuu**《若い男》(< xar《黒い・俗な》+ xuu《息子》)
NG	9	aŋ gɵrɵɵ《狩猟》(< aŋ《狩り》+ gɵrɵɵ《狩り》) des daraa《順序》(< des《順序》+ daraa《次》) ex ɔrɔŋ《母国》(< ex《母》+ ɔrɔŋ《国》) ɵws nɔgɔɔ《草》(< ɵws《草》+ nɔgɔɔ《草》) šim tejeel《栄養》(< šim《栄養》+ tejeel《栄養》) sum xiid《寺》(< sum《寺》+ xiid《寺》) **xar xuu**《若い男》(< xar《黒い・俗な》+ xuu《息子》) **xel zui**《文法》(< xel《言語》+ zui《原則》) zax zeel《市場》(< zax《市場》+ zeel《市場》)
NM	1	ač xuu《孫》(< ač《孫》+ xuu《息子》)

xel zui《文法》、gal zʊʊx《台所》、xar xuu《若い男》は、複数のインフォーマントにおいて全体を重複するパターンのみが選ばれているが、いずれもわずか 2 名の間で一致しているにすぎず、多くの話者で一貫して全体を重複するパターンのみが選ばれているとは言えない。

　次に、もう少し範囲を広げて、全体を重複するパターンが現れ得る語の内訳を見る。すなわち、表 8-18 において「③全体を重複」にカウントされた語の内訳ということになる。これらは数が多いため、インフォーマントごとに語を列挙するのではなく、全体を重複するパターンが選ばれた回数が多いもののみを取り上げる。

　表 8-21 は、全体を重複するパターンが多かった語を挙げたものである。表中の「回数」は「人数」と言い換えることができ、取り得る最大値はインフォーマント数の 11 である。

表 8-21：全体を重複するパターンが多い複合語

語例	回数
gal zʊʊx《台所》（< gal《火》+ zʊʊx《かまど》）	5
ax duu《兄弟》（< ax《兄》+ duu《弟》）	4
gar bʊʊ《拳銃》（< gar《手》+ bʊʊ《銃》)	
ix bʊʊ《大砲》（< ix《大きい》+ bʊʊ《銃》）	
ɔŋ tɔlɔl《暦法》（< ɔŋ《年》+ tɔlɔl《暦法》）	
xar xuu《若い男》（< xar《黒い・俗な》+ xuu《息子》）	
xel zui《文法》（< xel《言語》+ zui《原則》）	

　表 8-21 では、gal zʊʊx《台所》が上位に現れている。この語において全体を重複するパターンが選ばれやすい理由として、この語が外心複合語であることが考えられ、仮にそれが正しいとすると、「構成要素間の結びつきの強さが重複パターンに影響している」と言えるかもしれない。しかし、この語においても全体を重複するパターンを選んでいるのは 11 名中 5 名（11 名のうち 4 名は全体を重複するパターンを全く許容しないが、そのデータを除外したとしても 7 名中 5 名）であり、全員が全体を重複するパターンを選んでいるわけではない。ここでもやはり、どの語に対して全体を重複さ

せるパターンを認めるか、という点については個人差が大きいと言えよう。

ここで特筆すべきは、表 8-21 に ex ɔrɔŋ《母国》(< ex《母》+ ɔrɔŋ《国》) と ix sʊrgʊʊlʲ《大学》(ix《大きい》+ sʊrgʊʊlʲ《学校》) が含まれていないことである。これらの語は、8.3.1 節で述べたように、Kubo (1997) において「全体が重複されるパターン」の例として挙げられていた複合語であり、本調査の調査語彙にも含まれている。しかしながら、本調査では、全体を重複させるパターンが選ばれた回数は、ex ɔrɔŋ《母国》では 2 回、ix sʊrgʊʊlʲ《大学》では 1 回であり、これらの語において全体を重複させるパターンが現れやすいという結果は得られなかった。

以上のことから、重複パターンは語によって決まっているというよりも、話者によってかなり違った様相を呈すると見るべきであろう。したがって、重複パターンとピッチパターンの相関を見る際には、全てのインフォーマントのデータをひとまとめにして扱うのは適切ではなく、インフォーマントごとに分けて両者の相関を見る必要がある。

8.3.4　調査結果②—重複パターンとピッチパターンの相関

8.3.1 節で見たように、Kubo (1997) によると、重複パターンとアクセントについては表 8-22 (=表 8-12 再掲) のような関係がある。

表 8-22：複合語の要素間の結びつきとアクセントおよび重複のパターン (=表 8-12 再掲)

	結びつき	語例	アクセント	重複
(a)	弱	ex adag《始終》 < ex《始め》+ adag《終わり》	強弱 éx adag	後部要素のみを重複 ex adag madag
(b)	中	ex xel《母語》 < ex《母》+ xel《言語》	弱強 ex xél	後部要素のみを重複 ex xel mel
(c)	強	ex ɔrɔŋ《母国》 < ex《母》+ ɔrɔŋ《国》	弱強 ex ɔ́rɔŋ	全体を重複 ex ɔrɔŋ mex ɔrɔŋ

つまり、Kubo (1997) に従えば、重複とアクセントのパターンには以下のような関係が成り立つ。

(15) a. 強弱のアクセントパターンを持つ複合語は、後部要素のみを重複させる。(ただし、逆は成り立たない。つまり、後部要素のみを重複させるからといって、強弱のアクセントパターンを持つとは限らない。)

b. 全体を重複させる複合語は、弱強のアクセントパターンを持つ。(こちらも逆は成り立たない。つまり、弱強のアクセントパターンを持つからといって、全体を重複させるとは限らない。)

しかし、ここで問題となるのは、本調査によって得られた重複パターンが「後部要素のみを重複」「全体を重複」の2つに明確に分かれないという点である。前節で見たように、「全体を重複」のパターンが選ばれる語の多くは同時に「後部要素のみを重複」のパターンも許されており、両者の分布に重なる部分がある。その点で、Kubo (1997) の見立てとは異なっている。

ここでもう一度、重複パターンの分布の概念図を示す。

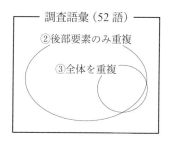

図 8-14：重複パターンの概念図 (=図 8-13 再掲)

図 8-14 が示すように、「後部要素のみ重複」のパターンは多くの調査語彙をカバーしてしまうため、(15a) はほぼ自動的に成り立ってしまう。一方、「全体を重複」のパターンは分布が限られているため、(15b) が成り立つかどうかは検討する必要がある。

また、本調査の目的は重複のパターンを明らかにすることではなく、ピッチパターンに構成要素間の結びつきの強さが関わっているかを明らか

にすることであるため、重複パターンの結果を前提に、ピッチパターンの結果を検討することが望ましい。そこで、本節では（15b）のみに焦点を当て、「全体を重複させる複合語は、弱強のアクセントパターンを持つ」と言えるかどうかを確認する。なお、全体を重複させる複合語には、「全体を重複させるパターンしか認められない語」と「全体を重複させるパターンが許容される語」の2種類の意味があるが、ここでは意味を広く取り、後者の意味で用いる。また、本研究ではピッチのみに注目しているため、「弱強のアクセントパターン」は「LHのピッチパターン」と言い換えられる。まとめると、本節では「全体を重複させるパターンが許容される複合語は、LHのピッチパターンとなる」と言えるかどうかを検討することになる。

　以下の表8-23は、全体を重複させるパターンが見られた複合語に対して、LHとHLのピッチがそれぞれ何回現れたかを、インフォーマントごとに示したものである。表中の「語数」は、各インフォーマントにおいて「全体を重複」のパターンが許容された複合語の数を示しており、数値は表8-18で示したものと同じである。「対象」はピッチパターンの測定対象となるデータの数を意味する。ピッチパターンに関する調査では1語に対して2度読み上げられているため、「対象」は「語数」の2倍の数値となる[*15]。LH、HLは対象となるデータのうちそれぞれのピッチで発音された回数を表し、LH率はLHの出現数を対象の数で割って百分率に直したものである。

　表8-23から、「全体を重複させるパターンが許容される複合語は、LHのピッチパターンとなる」とは言い切れないことがわかる。具体的には（16）と図8-15のようなデータがある。（16）はインフォーマントNGから得られたデータであり、全体を重複させるパターンが選ばれているにもかかわらず、ピッチパターンはHLで現れている。

[*15] インフォーマントNMにおいて語数が39であるのに対象データが77であるのは、データに欠損があったためである。

表 8-23：全体を重複させる語のピッチパターン

インフォー マント	全体を重複させる語		全体を重複させる語のピッチ		
	語数	対象	LH	HL	LH率
MB	0	0	-	-	-
BX	0	0	-	-	-
NO	0	0	-	-	-
TJ	0	0	-	-	-
MT	1	2	2	0	100%
BS	2	4	0	4	0%
BB	5	10	7	3	70%
GS	10	20	15	5	75%
EB	11	22	21	1	95%
NG	27	54	30	24	56%
NM	39	77	18	59	23%

（16） sum xiid《寺》（< sum《寺》+ xiid《寺》）
　　　重複パターン：sum xiid mum xiid（全体を重複）

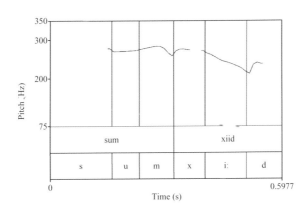

図 8-15：sum xiid《寺》のピッチ曲線（インフォーマント NG）

以上のことから、複合語における重複のパターンとピッチパターンの間には相関がないと結論付けられる。重複パターンは構成要素間の結びつき

の強さを表す客観的な指標である（つまり、全体を重複するものは構成要素間の結びつきが強い）という仮定に基づけば、構成要素間の結びつきの強さとピッチパターンは関係がない、という結論になる。

8.3.5　調査結果③—形態統語構造とピッチパターン

以下では重複パターンには注目せず、複合語のタイプとピッチパターンとの関連について検討する。まずは複合語の形態統語構造とピッチパターンの関係について述べる。

8.3.2 節で示したように、形態統語的な基準からは「並列複合語」「類似複合語」「内心複合語（N + N）」「内心複合語（A + N）」の 4 種類が用意された。複合語の種類と調査語彙の例を以下に再掲する。

表 8-24：複合語の種類と調査語彙（＝表 8-15 再掲）

種類	語例（構造）	語数
並列複合語	ax duu《兄弟》（< ax《兄》+ duu《弟》）	6
類似複合語	xɔt sʋʋriŋ《都会》（< xɔt《都市》+ sʋʋriŋ《町》）	18
内心複合語（N + N）	gar ɔrlal《手工芸》（< gar《手》+ ɔrlal《工芸》）	13
内心複合語（A + N）	ix ax《長兄》（< ix《大きい》+ ax《兄》）	15
計		52

以下の表 8-25 は、LH のピッチパターンがどのくらいの頻度で現れるかを複合語の種類ごとに示したものである。表中の「合計」は、該当する種類の複合語のデータをすべて合わせたものであり、分母は調査語彙数×インフォーマント数（11）×発話回数（2）− 欠損値となっている。例えば並列複合語では、調査語彙の数が 6 語であり、11 名のインフォーマントが 2 回ずつ発話しており、言い誤りなどのデータの欠損が 4 例あるため、合計の分母は 6 × 11 × 2 − 4 = 128 となっている。分子はそのうち LH ピッチパターンが現れた回数である。また、「最多」は当該複合語において LH ピッチパターンが最も多く現れた複合語、「最少」は最も少なく現

表 8-25：形態統語構造と LH ピッチの出現率

種類		LH 率 (%)	語例
並列複合語	合計	95/128 (74.2)	-
	最多	22/22 (100)	ax duu《兄弟》(< ax《兄》+ duu《弟》)
	最少	7/22 (31.8)	ex adag《始終》 (< ex《始め》+ adag《終わり》)
類似複合語	合計	150/395 (38.0)	-
	最多	21/22 (95.5)	zax zeel《市場》(< zax《市場》+ zeel《市場》)
	最少	0/22 (0)	aŋ agnʊʊr《狩猟》 (< aŋ《狩り》+ agnʊʊr《狩り》)
内心複合語 (N + N)	合計	119/282 (42.2)	-
	最多	20/22 (90.9)	ex ɔrɔŋ《母国》(< ex《母》+ ɔrɔŋ《国》)
	最少	0/22 (0)	gar ačaa《手荷物》(< gar《手》+ ačaa《荷物》)
内心複合語 (A + N)	合計	160/326 (49.1)	-
	最多	20/22 (90.9)	ix bʊʊ《大砲》(< ix《大きい》+ bʊʊ《銃》)
	最少	0/22 (0)	xund uildwer《重工業》 (< xund《重い》+ uildwer《工業》)

れた複合語における LH の出現率を表している。なお、「最多」や「最少」では 2 語以上が同率となる場合があるが、「語例」にはそのうち 1 例のみを提示している。

　表 8-25 を見ると、並列複合語ではやや LH のピッチパターンが現れる割合が高いことがわかる。しかし、並列複合語は前部要素と後部要素の両方が主要部となっており、一方が主要部であるものに比べて構成要素間の結びつきの強さは強くないと考えられる。したがって、ピッチパターンは HL が優勢となるはずであるが、結果は反対となっている。また、LH のピッチパターンの出現数が最少となる ex adag《始終》(< ex《始め》+ adag《終わり》) という語は、Kubo (1997) において「強弱のアクセントパターンで現れる語」として取り上げられている語例である。確かに本調査においても、LH（すなわち弱強）で現れる頻度は低いという結果が出ているが、31.8% の割合で LH のピッチパターンが出現しており、この値は他の種類

の複合語の「最少」の例よりもかなり高い値となっている。つまり、並列複合語でも LH のピッチパターンがかなりの頻度で現れるということになる。

一方、残りの「類似複合語」「内心複合語（N + N）」「内心複合語（A + N）」では、LH の出現率に大きな違いはない。また、どの複合語においても「最多」は 90% を超える割合で LH のピッチパターンが現れ、「最少」は 0%、つまり全く LH のピッチパターンが現れないという結果が得られた。言い換えれば、それぞれの複合語には LH のピッチパターンが現れやすいものから全く現れないものまで、様々な複合語が存在するということである。以上のことから、形態統語的な構造とピッチパターンの間には関係がないように見える。

次に、形態統語的に似た構造を持つ複合語のペアをいくつか取り上げ、ピッチパターンを比較する。

(17)　形態統語構造：内心複合語（A + N）　　　　　　　　HL　LH
　　a. bɑɢ sʊrɢʊʊlʲ《小学校》(< bɑɢ《小さい》+ sʊrɢʊʊlʲ《学校》)　18　4
　　b. ix sʊrɢʊʊlʲ《大学》(< ix《大きい》+ sʊrɢʊʊlʲ《学校》)　　3　19
(18)　形態統語構造：類似複合語　　　　　　　　　　　　　HL　LH
　　a. ɵr zeel《負債》(< ɵr《負債》+ zeel《負債》)　　　　　20　2
　　b. zax zeel《市場》(< zax《市場》+ zeel《市場》)　　　　1　21
(19)　形態統語構造：類似複合語　　　　　　　　　　　　　HL　LH
　　a. ɔŋ tɔɔlɔl《暦法》(< ɔŋ《年》+ tɔɔlɔl《暦法》)　　　18　4
　　b. xɔt sʊʊriŋ《都会》(< xɔt《都市》+ sʊʊriŋ《町》)　　6　16

(17)～(19) の例は、形態統語的に似た構造を持つ複合語のペアであるが、各例で (a) は HL のピッチパターンが優勢であり、(b) は LH のピッチパターンが優勢である。Kubo (1997) に従えば、LH のピッチパターンが現れるものの方が構成要素間の結びつきが強いということになるが、これらのペアで (a) よりも (b) の方が要素間の結びつきが強いと言えるかは疑問である。特に (17) は、同じ形態統語構造を持つだけでなく、後部要

素が同じ語であり、構造が全く同じであるにもかかわらず、ピッチパターンの傾向が大きく異なる。

以上の例から、ピッチパターンが複合語の形態統語構造によって決まっているとは言い難いことがわかる。

8.3.6　調査結果④—音韻構造とピッチパターン

前節では、複合語の形態統語的な構造とピッチパターンには相関がないことが明らかになった。(17)〜(19) のようなピッチパターンの傾向の差が見られる原因としては、音韻構造の違いが考えられる。ここでは、前部要素のコーダ子音の種類、および後部要素の母音の長さの影響について、それぞれ検討する。

①前部要素のコーダ子音の種類

HL のピッチパターンが現れる傾向にある (17a)、(18a)、(19a) の例は、前部要素のコーダ子音がそれぞれ ɢ, r, ŋ であり、比較的ソノリティーの高い子音である。それに対し、LH のピッチパターンが現れる傾向にある (17b)、(18b)、(19b) の例は、前部要素のコーダ子音がそれぞれ x, x, t、すなわち無声阻害音であり、ソノリティーの低い子音であると言える。この傾向は他の複合語にも見られる。(20a, b) は後部要素がともに bʊʊ《銃》である複合語のペアであるが、前部要素が gar《手》(末尾子音が r) である場合には HL のピッチパターンが現れやすく、前部要素が ix《大きい》(末尾子音が x) である場合には LH のピッチパターンが現れやすい。

(20) 　　　　　　　　　　　　　　　　　　　　　HL　LH
　　a. gar bʊʊ《拳銃》(< gar《手》+ bʊʊ《銃》)　　14　 8
　　b. ix bʊʊ《大砲》(< ix《大きい》+ bʊʊ《銃》)　 2　20

また、調査語彙のうち HL のピッチパターンが多く現れたものと、LH のピッチパターンが多く現れるものを列挙すると、それぞれ (21)(22) の通りである。

第Ⅳ部　プロソディー

(21)   HL   LH
　　aŋ agnʋʋr《狩猟》(＜ aŋ《狩り》＋ agnʋʋr《狩り》)   22   0
　　aŋ gɵrɵɵ《狩猟》(＜ aŋ《狩り》＋ gɵrɵɵ《狩り》)   22   0
　　gar bičmel《手書き》(＜ gar《手》＋ bičmel《原稿》)   22   0
　　gar ʋtas《携帯電話》(＜ gar《手》＋ ʋtas《電話》)   22   0
　　šar airag《ビール》(＜ šar《黄色い》＋ airag《馬乳酒》) 22   0
　　šim tejeel《栄養》(＜ šim《栄養》＋ tejeel《栄養》)   22   0
　　sum xiid《寺》(＜ sum《寺》＋ xiid《寺》)   22   0
　　xund uildwer《重工業》(＜ xund《重い》＋ uildwer《工業》) 22   0

(22)   HL   LH
　　ax duu《兄弟》(＜ ax《兄》＋ duu《弟》)   0   22
　　egč duu《姉妹》(＜ egč《姉》＋ duu《妹》)*16   1   21
　　ex uuswer《起源》(＜ ex《始め》＋ uuswer《起源》)   1   21
　　zax zeel《市場》(＜ zax《市場》＋ zeel《市場》)   1   21

　前部要素のコーダ子音に注目すると、HL のピッチパターンが優勢である (21) の各複合語のコーダ子音は ŋ, r, m, nd であり、やはりソノリティーの高い子音となっている。それに対して、LH のピッチパターンが優勢である (22) の各複合語のコーダ子音は x, gč である。gč は č の影響で g の部分が無声化するため、音声的には [kʧ] として実現する。したがって、これらの例ではコーダ子音が無声阻害音のみからなると言える。

　全調査語彙を対象に、前部要素のコーダ子音とピッチパターンとの関係を示すと、図 8-16 のようになる。

　図 8-16 から、HL のピッチパターンが優勢である（逆に言うと、LH のピッチパターンが現れにくい）ものは、前部要素のコーダ子音に鼻音や共鳴音などソノリティーの高い子音を含む。それに対し、LH のピッチパターンが現れやすいものは、前部要素のコーダ子音が無声阻害音、つまりソノリティーの低い子音であることが明らかである。なお、HL と LH のピッ

---

*16　duu の厳密な意味は《年下のキョウダイ》であり、男女の区別はないが、ここでは便宜的に《弟》《妹》という訳語を当てている。

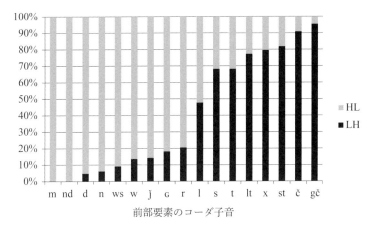

図 8-16：前部要素のコーダ子音の種類とピッチパターンとの関係

チパターンがほぼ半分ずつ現れるのは前部要素のコーダ子音が l の場合である。モンゴル語の l は、音韻論的には流音に位置づけられるが、音声的に側面摩擦音 [ɮ] もしくは [ɬ] であり、阻害音の特徴を併せ持っている。したがって、l が境界付近に現れるのはごく自然なことである。

8.2.4 節では、地名複合語のピッチパターンから、前部要素のコーダ子音の種類がピッチパターンに影響を及ぼしている可能性を指摘した。具体的には、前部要素が 1 音節語であるという条件で、「前部要素のコーダ子音が重子音である場合は HL のピッチパターンで現れる」「前部要素のコーダ子音がただ 1 つの無声阻害音である場合は LH のピッチパターンで現れる」という可能性を指摘した。本節で示した一般名詞の複合語では、前部要素のコーダ子音が重子音の場合でも LH のピッチパターンが優勢であるものがある（コーダ子音が gč や lt の場合）ため、「コーダ子音が重子音か否か」はピッチに対して重大な影響を与えているわけではないことがわかる。一方で、前部要素のコーダ子音の種類、具体的にはソノリティーの高さがピッチパターンに大きく影響を及ぼしていることが明らかである。したがって、上記の仮説は以下のように訂正される。

(23)（前部要素が1音節短母音を持つ語の場合）
　　a. 前部要素のコーダ子音がソノリティーの高い子音である場合、HLのピッチパターンで現れる傾向にある。
　　b. 前部要素のコーダ子音がソノリティーの低い子音である場合、LHのピッチパターンで現れる傾向にある。

②後部要素の母音の長さ

続いて、後部要素の母音の長さがピッチパターンに影響を及ぼしているかどうかを検討する。

調査語彙の後部要素は1音節語のものと2音節語のものがあり、1音節語のものは母音が長母音（L）か短母音（S）かという観点から分類できる。後部要素が2音節語の場合、2つの母音のそれぞれが長母音（L）か短母音（S）のいずれかであるため、論理的に4通り（LL, LS, SL, SS）のパターンがある。したがって、後部要素は6通り（L, S, LL, LS, SL, SS）に分類される。図8-17は、それらの構造と複合語のピッチパターンとの関係を示したものである。

図8-17から、後部要素が1音節である場合（SまたはL）にLHのピッ

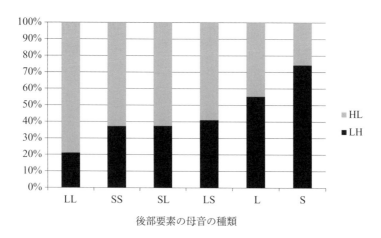

図8-17：後部要素の母音の種類とピッチパターンとの関係

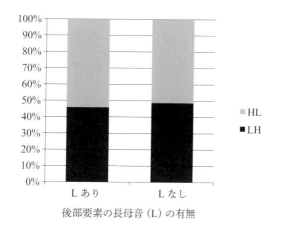

図 8-18：後部要素の長母音の有無とピッチパターンとの関係

チパターンが現れやすいという傾向は見られるが、後部要素に長母音が含まれているか否かによってピッチパターンの傾向に差があるようには見えない。その点を明らかにするために、後部要素における長母音の有無とピッチパターンとの関係を図 8-18 に示す。

　図 8-18 から、後部要素に長母音がある場合とない場合とで、ピッチパターンにほとんど差が見られないことが明らかである。このことから、後部要素に長母音を含むか否かは、一般名詞の複合語のピッチパターンには影響を及ぼしていないと結論付けられる。

　この結果は、地名複合語のピッチパターンとは異なっている。地名複合語では、LH のピッチパターンが現れる条件として「後部要素に長母音を含む」という条件が必要である。bøx-mørøŋ、xalx-gɔl という地名複合語において、前部要素のコーダ子音が無声阻害音であるにもかかわらず LH のピッチパターンが現れないことがその根拠となる。

　LH のピッチパターンが現れる条件に「後部要素に長母音を含む」という条件が必要であるか否かを判断するのは難しいが、本研究に関する限り、一般名詞の複合語に関する調査の方が調査語彙もインフォーマントの数も

多く、規模が大きい。したがって、ここでは一般名詞の複合語の調査によって得られた事実を重視し、「後部要素に長母音を含む」という条件は必要ないと解釈しておく。

8.3.7　複合語ピッチパターンのまとめ

8.3 節ではここまで、一般名詞の複合語を用いて、複合語の形態統語構造および音韻構造とピッチパターンとの間に相関があるかどうかを検討してきた。その結果、以下の点が明らかとなった。

(24) a. 重複パターンとピッチパターンの間に相関は見られないことから、構成要素間の結びつきの強さとピッチパターンとは関係がないと言える。
　　 b. 複合語の形態統語構造は、ピッチパターンとは関係がない。
　　 c. 複合語の音韻構造は、ピッチパターンに影響を及ぼす。具体的には、前部要素が 1 音節で短母音を持つ語である場合、前部要素のコーダ子音がソノリティーの高い子音であれば HL、ソノリティーの低い子音であれば LH のピッチパターンが現れやすい。

なお、前部要素のコーダ子音の種類がピッチパターンに影響を及ぼす理由については、8.5 節で考察する。

8.4　句のピッチパターン[*17]

8.4.1　問題の所在

前節では、複合語のピッチパターンに構成要素間の結びつきの強さや複合語の形態統語構造は関係しておらず、音韻構造だけがピッチパターンに影響を及ぼしていることが明らかになった。

ここで、構成要素間の結びつきの強さがピッチに全く影響を及ぼしていないとすると、複合語よりも構成要素間の結びつきが弱いと考えられる句

[*17]　本節は Ueta (2017b) に加筆、修正を施したものである。

（名詞句や動詞句）においても、音韻構造さえ整えば全体として LH のピッチパターンで実現するのではないか、という仮説が立てられる。

8.1.4 節で述べたように、一ノ瀬（1992）は複合語と句との間でアクセントが異なる例を挙げている。

(25)（=(5) 再掲）
 a. ˌgöx ˈnoor《青海（地名）》(< göx《青い》+ noor《湖》)
 b. ˈgöx ˌnoor《青い湖》

（一ノ瀬 1992: 110 (5) (5')）

しかし、上述の仮説が正しいとすれば、これらは複合語でも句でも同じピッチパターンで現れることが予想される。

本節では、句のピッチパターンも音韻的な条件によって決定されているのか、また句と複合語の間にピッチの違いはあるのか、という点について検討する。

8.4.2　調査内容(調査 8-3)

前節までで見たように、複合語において LH のピッチパターンが現れる条件は、前部要素が 1 音節かつその母音が短母音であることである。したがって、句のピッチパターンに関する調査においても、前部要素はその条件を満たす語を用いた。さらに、前節において複合語のピッチパターンに前部要素のコーダ子音のソノリティーが大きく関わっていることが明らかになったが、この影響が句においても見られるかどうかを観察するため、前部要素にはコーダ子音のソノリティーが高いもの（鼻音、流音、有声閉鎖音のうち G）と低いもの（無声阻害音）を用意した。なお、8.3.6 節で述べたように、子音 l は音韻的には流音であるが音声的には側面摩擦音であるため、ソノリティーは高低の中間であると考えられるが、有声側面摩擦音 [ɮ] で現れることがあることから「無声阻害音」とは言えない点、および音韻的に流音として機能する点を重視し、ソノリティーの高い子音に分類してある。

第Ⅳ部　プロソディー

　前部要素として使用した語は表 8-26 の通りである。

表 8-26：前部要素として使用した語

高いソノリティー	低いソノリティー
baɢ《小さい》	ix《大きい》
bal《蜂蜜》	max《肉》
bɔr《茶色い》	ʊs《水》
em《薬》	xɵx《青い》
guŋ《深い》	
šɵl《スープ》	
tɔr《ビニール袋》	

　これらの語を前部要素とした動詞句および名詞句を作成した。動詞句は、表 8-26 のうちのいくつかの語と動詞 ʊʊ《飲む (IMP)》または aw《買う (IMP)》を組み合わせて作成した。具体的には、表 8-27 のような動詞句である。

表 8-27：調査語彙（動詞句）[*18]

高いソノリティー	低いソノリティー
airgaa baɢ ʊʊ《馬乳酒を少し飲め》	airgaa ix ʊʊ《馬乳酒をたくさん飲め》[*19]
em ʊʊ《薬を飲め》	ʊs ʊʊ《水を飲め》
šɵl ʊʊ《スープを飲め》	ʊs aw《水を買え》
bal aw《蜂蜜を買え》	max aw《肉を買え》
tɔr aw《ビニール袋を買え》	

　ʊʊ《飲む (IMP)》を主要部とする動詞句と aw《買う (IMP)》を主要部とする動詞句は、それぞれ (26) (27) のキャリア文に埋め込まれた。

(26)　ter　　ɵwgɵn　nadad　　＿＿＿　ge-sen.《その老人は私に＿＿＿と言った》
　　　3SG.　老人　　1SG. DAT　＿＿＿　言う-PP

[*18] 調査対象は句であるので厳密には語彙ではないが、ここでは便宜的に語彙と呼ぶ。
[*19] airg-aa《馬乳酒-REF》はキャリア文全体が自然な文となるように挿入したものであり、ピッチパターンの分析対象となる句は baɢ ʊʊ, ix ʊʊ の部分のみである。

(27) ter   xʊdaldagč nadad   ___   ge-sen.
     3SG.   販売員   1SG. DAT   ___   言う-PP
     《その販売員は私に_____と言った》

名詞句は、表 8-26 のうちのいくつかの語と nʊor《湖》を組み合わせて作成した。具体的には、表 8-28 のような名詞句である。

表 8-28：調査語彙（名詞句）

高いソノリティー	低いソノリティー
baɢ nʊor《小さい湖》	ix nʊor《大きい湖》
bɔr nʊor《茶色い湖》	xθx nʊor《青い湖》
guŋ nʊor《深い湖》	

これらの形容詞＋名詞の連続は、名詞句であると同時に、地名複合語でもあり得る。これらの語連続は (28) のキャリア文に埋め込まれた。

(28) ner-iig   nʲ   med-ex-gui   č   ge-sen   tend   ___   bai-san.
     名前-ACC 3. POS   知る-FP-NEG   も   言う-PP   そこに   ___   ある-PP
     teg-eed   tʊxai-n   nʊtg-iin-xn-aas   ter   nʊor-iin ner-iig   asʊʊ-san
     そうする-PFG 当該-GEN 地域-GEN-NR-ABL 3. SG 湖-GEN   名前-ACC 尋ねる-PP
     činʲ,   "ter   nʊor-iig   ___   ge-deg   jum"   geǰ   zaa-ǰ   θg-sen.
     2. POS   3. SG 湖-ACC   ___   言う-HAB   MOD   QUOT   教える-SEQ くれる-PP
     《名前は知らないが、そこに_____があった。そこで地元の人にその湖の名前を尋ねたところ、「その湖は_____というんだ」と教えてくれた。》

文脈から、(28) の 1 つ目の下線部に入る形容詞＋名詞の連続は名詞句、2 つ目の下線部に入る形容詞＋名詞の連続は地名複合語と解釈される。したがって、このキャリア文によって名詞句と複合語の両方が発音されることになる。

　キャリア文 (26) 〜 (28) に調査語彙が埋め込まれた文（およびダミーの文[20]）がランダムに並べられ、1 つのリストが作られた。なお、文は全て

---

[20] この調査は調査 2-2 と同時に行っており、ダミーの文は調査 2-2 の調査語彙となる。

第Ⅳ部　プロソディー

キリル文字による正書法で書かれている。これらのリストをモンゴル語母語話者に読み上げてもらった。全ての文の読み上げが終わった後、同じタスクがもう1度繰り返された。したがって、全ての文は2度読み上げられたことになる。

インフォーマントは表8-29の通りである。

表8-29：インフォーマント (調査8-3)

名前	年齢	性別	出身
NE	16	女	ウランバートル (UB)
BB	17	男	ウランバートル (UB)
GM	21	女	ウランバートル (UB)
ST	27	女	ウランバートル (UB)
DS	20	女	ダルハン (UB から北へ約 200 キロ)
EO	20	女	ドルノゴビ (UB から南東へ約 250 キロ)
SB	24	女	ドンドゴビ (UB から南へ約 230 キロ)
TJ	17	女	フブスグル (UB から北西へ約 630 キロ) (5歳の時に UB へ移住)

読み上げられた音声を録音し、praat で分析を行った。まずは母音区間を同定し、各母音区間の基本周波数 (F0) の平均値を算出した上で、前部要素と後部要素の F0 の平均値を比較し、HL と LH のどちらのピッチパターンであるかを判定した。ただし、母音の無声化やスピーチエラーによって F0 が算出できなかったものについては、データから除外している。

8.4.3　調査結果(調査8-3)
①**動詞句のピッチパターン**

動詞句のピッチパターンを表8-30に示す。表中の数字は HL と LH のピッチパターンが現れた回数を表し、取り得る最大値は 16 (8名×2回発話) である。

表8-30から、前部要素のコーダ子音のソノリティーが高い場合にはHLのピッチパターンが優勢であり、ソノリティーが低い場合にはLHの

第 8 章　ピッチパターン

表 8-30：調査語彙（動詞句）

	高いソノリティー			低いソノリティー		
		HL	LH		HL	LH
baɢ ʊʊ		11	5	ix ʊʊ	1	14
em ʊʊ		11	5	ʊs ʊʊ	5	10
šəl ʊʊ		14	2			
小計		36 (75.0%)	12 (25.0%)	小計	6 (20.0%)	24 (80.0%)
bal aw		15	1	ʊs aw	6	10
tɔr aw		15	1	max aw	10	6
小計		30 (93.75%)	2 (6.25%)	小計	16 (50.0%)	16 (50.0%)
合計		66 (82.5%)	14 (17.5%)	合計	22 (35.48%)	40 (64.52%)

ピッチパターンが優勢であることがわかる。この傾向は、8.3 節で見た複合語のピッチパターンの傾向と完全に一致している。

　後部要素の動詞による違いに着目すると、前部要素のコーダ子音のソノリティーが高いグループでは、後部要素が ʊʊ《飲め》である場合には aw《買え》である場合に比べ、LH のピッチパターンの頻度が若干上がる。一方、前部要素のコーダ子音のソノリティーが低いグループでは、後部要素が aw である場合には ʊʊ である場合に比べ、HL のピッチパターンの頻度が高く、HL：LH が 16：16 と互角の数字になっている。この結果からは、後部要素に長母音が含まれている場合に LH のピッチパターンになりやすい、と言えるだろう。しかし、8.3.6 節では、複合語のピッチパターンには後部要素に長母音の有無は関わっていないことが示されている。したがって、ここでもやはり、LH のピッチパターンが現れる条件として「後部要素に長母音を含む」という条件が必要であるかどうかが問題になる。

　だがいずれにせよ、全体的な傾向としては、前部要素のコーダ子音に

よって動詞句のピッチパターンが異なることは明らかである。

　本調査のインフォーマントの中で、「前部要素のコーダ子音のソノリティーが高い場合に HL、低い場合に LH のピッチパターンが現れる」という傾向を最も顕著に示したのは、インフォーマント BB であった。図 8-19 と図 8-20 に、インフォーマント BB の 1 回目の発話における前部要素と後部要素の相対的なピッチの差を示す。図の縦軸は前部要素の F0 を

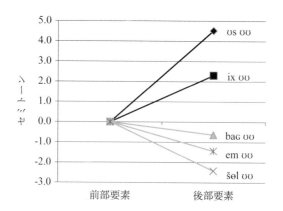

図 8-19：前部要素と ʊʊ の相対的なピッチの差（インフォーマント BB）

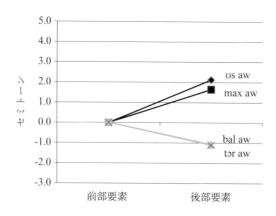

図 8-20：前部要素と aw の相対的なピッチの差（インフォーマント BB）

基準にしたセミトーン（半音）であり、1.0 は前部要素に比べて 1.0 半音高いピッチであることを表す[*21]。

図 8-19 と図 8-20 からわかるように、インフォーマント BB の 1 回目の発話では常に、前部要素のコーダ子音のソノリティーが低い場合には LH のピッチパターンで、ソノリティーが高い場合には HL のピッチパターンで発音している。他のインフォーマントも、概ねこの傾向に従っている。

②名詞句と地名複合語のピッチパターン

次に、名詞句と地名複合語のピッチパターンを表 8-31 に示す。表中の数字は表 8-30 と同様、HL と LH のピッチパターンが現れた回数を表し、取り得る最大値は 16（8 名 × 2 回発話）である。

まず名詞句に注目すると、ここでもやはり、前部要素のコーダ子音のソ

表 8-31：調査語彙（名詞句および地名複合語）

		高いソノリティー			低いソノリティー	
		HL	LH		HL	LH
名詞句	baɢ nʊʊr	9	7	ix nʊʊr	2	13
	bɔr nʊʊr	13	3	xɵx nʊʊr	7	9
	guŋ nʊʊr	8	8			
	合計	30 (62.5%)	18 (37.5%)	合計	9 (29.03%)	22 (70.97%)
地名複合語	baɢ nʊʊr	4	12	ix nʊʊr	1	13
	bɔr nʊʊr	11	4	xɵx nʊʊr	4	12
	guŋ nʊʊr	3	13			
	合計	18 (38.30%)	29 (61.70%)	合計	5 (16.67%)	25 (83.33%)

[*21] 前部要素と後部要素の F0 の平均値（Hz）をそれぞれ $F0_i$, $F0_{ii}$ とすると、セミトーンは $(\log_2 F0_{ii} / F0_i) * 12$ という計算式で算出された。

ノリティーが高いものでは HL のピッチパターンが現れやすく、低いものでは LH のピッチパターンが現れやすいという傾向が見られる。この傾向は、8.3 節で見た複合語のピッチパターン、および本節で見た動詞句のピッチパターンの傾向と完全に一致している。

次に、地名複合語に注目する。前部要素のコーダ子音のソノリティーが低い場合は、これまで見てきたケースと同様、LH のピッチパターンが優勢である。それに対し、コーダ子音のソノリティーが高い場合は、ソノリティーが低い場合に比べれば確かに HL のピッチパターンの頻度は高いが、数値としては HL : LH = 18 : 29 となっており、LH のピッチパターンの方が優勢である。

この事実を別の角度から見ると、前部要素のコーダ子音のソノリティーが高い場合、名詞句と地名複合語ではピッチパターンの傾向が異なり、前者では HL のピッチパターンが優勢、後者では LH のピッチパターンが優勢であるということになる。そしてこの差により、名詞句と地名複合語がピッチパターンによって区別されるという事態が起こり得る。図 8-21 と図 8-22 は、1 人のインフォーマント（TJ）によって得られた名詞句の bɔr nʊʊr と地名複合語の bɔr nʊʊr のピッチ曲線をそれぞれ表したものである。

このインフォーマントは、名詞句の bɔr nʊʊr を HL のピッチパターンで、

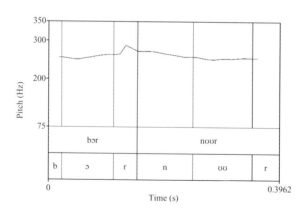

図 8-21：名詞句の bɔr nʊʊr（インフォーマント TJ）

第 8 章　ピッチパターン

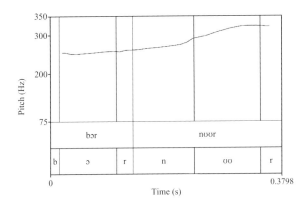

図 8-22：地名複合語の bɔr nʊʊr（インフォーマント TJ）

地名複合語の bɔr nʊʊr を LH のピッチパターンで、それぞれ発音している。これは、一ノ瀬（1992）が述べた「前部要素が 1 音節で、かつ後部要素に長母音があるという構造を持つ語連続では、アクセントの位置によって意味的な区別があり、後部要素にアクセントがあれば複合語、前部要素にアクセントがあれば句である」という主張に合致している。つまり、(29)（= (5) 再掲）のような例が、ハルハ方言においても一部観察されるということを意味する。

(29)（= (5) 再掲）
 a. ˌgöx ˦nʊʊr《青海（地名）》(< göx《青い》+ nʊʊr《湖》)
 b. ˦göx ˌnʊʊr《青い湖》

（一ノ瀬 1992: 110 (5) (5')）

しかしながら、この対立が一般的に見られるかという点については疑問が残る。第一に、本調査においては、名詞句と複合語を一貫してピッチパターンによって区別したインフォーマントは存在しない。つまり、図 8-21 と図 8-22 のような対立はあくまで散発的である。第二に、前部要素のコーダ子音のソノリティーが高いにもかかわらず LH のピッチパターンで現れやすい語（句）は bɔr nʊʊr と baɢ nʊʊr であるが、これらはいずれも

モンゴルに実在する地名であり、正書法においては分かち書きされず1語のように綴られる。また、母音調和の観点からも、前部要素と後部要素の母音がたまたま母音調和の原則に従う配列になっている。これらの事実から、この語があたかも単一形態素からなる語であるかのように認識されている可能性がある。もしそうであれば、Karlsson（2005）が述べた語アクセントの原則に従い、LHのピッチが最初の2モーラに結び付けられることになり、結果として全体がLHのピッチパターンで実現することになる。言い換えれば、これらの語（句）がLHのピッチパターンを取る傾向にあるのは、実在する（話者にとってなじみのある）地名であり、構造的にも完全に一語化していることによる可能性がある。

8.4.4　句のピッチパターンのまとめ

　動詞句と名詞句のピッチパターンを検討した結果、句でも複合語と全く同じく、前部要素のコーダ子音の種類によってピッチパターンが異なることが明らかになった。このことから、ピッチパターンの違いは形態統語的な要因ではなく、音韻的な要因で決まっていると言える。

　ここまでの結果をまとめると、以下のようになる。

(30) 前部要素が1音節語でかつその母音が短母音であるという条件のもとでは地名複合語、一般名詞の複合語、句に関係なく、前部要素のコーダ子音のソノリティーが高い場合にはHL、低い場合にはLHのピッチパターンが優勢となる。

　ただし、同じ音韻構造を持つ場合を比較すると、地名複合語と名詞句では前者の方がLHのピッチパターンがやや現れやすいことも明らかになった。また、後部要素に長母音を含まない場合に、一般名詞の複合語ではLHのピッチパターンが頻繁に現れるが、句ではその頻度がやや下がるという結果も見られた。このことは、全体として音韻構造がピッチパターンを決めていることは間違いないものの、複合語と句ではLHのピッチパターンの現れやすさが若干異なることを示唆している。そして、ここに構

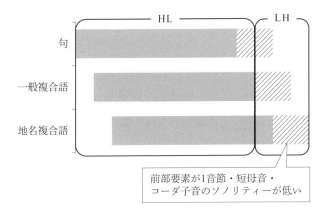

図 8-23：統語構造とピッチパターン表す概念図

成要素間の結びつきの強さが関係している可能性がある。この状況を概念的に表せば、図 8-23 のようになろう。

　つまり、句、一般名詞の複合語、地名複合語ともに、音韻構造によってピッチパターンが決まっているが、それぞれの構成要素間の結びつきの強さが加味される結果、HL と LH の境界がややずれることになり、句では LH のピッチパターンが現れる音韻構造を満たしていても HL で現れる例が若干増え、逆に地名複合語では LH のピッチパターンが現れる音韻構造を満たしていなくても LH で現れる例が若干増える、ということである。モンゴル語のピッチパターンは弁別的機能を担わないものであり、音韻的な（離散的な）ものではなく音声的な（連続的な）ものであるが故に、このような状況が生じていると考えられる。

8.5　LH ピッチパターンと音節構造

8.5.1　音節構造・分節音とアクセントとの相互関係

　前節まで、モンゴル語の句や複合語のピッチパターンには、前部要素の音韻構造が大きく関わっていることを見てきた。具体的には、「前部要素

が 1 音節かつ短母音を持ち、コーダ子音のソノリティーが低い語である場合」にのみ LH のピッチパターンが優勢となり、その条件に当てはまらない場合は HL のピッチパターンが優勢となる。つまり、前部要素の音節構造と分節音の両方がピッチに影響を与えることになる。本節では、モンゴル語の句や複合語に見られる音節構造および分節音とピッチパターンとの関係に関して、その背後にある音声学的な理由と音韻論的な解釈について考察する。

まずは議論の前提として、音節構造や分節音とアクセントの相互関係について、一般言語学的な事実から確認しておく。

通言語的に、音節構造がアクセントに影響を及ぼす例は非常に多い。ことストレスに関しては、英語やラテン語のストレス付与規則においても音節の重さが関わっていることは広く知られている（Roca 1994: 177, Hayes 1995: 91, Roca and Johnson 1999: 352-357, 田中 2005: 91 など）。モンゴル語においても、ストレスの存在を認めた場合、語が長母音を含むか否かによってストレスの置かれる位置が異なっていることは、8.1.1 節で述べた通りである。Walker (1997) が述べたように、モンゴル語において (C)VV のみを重音節と定義するならば、ストレスは重音節に置かれることになる。

また、分節音がプロソディーに影響を及ぼす現象も決して珍しくない。例えばトーンを持つ言語において、オンセットの子音が無声であれば H トーン、有声であれば L トーンが現れるような現象は広く見られる（Yip 1995: 484-487 など）。

このような観点から見ると、モンゴル語の句や複合語のピッチパターンに音節構造や分節音が関わっていることは、通言語的に特殊なことではない。しかし、モンゴル語の句や複合語のピッチパターンにおいては、この両方が同時に関わっている。モンゴル語の場合、「音節」とは前部要素の音節数および母音の長さのことである。「分節音」もやはり前部要素のコーダ子音のことであるから、前部要素の音節に含まれる。したがって、モンゴル語の句や複合語のピッチパターンに影響を与えているのは、前部要素の「（コーダ子音の種類まで含めた）音節構造」であると言える。以下

では、前部要素の音節内のコーダ子音の違いという観点から、モンゴル語の音節構造とピッチパターンとの関係について考えてみたい。

8.5.2 LH ピッチパターンの音韻論的解釈

　モンゴル語の句や複合語では、「前部要素が 1 音節かつ短母音を持ち、コーダ子音のソノリティーが低い語である」という特別な条件が整った場合にのみ LH のピッチパターンが現れ、そうでない場合には HL のピッチパターンが出現することから、HL のピッチパターンが基本であることは疑う余地がない。HL のピッチパターンとは、前部要素にピッチのピークが現れ、後部要素は相対的に低いということであるから、アクセントの観点から捉え直せば、前部要素の語アクセントは十分に保持されるのに対し、後部要素のアクセントは相対的に抑えられる、と捉えることができる。モンゴル語の語アクセントは、Karlsson (2005) によれば「語頭に結び付けられた LH ピッチ」であるであるから、「前部要素の LH ピッチは十分に保持されるのに対し、後部要素の LH ピッチは相対的に抑えられる」ということになる。Karlsson (2005) は「アクセントはダウンステップする」(すなわち、長い句では後方に現れる語のアクセントの山が低くなる) という観察も行っており、複合語や句において後部要素の LH が相対的に抑えられるのは、ダウンステップによるものであると解釈できる。つまり、複合語や句に特別なアクセント規則があるわけではなく、1 つの語アクセントの規則が複合語や句にまで及んでいると言える[*22]。例えば、前部要素、後部要素ともに 2 音節語である地名複合語 ɞʊlʊŋ-xɔrɔɔt のピッチパターンは、(31) のように表現できる。網掛けはその語アクセントが実現しないか、実現しても相対的に抑えられることを意味する。また、右側の曲線はピッ

[*22] 句に対しては語アクセント規則 (LH) ではなく、Karlsson (2005) の言う "phrase accent (%LH)" (Karlsson (2014) では "intermediate phrase" の初頭を示すピッチ上昇のことを指し、"–LH" で表示) という方が正しい。しかし、実現としてはどちらも初頭に LH が結び付けられるものであるので、煩雑さを避けるため、ここでは両者を区別せず語アクセント (LH) と表記する。

チの具体的な実現を模式的に表している。

(31) čoloʊŋ-xɔrɔɔt

前部要素の LH は十分に保持されるため前部要素にピッチのピークが現れ、後部要素の LH は抑えられるため後部要素のピッチが相対的に低い、ということになる。

　前部要素が1音節語の場合、そこに含まれる母音が長母音であれば LH を担うのに十分な長さ（音節で言えば重さ）があるため、前部要素に LH が実現できる。例として、地名複合語 saiŋ-tsagaaŋ のアクセントとピッチパターンを（32）に示す。なお、初頭音節に長母音を含む場合には、初頭から H が現れるバリエーションがある。このことを（L）と破線で表している。

(32) saiŋ-tsagaaŋ

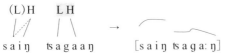

　前部要素が1音節で短母音を含む語である場合には、コーダ子音のソノリティーの高さによって2種類に下位分類される。

　コーダ子音のソノリティーが高い場合、長母音と同じように、LH を担うのに十分な重さがあると解釈できる。例として、aŋ agnoor《狩猟》のアクセントとピッチパターンを（33）に示す。なお、前部要素のコーダ子音 ŋ がピッチを担えるか否かは議論の余地があるが、ここではピッチを担えないものとして扱い、H ピッチは母音と結び付けられると解釈する。

(33) aŋ agnoor《狩猟》

では、前部要素の音節内のコーダ子音の違いという観点から、モンゴル語の音節構造とピッチパターンとの関係について考えてみたい。

8.5.2 LHピッチパターンの音韻論的解釈

モンゴル語の句や複合語では、「前部要素が1音節かつ短母音を持ち、コーダ子音のソノリティーが低い語である」という特別な条件が整った場合にのみLHのピッチパターンが現れ、そうでない場合にはHLのピッチパターンが出現することから、HLのピッチパターンが基本であることは疑う余地がない。HLのピッチパターンとは、前部要素にピッチのピークが現れ、後部要素は相対的に低いということであるから、アクセントの観点から捉え直せば、前部要素の語アクセントは十分に保持されるのに対し、後部要素のアクセントは相対的に抑えられる、と捉えることができる。モンゴル語の語アクセントは、Karlsson (2005) によれば「語頭に結び付けられたLHピッチ」であるであるから、「前部要素のLHピッチは十分に保持されるのに対し、後部要素のLHピッチは相対的に抑えられる」ということになる。Karlsson (2005) は「アクセントはダウンステップする」(すなわち、長い句では後方に現れる語のアクセントの山が低くなる) という観察も行っており、複合語や句において後部要素のLHが相対的に抑えられるのは、ダウンステップによるものであると解釈できる。つまり、複合語や句に特別なアクセント規則があるわけではなく、1つの語アクセントの規則が複合語や句にまで及んでいると言える[22]。例えば、前部要素、後部要素ともに2音節語である地名複合語 čoloŋ-xɔrɔɔt のピッチパターンは、(31) のように表現できる。網掛けはその語アクセントが実現しないか、実現しても相対的に抑えられることを意味する。また、右側の曲線はピッ

---

[22] 句に対しては語アクセント規則 (LH) ではなく、Karlsson (2005) の言う "phrase accent (%LH)" (Karlsson (2014) では "intermediate phrase" の初頭を示すピッチ上昇のことを指し、"–LH" で表示) という方が正しい。しかし、実現としてはどちらも初頭にLHが結び付けられるものであるので、煩雑さを避けるため、ここでは両者を区別せず語アクセント (LH) と表記する。

チの具体的な実現を模式的に表している。

(31) čʊlʊʊŋ-xɔrɔɔt

前部要素の LH は十分に保持されるため前部要素にピッチのピークが現れ、後部要素の LH は抑えられるため後部要素のピッチが相対的に低い、ということになる。

　前部要素が 1 音節語の場合、そこに含まれる母音が長母音であれば LH を担うのに十分な長さ（音節で言えば重さ）があるため、前部要素に LH が実現できる。例として、地名複合語 saiŋ-tsagaaŋ のアクセントとピッチパターンを（32）に示す。なお、初頭音節に長母音を含む場合には、初頭から H が現れるバリエーションがある。このことを (L) と破線で表している。

(32) saiŋ-tsagaaŋ

前部要素が 1 音節で短母音を含む語である場合には、コーダ子音のソノリティーの高さによって 2 種類に下位分類される。

　コーダ子音のソノリティーが高い場合、長母音と同じように、LH を担うのに十分な重さがあると解釈できる。例として、aŋ agnʊʊr《狩猟》のアクセントとピッチパターンを（33）に示す。なお、前部要素のコーダ子音 ŋ がピッチを担えるか否かは議論の余地があるが、ここではピッチを担えないものとして扱い、H ピッチは母音と結び付けられると解釈する。

(33) aŋ agnʊʊr《狩猟》

第 8 章　ピッチパターン

　一方、前部要素のコーダ子音のソノリティーが低い場合、LH を担うだけの十分な重さがないと考えられる。その結果、前部要素の語アクセント LH が実現できない。その代償として、後部要素の語アクセント LH が抑えられることなく実現し、結果として後部要素の方が相対的なピッチが高いことになる。例として、ax duu《兄弟》のアクセントとピッチパターンを (34) に示す。

(34)　ax duu《兄弟》[*23]

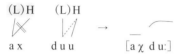

　では、なぜ前部要素のコーダ子音のソノリティーが高ければ LH を担うことができ、ソノリティーが低ければ LH を担うことができないのだろうか。以下、8.5.3 節でその音声的な背景について述べ、8.5.4 節では音韻論的な解釈について考察する。

8.5.3　音声的な背景

　ソノリティーの高い子音には、典型的には鼻音や共鳴音が含まれる。本研究では、コーダ子音が有声口蓋垂破裂音 G の場合も HL のピッチパターンが優勢であるという結果が出ているので、有声阻害音もソノリティーの高い群に入るものと思われる。また、流音 l は有声あるいは無声の側面摩擦音として実現するので、ソノリティーが高いものと低いものの境界付近に位置するが、句のピッチパターンから判断すると、ソノリティーの高いものに含めて問題ないだろう。一方で、ソノリティーが低い子音は無声阻害音と言い換えられる。

　モンゴル語におけるこの両者の音声実現の大きな違いは、直前の母音の

[*23]　二重線は前部要素が H を担えないことを意味するが、この表示では H が floating tone として残ることになる。自律分節音韻論による詳細な分析は、今後の課題としたい。

無声化（部分的な無声化もしくは完全無声化）を引き起こすか否かという点である。sやxなどの子音は、本書では無声阻害音と解釈しているが、Svantesson et al. (2005) や Svantesson and Karlsson (2012) は、これらの子音の弁別的特徴は帯気性であると主張している。彼らの分析によると、語中や語末では帯気性が前気音（preaspiration）として実現し、前気音が先行母音にかぶさるように生じることで、母音の無声化を引き起こす。他方、ソノリティーの高い子音は直前の母音の無声化を基本的には引き起こさない*24。

母音＋コーダ子音という連続で考えると、コーダ子音が無声阻害音の場合には先行する母音の無声化が起こる。母音が完全に無声化した時は、母音区間における声帯振動は全くない。母音が部分的に無声化した場合でも、母音区間の声帯振動の時間は短くなる。一方、コーダ子音が無声阻害音以外の場合には、母音の無声化が起こらないため、母音区間における声帯振動の時間は相対的に長い。図で示すと、図8-24のようになる。

ピッチアクセントを担うのは、通常は母音である。ピッチが声帯振動に

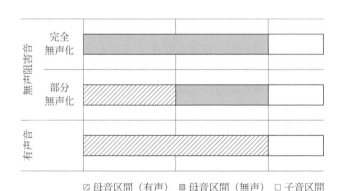

図8-24：コーダ子音と母音の有声性との関係

---

*24　ただし、lやrは無声音で現れることがあり、この場合に母音の無声化を本当に引き起こしていないかどうかは確認する必要がある。本書では、これらの子音は母音の無声化を引き起こしていないとみなす。

一方、前部要素のコーダ子音のソノリティーが低い場合、LH を担うだけの十分な重さがないと考えられる。その結果、前部要素の語アクセント LH が実現できない。その代償として、後部要素の語アクセント LH が抑えられることなく実現し、結果として後部要素の方が相対的なピッチが高いことになる。例として、ax duu《兄弟》のアクセントとピッチパターンを (34) に示す。

(34) ax duu《兄弟》[*23]

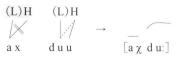

では、なぜ前部要素のコーダ子音のソノリティーが高ければ LH を担うことができ、ソノリティーが低ければ LH を担うことができないのだろうか。以下、8.5.3 節でその音声的な背景について述べ、8.5.4 節では音韻論的な解釈について考察する。

8.5.3 音声的な背景

ソノリティーの高い子音には、典型的には鼻音や共鳴音が含まれる。本研究では、コーダ子音が有声口蓋垂破裂音 G の場合も HL のピッチパターンが優勢であるという結果が出ているので、有声阻害音もソノリティーの高い群に入るものと思われる。また、流音 l は有声あるいは無声の側面摩擦音として実現するので、ソノリティーが高いものと低いものの境界付近に位置するが、句のピッチパターンから判断すると、ソノリティーの高いものに含めて問題ないだろう。一方で、ソノリティーが低い子音は無声阻害音と言い換えられる。

モンゴル語におけるこの両者の音声実現の大きな違いは、直前の母音の

[*23] 二重線は前部要素が H を担えないことを意味するが、この表示では H が floating tone として残ることになる。自律分節音韻論による詳細な分析は、今後の課題としたい。

無声化（部分的な無声化もしくは完全無声化）を引き起こすか否かという点である。sやxなどの子音は、本書では無声阻害音と解釈しているが、Svantesson et al. (2005) や Svantesson and Karlsson (2012) は、これらの子音の弁別的特徴は帯気性であると主張している。彼らの分析によると、語中や語末では帯気性が前気音（preaspiration）として実現し、前気音が先行母音にかぶさるように生じることで、母音の無声化を引き起こす。他方、ソノリティーの高い子音は直前の母音の無声化を基本的には引き起こさない[*24]。

母音＋コーダ子音という連続で考えると、コーダ子音が無声阻害音の場合には先行する母音の無声化が起こる。母音が完全に無声化した時は、母音区間における声帯振動は全くない。母音が部分的に無声化した場合でも、母音区間の声帯振動の時間は短くなる。一方、コーダ子音が無声阻害音以外の場合には、母音の無声化が起こらないため、母音区間における声帯振動の時間は相対的に長い。図で示すと、図 8-24 のようになる。

ピッチアクセントを担うのは、通常は母音である。ピッチが声帯振動に

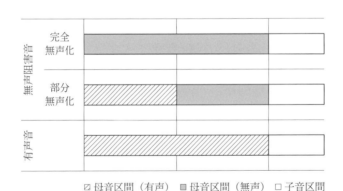

図 8-24：コーダ子音と母音の有声性との関係

[*24] ただし、lやrは無声音で現れることがあり、この場合に母音の無声化を本当に引き起こしていないかどうかは確認する必要がある。本書では、これらの子音は母音の無声化を引き起こしていないとみなす。

よるものであること、母音はふつう有声音であるため声帯振動があり、しかも十分な持続時間があることを考えれば、当然のことである（田中 2005: 13）。ところが、母音が無声化すると、アクセントを担うべき部分が部分的に（あるいは完全に）なくなり、アクセントを担うのが難しくなる。その結果、アクセントが移動することがある。例えば日本語において、母音の無声化によってアクセント移動が起こり得ることが指摘されている（田中 2005: 14）。

(35) 無声化によるアクセント移動
  kísya / kI̥syá（記者） húka / hu̥ká（不可）
  síken / sI̥kén（試験） húkin / hu̥kín（付近）
  kísoku̥ / kI̥sóku̥（規則） sísetu̥ / sI̥sétu̥（施設） （田中 2005: 14 (12)）

モンゴル語においても、同様のことが起こっていると考えられる。つまり、モンゴル語の語アクセントは LH の曲アクセントであり、実現には一定の持続時間が必要であることから[25]、母音の有声区間が短いと語アクセントが担えなくなる。

さらに、ソノリティーの高い子音はそれ自体がピッチアクセントを担うことが可能である。例えば、日本語の近畿方言において鼻音（撥音）がアクセント核を担う例（saŋ'kaku《三角》など）が挙げられる。このことによって、前部要素が 1 音節で母音が短母音であっても、コーダ子音のソノリティーが高ければ語アクセントを担いやすくなると考えられる。

つまり、モンゴル語の句や複合語のピッチパターンにおいて、前部要素のコーダ子音がソノリティーの低い子音（すなわち無声阻害音）である場合に前部要素に H ピッチが現れないのは、LH の語アクセントを担える部分の持続時間が短いためであると、音声的な観点から説明できる。

ただし、1 音節語では語アクセントには最初から H が現れるパターンも観察される。この場合は曲アクセント（LH）ではないため、実現のために

---

[25] 曲線音調（contour tone）がより長い持続時間を必要とすることについては、Zhang (2004) を参照されたい。

必要な有声区間の持続時間はそれほど長くはない。前部要素のコーダ子音が無声阻害音の時は、なぜ H 単独で現れることもできないのか、という疑問には、純粋に音声的な観点だけから説明することは難しい。ここには、音韻論的な制約が関わっていると考えられる。その点について次節で述べる。

8.5.4 音韻論的な解釈

　前節では、前部要素が語アクセントを担えるか否かは「ピッチアクセントを担える区間の長さ」によって決まっていることを見た。しかし、この「長さ」というのは音声的な持続時間のことである。音韻的には、コーダ子音の種類が無声阻害音であれそれ以外のソノリティーの高い子音であれ、音節の構造は「母音＋コーダ子音」であり、両者に違いはない。では、音韻的にはこの両者はどのように区別すればよいのだろうか。本節では、「音節の重さ」の概念を利用する妥当性について考えたい。

　音節の重さは、最も単純には「軽音節（light syllable）」と「重音節（heavy syllable）」に分けられ、前者が (C)V、後者が (C)VV または (C)VC であるとされる（オンセットは音節の重さには関係がなく、また多くの言語で随意的であるため（　）を付すのが厳密な表記であるが、以下では省略する）。しかし、CVC が重音節に含まれるかどうかなど、軽音節と重音節の境界は実際にはもっと複雑である。1 つの言語の内部において、現象によって重音節と軽音節の境界が異なるという例が多数報告されている（Hyman 1992, Hayes 1995, Davis 2014 など）。Gordon (2006) は、重音節の基準は言語によって決まっている（language driven）のではなく、音韻プロセスによって決まっている（process driven）と結論付けている。

　モンゴル語においても、その現象が見られる。Steriade (1991: 274-275) は、モンゴル語のストレスの付与においては CVV だけが重音節として扱われるが、動詞語幹の最小語条件においては CVV と CVC が重音節とみなされる、という例を挙げている。

　さらに、Zec (1994) や Gordon (2006) によると、CVC ではコーダ子音

の種類によって重音節か軽音節かが異なる場合がある。例えば、チベット語ラサ方言の声調のシステムでは、曲線声調（contour tone）は CVV と CVR（R はソノラント）には認められるが、CVO（O は阻害音）と CV には認められないという現象があり、このことから CVR は重音節に、CVO は軽音節に含まれるという（Gordon 2006: 37）。そして、このようなコーダ子音の種類による音節の重さの違いには、(36) のような含意的階層性（implicational hierarchy）がある（Gordon 2006: 28）。

(36) CVV(C) > CVR > CVO > CV

(36) は、いずれかの構造が重音節であれば、それより左側に位置する構造は全て重音節である、ということを意味する。

以上のように、重音節と軽音節の境界は言語間で統一されたものではなく、また1つの言語の内部において一致するものでもない。この事実を援用すると、モンゴル語の句や複合語の前部要素が1音節語である場合に見られるピッチパターンの違いは、前部要素の音節の重さの違いによって生じているという分析が可能である。

この分析では、モンゴル語の語アクセントにおいては、CVV および CVC のうちコーダ子音のソノリティーが高いものが重音節、CVC のうちコーダ子音のソノリティーが低いものが軽音節と定義される。そして、前部要素が1音節語の場合、それが重音節であれば語アクセントを担うことができ、軽音節であれば語アクセントを担うことができないと一般化される。まとめると、表 8-32 のようになる。

表 8-32：語アクセントにおける音節の定義とピッチの実現

音節構造	音節の種類	語アクセント LH の付与	前部要素のピッチ
CVV	重音節	可	H
CVC (high sonority)			
CVC (low sonority)	軽音節	不可	L

339

第Ⅳ部　プロソディー

　CVC が重音節か軽音節かはコーダ子音のソノリティーの程度によって客観的に決定されるため、音声学的な根拠は十分にある。また、この基準は他の言語にも当てはまり得るものであり、一般言語学的にも妥当性がある。

　問題は、重音節と軽音節の境界を現象に合わせて定義し、その定義に従って現象を説明しているため、アドホックになる点である。しかし、Steriade (1991) や Gordon (2006) が述べているように、重音節と軽音節の境界自体が現象によって異なるものであるのは明らかであるため、この点は根本的には解決のしようがない。音節の種類の境界の妥当性は、音声学的な裏付けと、他の現象との並行性によって決まるものであると思われる。このうち、音声学的な裏付けが十分であることは上述した通りである。あとは、モンゴル語において、重音節と軽音節の境界がコーダ子音のソノリティーによって決まる現象が他にもあれば、この音節の種類の定義がより確かなものとなる。

　その現象は残念ながら現在のところ見つかっていないが、単純語のピッチアクセントにもその境界が存在する可能性がある。8.1.2 節で見たように、角道 (1982) は「ピッチ単位」を認定することによってモンゴル語のピッチアクセントを記述しているが、ピッチ単位の切れ目は (C)V の直後であると分析している。つまり、音節のコーダはその音節とピッチ単位を形成するのではなく、直後の音節に組み込まれてピッチ単位を形成することになる。具体例を (37) (= (1) 再掲) に示す。

(37)　(= (1) 再掲)
　　a.　*P
　　b.　P̄|P　　　　　a|x《兄》
　　c.　P|P̄|P　　　　a|xa|a《兄-REF》　　　　mɔ|ngɔ|l《モンゴル》
　　d.　P|P…P|P　　a|xaara|a《兄-INST-REF》　mɔ|ngɔlii|n《モンゴル-GEN》

mɔ|ngɔ|l《モンゴル》の例において、n が高いピッチで現れていることに注目されたい。角道 (1982) の分析によると、この位置 (つまり、多音節語に

おける第1音節のコーダ）の子音は高いピッチを持つ。

　他方、Karlsson (2005) は、語アクセントを語頭に連結される LH と分析しているが、第1音節のコーダ子音はアクセント付与の観点からはモーラとみなされず、第1音節の母音が短母音であれば H は第2音節の母音に結び付けられるとしている。具体例を (38) (= (2a) 再掲) に示す。

(38) (= (2a) 再掲)
　　　mɔngɔl《モンゴル》
　　　　L H
　　　　｜＼
　　　m ɔ n g ɔ l

　この分析では角道 (1982) とは異なり、第1音節のコーダ子音は H を担わないことになる。つまり、両者で音声的な解釈が微妙に異なっていることになる。

　どちらがより正確に音声事実を反映しているかを明らかにするためには、音声事実を詳細に観察する必要があり、本書で扱うことはできないが、ここに本節で示した重音節と軽音節の境界（具体的には表 8-32）が関わっている可能性がある。つまり、コーダ子音のソノリティーが高い場合は、その子音自体が H ピッチを担うことができるため、コーダ子音の時点でピッチ上昇が起こるのに対し、コーダ子音のソノリティーが低い場合は、その子音自体が H ピッチを担うことができないため、ピッチ上昇は後続する音節に持ち越しとなる、という可能性である。仮にこの事実が見られたとすると、表 8-32 の重音節と軽音節の違いは単純語のピッチアクセントにも見られることになり、CVC を重音節と軽音節に分ける妥当性が高まると思われる。このような音声事実が見られるかどうかを含め、今後検討すべき課題である。

第Ⅳ部　プロソディー

8.6　第8章のまとめ

　本章では、モンゴル語のプロソディー、とりわけ複合語や句のピッチパターンに注目し、記述と分析を行った。8.2節、8.3節、8.4節でそれぞれ地名複合語、一般名詞の複合語、句のピッチパターンを記述し、ピッチパターンに形態統語構造は関わっておらず、音韻構造のみが関わっていることを論じた。具体的には、前部要素の音節数と母音の長さ、コーダ子音のソノリティーが関わっていることを明らかにした。8.5節ではこの事実を音声学的、音韻論的に分析し、「前部要素が1音節語で母音が短く、コーダ子音のソノリティーが低い」という条件でLHのピッチパターンが現れる背景には、母音の無声化という音声的な要因が関わっていること、音韻論的には音節の重さによって語アクセントを担えるか否かが決まっている可能性があることを指摘した。

　本書では専らピッチパターンに注目することで上記のような結論を得たが、モンゴル語のプロソディーには未解決の問題が他にもある。そのうちの最も大きなものは、ストレスの存在の有無および（存在するとすれば）その実態であろう。Karlsson（2005）の研究によると、モンゴル語にストレス（lexical stress）は存在しない、という結論であるが、音響的な事実、音韻的な解釈の両面から詳細に検討する必要がある。また、ストレスが存在するとすれば、音節の重さと密接に関係しているはずであり、本書で述べた重音節と軽音節の現象ごとの境界についても、さらに詳しく見ていく必要があろう。モンゴル語のプロソディーに関するさらなる研究が俟たれる。

コラム 12　アイラグの雨

　本章では、地名複合語をデータとして活用した。地名複合語と言えば、モンゴルのズーンハラー（zuun《東》+ xaraa《天幕》）という地で私は忘れら

第 8 章　ピッチパターン

れない体験をした。音韻論とは何の関係もないが、言語と文化の関係について思い知らされる出来事だったので、ここで述べたい。

　初めてモンゴルを訪れた 2010 年のこと、私は 1 人、ダルハンからウランバートルへ列車で向かっていた。モンゴルでの列車の旅はのんびりしたもので、時々思い出したように集落と駅が現れる以外は、広大な草原の中を延々と進んで行く。

　途中、やや大きな町であるズーンハラーに着くと、私のいるボックスに、おばあさん、お母さん、5 歳ぐらいの女の子、小さな赤ちゃんの家族 4 人がやって来た。長距離移動なのだろう、なかなかの大荷物を持っている。

　列車が駅を出て荷物の整理もひと段落ついた頃、女の子がおもむろに 2 リットルのペットボトルを取り出した。中には何やら白い液体が入っている。そして女の子はプシュッとキャップを開けた。すると、ものすごい勢いで中身が噴き出し、白い液体が噴水のように吹き上がったかと思うと、天井に跳ね返って、私の頭にバシャッと降り注いできた。

　それを見てお母さんは女の子のお尻をピシャリと叩き、「何やってんのあんたは！」と叱り始めた。

…こちらには、詫びのひとつもなしに、である。

　この時、私は一ノ瀬恵先生がお書きになった『「ありがとう」と言わない重さ』(『図書』1989 年 12 月号: 25-29) を思い出していた。その内容は、「モンゴル人はあまり『ありがとう』(モンゴル語で『バヤルララー』) と言わない。『バヤルララー』と言うと『わざとらしい』『卑しい』感じがするそうだ。モンゴル人は恩を受けた時、言葉でその場限りの礼を言うよりも、その恩を忘れずに将来行動で返す方が大事だという価値観を持っている」というものである。私はこの文章を中学校の国語の教科書で読んだことがあり、モンゴル人があまり「バヤルララー」と言わないことは知っていたのだが、この時「ありがとう」とともに「ごめんなさい」(モンゴル語では「オーチラーラェ」) も日本語ほどには多用しないのだということを、身をもって体験したのである。(一応、おばあさんは「ごめんなさいね」という感じで謝ってくれてはいた。しかし、日本人の感覚からすると、たぶんもっと大げさに謝

343

ることだろう。）

　さて、かかった白い液体を自分でせっせと拭きながら「これは何？」と尋ねると、「airag（アイラグ）」との答が返ってきた。アイラグとは馬乳酒のことである。馬乳酒は発酵した飲み物なので、密閉した容器に入れると「危険」である。そのことを知ってか知らずか、女の子は躊躇なくキャップを開けてしまったのだった。

　しかし、この「アイラグの雨」のおかげで「どこから来たんだ」「仕事は何だ」と会話は弾み、弁当のおかずを頂戴したりもした。私の方からは、お世話になった人へのお土産にと用意していた京都名菓生八つ橋を振る舞うと、おばあさんは「これは何でできているんだ」と興味津々であった。残念ながら当時の語彙力では「小豆」も「ベーキングパウダー」も説明できなかったので、ヘタな絵を描きながら説明したのも良い思い出である。

　列車がウランバートルに近づき、彼らが下車していく頃には、私達はすっかり仲良くなっていた。

第 V 部

結 論

草原での初日の出